Wolfgang Haschke

# DV-Controlling

Wolfgang Haschke

# DV-Controlling

## Effizienzsteigerung in der Informationsverarbeitung

- **Planung**
- **Steuerung**
- **Kontrolle**

Computerwoche Verlag GmbH

EDITION

**Die Deutsche Bibliothek – CIP-Einheitsaufnahme**

**Haschke, Wolfgang:**
DV-Controlling : Effizienzsteigerung der
Informationsverarbeitung / Wolfgang Haschke. – München :
Computerwoche-Verl., 1994
(CW-Edition)
ISBN 3-930377-00-4

Herausgeber:
Computerwoche Verlag GmbH,
Rheinstraße 28, 80803 München,
Telefon: 089/3 60 86-0, Fax: 089/3 60 86-358,
Telex 5 215 350 comw d
Projektleitung: Michael Freter, Tel.: 089/3 60 86-379
Herausgeber-Beirat:
Stefan Rohr, Hamburg, Tel.: 040/8 51 39 25
Dr. Heinz Streicher, Hamburg Tel.: 040/6 78 19 87
Alleiniger Gesellschafter der Computerwoche Verlag
GmbH, München, ist die IDG Communications Verlag AG,
München, die eine 100prozentige Tochter der IDG Inc.,
Boston, USA, ist.

Titelgestaltung: Ika Bratuscha, Design & Werbung,
München
Druck und Verarbeitung: Schoder Buch- & Offsetdruck,
86368 Gersthofen



**ISBN 3-930377-00-4**

# Inhaltsverzeichnis

# Controlling in der Datenverarbeitung

Die Schaffung und Nutzung von Wettbewerbsvorteilen bildet die Grundlage und Leitlinie der Arbeit der Unternehmen.

Dazu sind effiziente und durchgängig gestaltete ablauforganisatorische Konzepte gemeinschaftlich im Team mit den Mitarbeitern der Informationsverarbeitung und den Fachbereichen unter Projektmanagement-Gesichtspunkten zu erarbeiten. Die in Projekten zu erstellenden Anwendersysteme sowie die zur Nutzung notwendigen Hardware- und Kommunikationsdienstleistungen sind nach entsprechenden Einführungs- und Schulungsphasen den Fachabteilungen zur Verfügung zu stellen.

Damit ist die Informationsverarbeitung als der Dienstleister beschrieben, der einerseits für die ablauforganisatorischen Konzeptionen und deren Realisierungen in Anwendersysteme tätig ist.

Andererseits werden die entsprechenden Kapazitäten und Dienstleistungen im Bereich der Informationstechnik (Rechenzentrum, Netze usw.) sowie des gesamttechnologischen Umfeldes termingerecht, mit hoher Qualität sowie zu kostengünstigen, marktgerechten und transparenten Preisstellungen erbracht.

Wer derartige ablaufverbessernde Anwendungen schneller und wirtschaftlicher einsetzen kann, sichert sich den Wettbewerbsvorteil am Markt.

Damit ist bereits die wichtigste Aufgabenstellung des DV-Controlling angesprochen. Der zunehmende Kostendruck einerseits sowie die zielgerichtete Realisierung von Rationalisierungs-Projekten zum Business-Reengineering bedarf eines vollständig strukturierten und in seiner Durchsetzung anerkannten DV-Controlling.

Der Controller Verein e.V. hat den Begriff „Controlling" im Zusammenhang mit den Unternehmenszielsetzungen sowie den zielgerechten inhaltlichen Funktionen dahingehend beschrieben, daß das Controlling in der Hauptsache das „Führen durch Zielvereinbarungen" meint. Neben den inhaltsbezogenen Planungen, Soll-/IST-Vergleichen und Investitionszielsetzungen gehört zum Begriff „Controlling" die Philosophie, die Arbeit gemeinsam im Team zu erledigen.

Die Funktion des Controllers wird dadurch gestaltet, daß sie für eine Methodik sorgt, die darauf hinwirken soll, daß die Unternehmens- und im besonderen auch die DV-Zielsetzungen erreicht werden.

Die Dienstleistungen der Informationsverarbeitung müssen nach erfaßbaren Leistungseinheiten und deren verursachungsgerechter Zuordnung auf die „Kunden“ innerhalb des Unternehmens dargestellt und abgerechnet werden.

Das DV-Controlling soll helfen, diese Dienstleistung der Informationsverarbeitung sowohl unter strategischen wie operativen Aspekten zu integrieren und zu beurteilen.

Die derzeitige Diskussion um das DV-Controlling zeigt aber auch die gesamte Problematik. Allein das DV-Kosten-Controlling ist in der Praxis ein gewaltiges und in den meisten Unternehmen wegen der vorhandenen Umlagen- und Kostenarten-Struktur kaum lösbares Thema. Die Aussagen, daß die Informationsverarbeitung zu kostenintensiv ist, zeigt die vom Management nicht gelöste Aufgabe, nach den Kosten-/Nutzen-Relationen der DV-Investitionen zu fragen beziehungsweise diese geeignet darzustellen.

Noch problematischer wird dieses, wenn es um die Beurteilung der Prozeßverbesserung durch Einsatz und Investitionen in die entsprechend geeigneten Anwendersysteme und Hardware-Infrastrukturen geht. In den wenigsten Unternehmen gibt es hierzu geeignete Investitionsrechnungen.

Im Bereich des Projekt-Controllings versagen derzeit in der Regel die Ansätze vollständig. Wird meistens nur nach Kosten und Terminen gefragt, so wird in der Regel vergessen, die inhaltlichen Zielsetzungen der Konzepte mit den tatsächlich erstellten Inhalten der Anwendersysteme und Arbeitsabläufe mit geeigneten Controlling-Instrumenten abzugleichen.

Unterstellt man, daß die Informationsverarbeitung einer der Erfolgsfaktoren für die Verbesserung des Wettbewerbs der Unternehmen ist, so wird deutlich, daß das DV-Controlling neuer richtungsweisender Ansätze, Maßnahmen und Aussagen bedarf, um ihrer wichtigen Aufgabe im Unternehmen gerecht zu werden.

Das vorliegende Buch mag dazu einen entscheidenden Beitrag liefern.

Ragnar Nilsson
Dipl.-Wirtsch.-Ing.
Direktor der KARSTADT AG, Essen
Vorstandsmitglied des Controller Verein e.V., Gauting

# Vorwort des Autors

Die vorliegende Studie ist von der Praxis für die Praxis erstellt worden.

Seit 1980 führt die EDV-Controlling Unternehmensberatung (ECU) GmbH, Heppenheim/Bergstraße, Beratungen sowie Schulungs- und Erfahrungsaustauschseminare auf dem Gebiet DV-Controlling und DV-Revision durch.

Die dort gewonnenen wertvollen Erfahrungen sind verwertet worden. Zur Untermauerung und Bestätigung der DV-Controlling-Konzeption erfolgte im Herbst 1993 zusammen mit der Computerwoche Verlag GmbH, München, eine umfassende DV-Controlling-Enquête über die Bedeutung und Arbeitsweise des DV-Controlling im deutschsprachigen Raum.

Den recht umfangreichen zwölfseitigen Erhebungsbogen mit über 100 Fragen aus 10 Themen-Bereichen (siehe Anlage) haben etwas über 60 Unternehmen beziehungsweise Öffentliche Verwaltungen aus dem deutschsprachigen Raum zur Auswertung zurückgesandt.

Hierfür sei vielmals gedankt.

Das Thema DV-Controlling ist zwar sehr aktuell, aber bei vielen Unternehmen und Öffentlichen Verwaltungen ist erst beabsichtigt, diese immer bedeutungsvollere Funktion zur Effizienzsteigerung der Informationsverarbeitung einzuführen, oder sie befindet sich gerade in der Planungsphase.

So gaben auch fast 40 Prozent der Enquête-Teilnehmer an, daß ein komplettes DV-Controlling in ihrem Hause erst geplant ist.

Zu ähnlichen Ergebnissen kommen die in kleinerem Rahmen durchgeführten empirischen Untersuchungen von Herrn Professor Dr. Krcmar von der Universität Hohenheim aus dem Jahr 1991 sowie diejenige von Frau Professor Dr. Zanger von der Technischen Hochschule Aachen und Frau Dipl.-Ing. oec. Schöne von der Technischen Universität Dresden vom Frühjahr 1993.

Diese Veröffentlichung soll deshalb dazu dienen, für die Einführung und den Ausbau eines DV-Controlling detaillierte praktische Anregungen zu geben. Diejenigen etwas über ein Drittel Unternehmen beziehungsweise Öffentlichen Verwaltungen mit einem DV-Controlling bereits seit über zwei Jahren können die Ergebnisse der Erhebung als Checkliste zum Standortbestimmungsvergleich heranziehen, um die Effizienz ihrer Informationsverarbeitung noch weiter zu steigern.

Dank gebührt der Computerwoche Verlag GmbH und der EMC Medienservice Hamburg für die Mithilfe bei den Erhebungs- beziehungsweise Auswertungsarbeiten.

Heppenheim, im April 1994

# Einleitung

Die Enquête hat gezeigt, daß in der Praxis – wie auch in der Fachliteratur – noch unterschiedliche Bezeichnungen wie DV-Controlling, DV-Controlling, IS-Controlling, IT-Controlling, IV-Controlling und so weiter für ein und dieselbe Funktion verwendet werden.

Der Verfasser hält es aus seiner praktischen Erfahrung zur Effizienzsteigerung der Informationsverarbeitung als unerläßlich, daß hierzu sowohl das DV-Controlling als auch die DV-Revision ihren sehr wichtigen Betrag leisten.

Die Fachliteratur tut sich schwer mit der Unterscheidung zwischen diesen beiden Kontroll- beziehungsweise Prüfungsfunktionen. Deshalb wurde eine begriffsdefinitorische Abgrenzung zwischen DV-Controlling und DV-Revision vorangestellt und auch praktisch begründet.

Neu in der Studie ist der von der ECU bereits vor einigen Jahren geschaffene Begriff „Grundsätze effizienter Datenverarbeitung (GeD)" und auch die Funktion „ORG/DV-Stabsstelle Planung und Kontrolle" mit nur auf- beziehungsweise vorbereitenden Aufgaben für das DV-Controlling unter der Leitung des ORG/DV-Bereichsleiters.

Konsequent wurde die Trennung zwischen Softwareerstellung inklusive -pflege einerseits und dem Rechenzentrumsbetrieb andererseits durchgezogen.

Ausgehend von den Grundtätigkeiten eines Controlling, nämlich des Planens und Steuerns sowie der Abweichungsanalyse zwischen SOLL und IST, wurde analog beim DV-Controlling unterschieden zwischen

- Planung und Budgetierung des ORG/DV-Bereichs in Abstimmung mit der Unternehmensplanung
  = DV-Controlling SOLL

und

- Kosten- und Leistungsverrechnung sowie Berichtswesen des ORG/DV-Bereichs
  = DV-Controlling IST

sowie der unbedingt erforderlichen

- Analyse der SOLL-/IST-Abweichungen.

Die Ergebnisse der Enquête wurden Frage-Block-weise den vorgeschalteten konzeptionellen Kapiteln anschließend zugeordnet.

Besonders behandelt wurden dabei wegen ihrer großen Bedeutung für die Effizienzsteigerung der Informationsverarbeitung vor allem

- der DV-Lenkungsausschuß,
- die Vor- und Nachteile der Sonderfälle Softwareübernahme, Konzeptübernahme und Kooperative Entwicklung von Software,
- der Einsatz von Standardsoftware,
- die Bedeutung des Function-Point-Verfahrens für die Zeitaufwandschätzung und das Projektmanagement der Softwareerstellung,
- die Wirtschaftlichkeitsbetrachtungen bei DV-Projekten,
- die Erfolgskontrolle abgeschlossener DV-Projekte

und

- das Outsourcing der Informationsverarbeitung.

Bei den anzustrebenden Zielen eines DV-Controlling hat sich ergeben, daß an erster Stelle die Wirtschaftlichkeit und Wirksamkeit der Informationsverarbeitung steht, gefolgt von den strategischen Unternehmenszielen, der Nutzensteigerung mit Hilfe der Informationsverarbeitung und der Kostenkontrolle der Informationsverarbeitung. Qualitätssicherung der Informationsverarbeitung, Software-Funktionalität und Termineinhaltung der Informationsverarbeitung bilden den Schluß der Prioritätenreihenfolge.

Die Begriffe „Strategisches Controlling“ mit Projektstudien-Controlling und Portfolio-Controlling sowie „Operatives Controlling“ mit Projekt-Controlling beziehungsweise Projekt-Revision sowie Produkt-Controlling (Softwarepflege-Controlling) bei der Softwareerstellung inklusive -pflege und ferner Rechenzentrums- beziehungsweise Produktions-Controlling beim Rechenzentrumsbetrieb wurden in der Studie unterschieden.

Als letztes Kapitel werden vier Interviews „DV-Controlling in deutschen Unternehmen“ der CW-Edition mit Führungskräften aus dem Controlling und der Informationsverarbeitung als Stimmen aus der Praxis zum DV-Controlling wiedergegeben.

# 1. Begriffsdefinitorische Abgrenzung zwischen DV-Controlling und DV-Revision

## 1.1 Aufgaben des Controlling

Controlling plant, steuert und kontrolliert regelmäßig nach betriebswirtschaftlichen Regeln die gesetzten Unternehmensziele.

Bei der Controller-Funktion handelt es sich also um einen „Lotsen- oder Navigationsdienst" zur Verwirklichung der Unternehmensziele; die Planung und Steuerung wird durch Informationsbereitstellung unterstützt, und die Unternehmensleitung wird wirtschaftlich beraten.

Die Aufgabe des Controllers besteht deshalb in der fachlichen Interpretation der Zahlen und betriebswirtschaftlichen Zusammenhänge sowie in der Überzeugung und Motivation für die in den Zahlen liegenden Konsequenzen. Der Controller ist somit ein *„Ziel- und Planverkäufer"*.

Seine wesentlichen Tätigkeiten beziehungsweise Kompetenzen sind:[1]

#### 1. IN PLANERISCHER HINSICHT

- Mitwirkung bei der Festlegung der Unternehmensziele.
- Federführung und Koordinierung bei Planungs- und Budget-Arbeiten.
- Abstimmung der einzelnen Teilziele und Teilpläne sowie Zusammenführung zu einem Gesamtplan.

#### 2. IN STEUERUNGSTECHNISCHER HINSICHT

- Einrichtung eines aussagefähigen Informations- und Berichtssystems, in welchem sich inhaltsgleiche Daten in Plan, Ist sowie in der Erwartungsrechnung entsprechen.
- Berücksichtigung der speziellen Informations- und Berichtsbedürfnisse der Sparten nach deren individueller Struktur.
- rechtzeitige Lieferung periodischer *SOLL-/IST-Vergleiche* bezüglich Umsatz, Kosten und Gewinn, Finanzen und Investitionen, gegebenenfalls mit Erläuterungen im Hinblick auf Maßnahmen zur Verbesserung oder Vermeidung der Fortsetzung ungünstiger Abweichungen.

---

[1] In Anlehnung an A. Deyle in ZIR 2/75, Seite 73 ff.

- Signalisierung der „exceptions“ an die Unternehmensleitung beim Überschreiten bestimmter, in der Planung bereits eingesetzter Checkpoints, damit Realisierung eines Informationssystems für das Management „von unten nach oben.“
- Analyse der Abweichungen und Diskussion der Ergebnisse mit den verantwortlichen Stellen der Zentralbereiche sowie Erarbeitung von Alternativen und Empfehlungen zur Gegensteuerung.
- Koordinierung der Erwartungsrechnung zu den verabredeten Terminen und Bericht an die Unternehmensleitung.
- Durchführung von Wirtschaftlichkeitsbetrachtungen für die Projekte außerhalb der Sparten.
- Sorgen für die Erarbeitung, Festlegung und Einhaltung eines Deckungs-Solls durch die Sparten.

Zur Erfüllung dieser Aufgaben unterstehen dem Controller in der Regel folgende Stellen beziehungsweise Funktionen:

1. Planungsdienst, wozu die gesamte Unternehmensplanung (strategische und operative beziehungsweise langfristige und kurzfristige Planung) gehört.
2. Internes Rechnungswesen (Betriebliches Rechnungswesen, BRW), mit den Bereichen Management-Erfolgsrechnung, Kostenstellen-Budget und SOLL-/IST-Vergleich der Kosten sowie Kalkulation der Erzeugnisse und Aufträge.
3. Investitions- und Wirtschaftlichkeitsrechnungen sowie andere betriebswirtschaftliche Sonder-Untersuchungen (zum Beispiel Verfahrenswahlfragen, Entscheid Eigenfertigung oder Fremdbezug).
4. Elektronischer Informations- und Rechenzentrumsdienst mit den Bereichen Organisation und Datenverarbeitung (Systemplanung beziehungsweise -analyse, Programmierung und Rechenzentrumsbetrieb).

Nicht zu den Aufgaben des Controllers gehört der Komplex Finanzen, Bilanzen und Steuern, wofür der Treasurer zuständig ist.

Oft ist in der Praxis die Abgrenzung zwischen Controlling und Interner Revision nicht ganz eindeutig. Auch weil noch lange nicht alle Unternehmen beziehungsweise Öffentlichen Verwaltungen einen Controller haben. Seine Funktion wird dann in der Regel von mehreren Führungskräften gemeinsam wahrgenommen (zum Beispiel Leiter BRW, Leiter Unternehmensplanung oder Betriebswirtschaft, auch Leiter Interne Revision).

Auf alle Fälle sollte sich das Controlling in der Zukunft noch mehr der

- DV selbst und der
- Internen Revision

zur Erfüllung seiner Aufgaben bedienen.

## 1.2 Aufgaben des DV-Controlling

Das DV-Controlling hat die Verbindung zu den Erfolgsfaktoren und Zielen des Unternehmens sicherzustellen, damit die Informationsverarbeitung ihren möglichen Beitrag zum Unternehmenserfolg tatsächlich leisten kann.

Als Teilgebiet des Controlling[1] gibt das DV-Controlling dabei *in planerischer Hinsicht* die Budgetierung des ORG/DV-Bereichs vor.

Diese SOLL-Daten werden aus Teilplänen der Unternehmensplanung, nämlich dem mittel- bis langfristigen DV-Plan für die Software, Hardware und das Personal abgeleitet.

*In steuerungstechnischer Hinsicht* richtet das DV-Controlling ein aussagefähiges Informations- und Berichtssystem für die IST-Daten des ORG/DV-Bereichs ein sowie achtet auch auf eine möglichst verursachungsgerechte Kosten- und Leistungsverrechnung des ORG/DV-Bereichs.

Zur *Analyse der SOLL-/IST-Abweichungen beim DV-Einsatz* – also der *Wirksamkeit der Informationsverarbeitung* – bedient sich das DV-Controlling gegebenenfalls der dafür qualifizierten DV-Revisoren, die für das DV-Controlling Vorschläge zur Beseitigung der festgestellten Schwachstellen und Mängel unterbreiten.[2]

## 1.3 Aufgaben der Internen Revision

Die Aufgaben einer Internen Revision bestehen in der Überwachungsfunktion im weitesten Sinne, das heißt feststellen, ob Arbeiten und Ergebnisse den Plänen und organisatorischen Regeln (Arbeitsrichtlinien, Aufgabenerfüllung) entsprechen beziehungsweise ob vorwiegend die Prüfungskriterien Ordnungsmäßigkeit und Sicherheit (betrifft den Teil DV-Revision) beachtet werden.

Im einzelnen handelt es sich hierbei um Verfahrensprüfungen nach bestimmten Prüfungskriterien, betriebswirtschaftliche Untersuchungen, Vereinfachung und Vereinheitlichung organisatorischer Abläufe, Analyse von Kosten, Schwachstellen-

---

1 Sparten-Controlling, analog demjenigen für andere Unternehmensbereiche, wie zum Beispiel Vertrieb, Technik/Produktion und so weiter

2 Siehe Abbildung 2 im Kapitel 3, Arbeitsprogramm zur Überprüfung der Effizienz der Informationsverarbeitung; die Punkte 1 = SOLL-Daten und 14 = IST-Daten leiten sich hierbei aus dem DV-Controlling ab, während sich aus den restlichen 12 Punkten die SOLL-/IST-Abweichungen ergeben können, die gegebenenfalls auch von der DV-Revision zu überprüfen sind.

analysen, Verbesserung des Berichtswesens und systematische (Mit-)Entwicklung von Soll-Konzeptionen (Rahmenvorschläge).

Die Interne Revision wird mit diesen Aufgaben zu einem echten Führungsinstrument; zur *Vermögenssicherung* als klassische Zielsetzung ist die *Sicherung der Erreichung aller Unternehmensziele* – das „Funktionieren" des Systems – hinzugekommen.

## 1.4 Aufgaben der DV-Revision

Als Teilgebiet der Internen Revision trägt die DV-Revision durch
- Überprüfen und
- Beraten

dazu bei, daß
- die Softwareerstellung inklusive -pflege und
- der Rechenzentrumsbetrieb

optimal erfolgen.

Kriterien hierzu sind die vier Prüfungskriterien:
- Funktionsfähigkeit beziehungsweise organisatorische Zweckmäßigkeit inklusive Qualitätssicherung,
- Ordnungsmäßigkeit,
- Sicherheit und
- Wirtschaftlichkeit.

Daneben ist beim Rechenzentrumsbetrieb eine
- termingerechte und
- störungsfreie

Abwicklung der DV-Produktion zu gewährleisten.

Die vier Prüfungskriterien werden im Kapitel 2 näher erläutert. Falls bereits ein DV-Controlling vorhanden ist, so können von ihm die Kontrollen zur Funktionsfähigkeit beziehungsweise organisatorischen Zweckmäßigkeit inklusive Qualitätssicherung und vor allem zur Wirtschaftlichkeit übernommen werden. Der DV-Revision verbleiben dann in jedem Fall ihre klassischen Prüfungskriterien Ordnungsmäßigkeit und Sicherheit (siehe Kapitel 2).

# 2. Kontroll- beziehungsweise Prüfungskriterien

Folgende Begriffsbestimmungen werden bei einer Kontrolle beziehungsweise Überprüfung der Informationsverarbeitung zugrunde gelegt:

**FUNKTIONSFÄHIGKEIT BEZIEHUNGSWEISE ORGANISATORISCHE ZWECKMÄSSIGKEIT INKLUSIVE QUALITÄTSSICHERUNG**

Der ORG/DV-Bereich muß stets in der Lage sein, im Sinne der abgestimmten Ziele richtige, vollständige und termingerechte Verarbeitung zu gewährleisten.

**ORDNUNGSMÄSSIGKEIT**

Die Verarbeitung der Daten muß die gesetzlichen und vergleichbaren Anforderungen erfüllen sowie so klar protokolliert werden, daß nachgewiesen werden kann, wer wann welche Daten nach welcher Verfahrensversion verarbeitet hat.

Dazu muß die Dokumentation der DV-Anwendungen vollständig, schlüssig, aktuell, verständlich und wahr sein, so daß sich ihrer ein sachverständiger Dritter ohne große Schwierigkeiten und in angemessener Zeit bedienen kann.

**SICHERHEIT**

Unter Sicherheit wird das Verhindern von Zerstörungen, Verlusten, Beschädigungen, Fehlern, Verfälschungen und Mißbrauch bei der Datenverarbeitung verstanden.

Falls dies nicht möglich oder zu aufwendig ist, müssen diese DV-Risiken nach ihrem Auftreten so frühzeitig zuverlässig erkannt und korrigiert werden können, daß sie möglichst geringe Auswirkungen haben.

Speziell mit der „Datensicherung“ wird erreicht, daß

- der Zugriff auf Daten nur berechtigten Personen möglich ist (betrifft unter anderem das Bundesdatenschutzgesetz, BDSG),
- keine unerwünschte beziehungsweise unberechtigte Verarbeitung von Daten erfolgt,
- die Daten bei der Verarbeitung nicht verfälscht werden und
- die Daten reproduzierbar sind.

Die Realisierung der Datensicherung erfolgt durch

- in Hard- und Software enthaltene technische und organisatorische Sicherheitsmaßnahmen,

- übrige organisatorische sowie bauliche und personelle Sicherheitsmaßnahmen sowie
- Versicherungsschutz.

**WIRTSCHAFTLICHKEIT**

Die Kosten für die Softwareerstellung inklusive -pflege und den Einsatz der DV-Anwendungen zur funktionsfähigen, ordnungsmäßigen und sicheren Verarbeitung der Daten müssen in einem vertretbaren Verhältnis zum angestrebten Nutzen stehen.

# 3. Praktische Aufgabenabgrenzung zwischen DV-Controlling und DV-Revision

Die Aufgabenabgrenzung zwischen DV-Controlling und DV-Revision zeigt übersichtsmäßig Abbildung 1.

Auf die dort genannte ORG/DV-Stabsstelle Planung und Kontrolle mit ihren nur auf- beziehungsweise vorbereitenden Aufgaben für das DV-Controlling wird im Kapitel 10.2 näher eingegangen.

Bezüglich der vier Prüfungskriterien gemäß Kapitel 2 ist zuständig

- das DV-Controlling primär für die Wirtschaftlichkeit (Kosten-/Nutzenanalysen), aber auch für die Funktionsfähigkeit beziehungsweise organisatorische Zweckmäßigkeit inklusive Qualitätssicherung und
- die DV-Revision für die Ordnungsmäßigkeit und Sicherheit bei der Softwareerstellung inklusive -pflege und dem Rechenzentrumsbetrieb.

Da im deutschsprachigen Raum aber noch lange nicht alle Unternehmen beziehungsweise Öffentlichen Verwaltungen ein vollwertiges DV-Controlling haben (siehe Abbildung 6 und 6a im Kapitel 6) für die

- Planung und Budgetierung des ORG/DV-Bereichs in Abstimmung mit der Unternehmensplanung
  = DV-Controlling SOLL,
- Kosten- und Leistungsverrechnung sowie Berichtswesen des ORG/DV-Bereichs
  = DV-Controlling IST

und dann die wichtige

- Abweichungsanalyse zwischen DV-Controlling SOLL und DV-Controlling IST,

hat letztere Aufgabe aus Kapazitätsgründen ersatzweise die DV-Revision auch betreffend die Kontrollkriterien Funktionsfähigkeit und Wirtschaftlichkeit zu übernehmen.

Die Abbildung 1 macht deutlich, daß die DV-Revision von Zeit zu Zeit in Form eines Revisionsauftrages von der Unternehmensleitung auch die Arbeitsweise des DV-Controlling zu überprüfen hat.

Es ist also revisionsseitig – wie bei allen Instanzen unterhalb der Unternehmensleitung – die Einhaltung der Arbeitsrichtlinien (Aufgabenerfüllung, vergleiche Kapitel 1.3) für das DV-Controlling kritisch unter die Lupe zu nehmen. Das betrifft die ECU-Arbeitsprogrammpunkte

## Aufgabenabgrenzung zwischen DV-Controlling und DV-Revision

**Betrifft die Funktionen**

**Unternehmensleitung**

Setzen von *Unternehmenszielen* mit Informationsverarbeitungs-strategie.

**Controlling/ Unternehmensplanung**

Erstellen der *Gesamtplanung des Unternehmens*.
Hieraus Ableiten neben dem Absatzplan, Produktionsplan, Personalplan,Finanzplan und so weiter den Plan für den DV-Einsatz = *Genereller DV-Plan*.
Also *Abstimmung der DV-Planung mit der Unternehmensplanung*.

**Controlling/ Betriebsw. Abtlg.**

Der ORG/DV-Stabsstelle Planung und Kontrolle. Vorgeben von *Richtlinien für Investitionsanträge Hardware inklusive Systemsoftware* und Richtlinien für eine *Kosten- und Leistungsverrechnung* sowie ein *Berichtswesen des ORG/DV-Bereichs*.
Festlegen des jährlichen *Budgets des ORG/DV-Bereichs* für die Betriebsabrechnung entsprechend den Planungen und Entscheidungen des DV-Lenkungsausschusses.

**Controlling**

**DV-Lenkungs-ausschuß**

Als *Planungs-, Entscheidungs-, Steuerungs- und Kontrollgremium* Festlegen im einzelnen der *Prioritäten für die DV-Jahresplanung* mit Planungsvorschau für die nächsten drei bis fünf Jahre bezüglich Software (siehe Abbildung 28 im Kapitel 10.3) beziehungsweise für gegebenenfalls erforderliche Fremdleistungen (Manpower), aber auch für die dazu erforderliche Hardware, Systemsoftware und das ORG/DV-Personal gemäß dem generellen DV-Plan des Controlling/Unternehmensplanung und Entscheiden über gegebenenfalls erforderlich gewordene *Prioritätenänderungen bei der Softwareerstellung inklusive -pflege*

*= DV-Controlling SOLL*
ECU-Arbeitsprogrammpunkt 1
(siehe Abbildung 2)

Zur Erfüllung der Steuerungs- und Kontrollfunktionen werden dem DV-Lenkungsausschuß von der ORG/DV-Stabsstelle Planung und Kontrolle die ergänzten Formulare Planungsvorschau/-rückschau und Projektberichte sowie die ausgewerteten Tätigkeitsnachweise der Softwareerstellung inklusive -pflege (= computergestütztes Projektmanagement) vorgelegt.
Ergänzend berichten die Projektgruppenleiter zum Beispiel alle Vierteljahre dem DV-Lenkungsausschuß über die *Projektfortschritte beziehungsweise -verzögerungen* und deren Ursachen.
Zusammen mit der *Kosten- und Leistungsverrechnung* ist dieses Berichtswesen

*= DV-Controlling IST*
ECU-Arbeitsprogrammpunkt 14

**DV-Controlling**

*Abbildung1* — CW- Edition — *Quelle: ECU*

## Aufgabenabgrenzung zwischen DV-Controlling und DV-Revision

| | | Betrifft die Funktionen |
|---|---|---|
| **DV-Controlling** | *Analyse der SOLL-/IST-Abweichungen* beim DV-Einsatz gemäß den ECU-Arbeitsprogrammpunkten 2–13 nur betreffend die Kontrollkriterien *Funktionsfähigkeit* beziehungsweise organisatorische Zweckmäßigkeit inklusive Qualitätssicherung und *Wirtschaftlichkeit,* speziell Durchführung von *Projekt-Controlling* (siehe Abbildung 4 und 24 im Kapitel 10.1).<br>Durchführung der *Erfolgskontrolle aller realisierten DV-Projekte mit Nachkalkulation* der geplanten Zeiten sowie der Kosten und des Nutzens gemäß ursprünglichen Wirtschaftlichkeitsbetrachtungen.<br>Vorlegen dieser Erfolgskontrollen dem DV-Lenkungsausschuß.<br>Gleichzeitig Angeben der Gründe von gegebenenfalls gewichtigen Abweichungen zwischen DV-Planung und Ist-Zustand der neuen DV-Anwendungen, damit diese negativen oder auch positiven Erfahrungen bei der Planung künftiger DV-Projekte – im Sinne eines Lernprozesses – unbedingt berücksichtigt werden.<br>*Nachkalkulation von größeren Hardware- und Systemsoftwareinvestitionen* zu Händen des Controlling/Betriebswirtschaftliche Abteilung. | **DV-Controlling** |
| **ORG/DV-Stabsstelle, Planung u. Kontrolle** | *Sammeln* und Koordinieren der *Vorschläge für den künftigen DV-Einsatz* (Arbeitsaufträge) von den Fachbereichen über die zuständigen Projektgruppenleiter sowie Weitergeben als Vorschläge mit in der Regel Wirtschaftlichkeitsbetrachtungen (auch für Entscheid Eigen- oder Fremdleistung; Einsatz von Standardsoftware und ähnlichem) für den künftigen DV-Einsatz bezüglich Software (= Planungsvorschau für die Softwareerstellung), die Hardware und das ORG/DV-Personal an den DV-Lenkungsausschuß mit Weiterleitung gegebenenfalls an das Controlling/Unternehmensplanung für den generellen DV-Plan.<br>*Liefern* von Ergänzungen für die DV-Planung mit den *Anforderungen an die Softwarepflege* (= Planungsvorschau für die Softwarepflege, siehe Abbildung 28 im Kapitel 10.3) zu Händen des DV-Lenkungsausschusses.<br>*Erstellen* der *Investitionsanträge* für *Hardware und Systemsoftware* entsprechend den Richtlinien des Controlling/Betriebswirtschaftliche Abteilung.<br>*Betreuen* des *Function-Point-Verfahrens* für die Zeitaufwandschätzung der Softwareerstellungsaufträge.<br>*Einrichten* einer *Kosten- und Leistungsverrechnung sowie eines Berichtswesens* für den ORG/DV-Bereich (Softwareerstellung inklusive -pflege und Rechenzentrumsbetrieb) entsprechend den Richtlinien des Controlling/Betriebswirtschaftliche Abteilung.<br>Laufende ORG/DV-bereichsinterne *Kontrollen der Kosten- und Leistungsverrechnung sowie des Berichtswesens* und der *Budget-Einhaltung des ORG/DV-Bereichs.*<br>*Erstellen* der *Planungsrückschau* für die *Softwareerstellung inklusive -pflege* in Zusammenarbeit mit den Projektgruppenleitern zu Händen des DV-Lenkungsausschusses. | **ORG/DV-Stabsstelle, Planung und Controlling, nur auf- bzw. vorbereitende Aufgaben für das DV-Controlling** |

*Abbildung 1* CW-Edition *Quelle: ECU*

## Aufgabenabgrenzung zwischen DV-Controlling und DV-Revision

**Betrifft die Funktionen**

**DV-Revision**

*Analyse der SOLL-/IST-Abweichungen* beim DV-Einsatz gemäß den ECU-Arbeitsprogrammpunkten 2–13 nur betreffend die Prüfungskriterien *Ordnungsmäßigkeit* und *Sicherheit* im Rahmen des von der Unternehmensleitung bewilligten DV-Revisionsprogrammes (siehe Abbildung 4).
Speziell Durchführung von exante-mäßigen Prüfungen = *Projektbegleitende Revision* bei der Planung und Realisierung von *gewichtigen DV-Projekten* nach dem Phasenkonzept durch zeitweise Mitwirkung in den Projektteams, wie Prüfung unter anderem der Wirtschaftlichkeitsbetrachtungen in formeller Hinsicht, des internen Kontrollsystems, der Entscheidungs- und Verarbeitungsregeln, der Einhaltung der GoB/GoS, des Änderungsdienstkonzeptes, der Systemdokumentation, der Programmdokumentation, der Anwenderdokumentation und der programmspezifischen Rechenzentrumsdokumentation, der Einhaltung der Archivierungsvorschriften und Aufbewahrungsfristen.
Mit zunehmender Erfahrung in DV-Revision sollten diese wertvollen *DV-Spezialisten* in *der Internen Revision* dem Controlling und dem DV-Lenkungsausschuß für ihre DV-Controllingaufgaben, aber auch dem ORG/DV-Management, den Projektgruppenleitern, der ORG/DV-Stabsstelle Planung und Kontrolle, den DV-Koordinatoren und so weiter *beratend zur Verfügung stehen.*
*Überprüfen der Arbeitsweise* (richtige Aufgabenerfüllung) *des DV-Controlling* im Rahmen des von der Unternehmensleitung bewilligten DV-Revisionsprogrammes.

**DV-Revision**

*Abbildung 1* CW-Edition *Quelle: ECU*

1 = DV-Controlling SOLL
Planung und Budgetierung des ORG/DV-Bereichs in Abstimmung mit der Unternehmensplanung,
14 = DV-Controlling IST,
Kosten- und Leistungsverrechnung sowie Berichtswesen des ORG/DV-Bereichs
2-13 = Analyse der SOLL–/IST-Abweichungen beim DV-Einsatz betreffend die Kontrollkriterien Funktionsfähigkeit und Wirtschaftlichkeit (siehe Abbildung 2).

Aus der DV-Revisions-Enquête der ECU zusammen mit der Zeitschrift Online von 1989 hat sich die Häufigkeit der Durchführung von DV-Revisionsaufträgen ergeben, wie die Abbildung 3 zeigt.

Falls es in einem Unternehmen beziehungsweise in einer Öffentlichen Verwaltung schon ein DV-Controlling gibt, dann sollten die Prüfungsgebiete

## Arbeitsprogramm zur Überprüfung der Effizienz der Informationsverarbeitung

### DV-REVISION

**DV-CONTROLLING**
Planung und Budgetierung des ORG/DV-Bereichs in Abstimmung mit der Unternehmensplanung (1)

**I. Softwareerstellung inklusive -pflege und Rechenzentrumsbetrieb gemeinsam betreffend**

1. Unterstellung und Gliederung des ORG/DV-Bereichs (Strukturorganisation) (2)
2. Personalwesen des ORG/DV-Bereichs (3)
3. DV-Dokumentation (4)
4. Einhaltung der Grundsätze ordnungsmäßiger Buchführung (GoB) beziehungsweise Speicherbuchführung (GoS) (5)
5. Datensicherheit und Datenschutz (6)

**II. Softwareerstellung inklusive -pflege speziell**

1. Derzeitiger und geplanter DV-Einsatz in den verschiedenen Unternehmensbereichen (= DV-Anwendungsgebiete) mit den Prüfungskriterien
   - Funktionsfähigkeit beziehungsweise organisatorische Zweckmäßigkeit inklusive Qualitätssicherung
   - Ordnungsmäßigkeit,
   - Sicherheit und
   - Wirtschaftlichkeit (7)
2. Aufgabenstellung für die Softwareerstellung (Eigen- oderFremderstellung; Einsatz von Standardsoftware) (8)
3. DV-Projektorganisation und -realisierung (9)
4. Erfolgskontrolle der realisierten DV-Projekte (10)

**III. Rechenzentrumsbetrieb (RZ) speziell**

1. Hardware- und Systemsoftwareeinsatz sowie bauliche Einrichtungen des RZ (11)
2. RZ-Ablauforganisation (12)
3. Auslastung beziehungsweise. Produktivität der DV-Anlage (13)

**DV-CONTROLLING**
Kosten- und Leistungsverrechnung sowie Berichtswesen des ORG/DV-Bereichs (14)

**SOLL** ← **Abweichungen** → **IST**

Anmerkungen: Die Zahlen 1 bis 14 in den Klammern sind die Punkte des ECU-Arbeitsprogrammes zur Überprüfung der Effizienz der Informationsverarbeitung.

*Abbildung 2* CW- Edition *Quelle: ECU*

## Prüfungsgegenstand der DV-Revision mit Häufigkeit der Durchführung, Ergebnis der DV-Revisions-Enquête 1989

| | Prüfungsgegenstand | Häufigkeit der Durchführung | | | | vorwiegend zuständig DV- | | |
|---|---|---|---|---|---|---|---|---|
| | | regelmäßig | selten | nie | k. A. | Controller | Anwendungsrev. | Spezialrevisor |
| | | Angaben in Prozent | | | | | | |
| 1. | ORG/DV-Planung | 22,1 | 33,7 | 38,9 | 5,3 | | X | |
| 2. | ORG/DV-Berichtswesen | 15,8 | 50,5 | 26,3 | 7,4 | | X | |
| 3. | Organisatorisches Umfeld des | | | | | | | |
| | ORG/DV-Bereichs im Hinblick auf | | | | | | X | |
| | Strukturorganisation | 10,5 | 37,9 | 44,2 | 7,4 | | | |
| | Personalumfang und -qualität | 8,4 | 34,7 | 49,5 | 7,4 | | | |
| | Vergütungsstruktur | 3,2 | 9,5 | 78,9 | 8,4 | | | |
| 4. | Anschaffung von Fremd- beziehungsweise Standardsoftware im Hinblick auf | | | | | | | |
| | Funktionsfähigkeit | 16,8 | 42,1 | 33,7 | 7,4 | X | | |
| | Ordnungsmäßigkeit/Sicherheit | 27,4 | 43,2 | 24,2 | 5,2 | | X | |
| | Wirtschaftlichkeit | 10,5 | 42,1 | 41,1 | 6,3 | X | | |
| 5. | Methoden der Softwareerstellung | 18,9 | 43,2 | 31,6 | 6,3 | | | X |
| 6. | Einhaltung der Richtlinien für | | | | | | X | |
| | Softwareerstellung | 42,1 | 26,3 | 24,2 | 7,4 | | | |
| | Dokumentation | 55,8 | 23,2 | 14,7 | 6,3 | | | |
| | Tests | 35,8 | 35,8 | 21,1 | 7,3 | | | |
| 7. | Qualitätssicherung bei der Softwareerstellung | 22,1 | 33,7 | 32,6 | 11,6 | X | | |
| 8. | Kosten der Softwareerstellung in der | | | | | X | | |
| | Planung | 8,4 | 37,9 | 44,2 | 9,5 | | | |
| | Nachkalkulation | 10,5 | 40,0 | 44,2 | 5,3 | | | |
| 9. | Funktionstrennung (Tätigkeitsabgrenzung bei der Datenverarbeitung) | 54,7 | 27,4 | 11,6 | 6,3 | | | X |
| 10. | Einhaltung der Zugangskontrollen im Rahmen der allgemeinen Sicherheitsmaßnahmen | 48,4 | 34,7 | 9,5 | 7,4 | | | X |
| 11. | Abläufe im Rechenzentrum auf | | | | | | | |
| | Richtigkeit | 43,2 | 36,8 | 13,7 | 6,3 | | | X |
| | Wirtschaftlichkeit | 16,8 | 40,0 | 35,8 | 7,4 | X | | |
| 12. | Vergabe der Zugangsberechtigung zu Daten und Programmen im Rahmen der allgemeinen Sicherheitsmaßnahmen | 61,1 | 25,3 | 7,4 | 6,2 | | | X |
| 13. | Einhaltung der Sicherungsrichtlinien für Daten und Programme | 58,9 | 23,2 | 11,6 | 6,3 | | | X |
| 14. | Vorhandene Katastrophenpläne | 31,6 | 37,9 | 21,1 | 9,4 | | | X |
| 15. | ORG/DV-Bereich im Hinblick auf deliktische Handlungen | 15,8 | 54,7 | 24,2 | 5,3 | | X | |

*Abbildung 3* CW- Edition *Quelle: ECU*

- Anschaffung von Fremd- beziehungsweise Standardsoftware im Hinblick auf Funktionsfähigkeit und Wirtschaftlichkeit (zum Teil Punkt 4),
- Qualitätssicherung bei der Softwareerstellung (Punkt 7),
- Kosten der Softwareerstellung in der Planung und in der Nachkalkulation (Punkt 8)

und

- Abläufe im Rechenzentrum auf Wirtschaftlichkeit (zum Teil Punkt 11) durch das DV-Controlling übernommen werden.

Aus der anzustrebenden Trennung der Kontrollkriterien beziehungsweise Prüfungskriterien

- Funktionsfähigkeit (F)

und

- Wirtschaftlichkeit (Wirtschaftlichkeitsbetrachtungen,
  Kosten-/Nutzenanalysen, W)
  mit Zuständigkeit des DV-Controlling

sowie

- Ordnungsmäßigkeit (O)

und

- Sicherheit(S)
  mit Zuständigkeit der DV-Revision ergibt sich auch bei der Beurteilung der Softwareerstellung die Unterscheidung in
- *Projekt-Controlling* für das DV-Controlling als Teil des operativen DV-Controlling (siehe Abbildung 24 im Kapitel 10.1)

und

- *Projekt-Revision* für die DV-Revision.

Die Abbildung 4 zeigt die Zusammenhänge nochmals tabellarisch auf.

Beim *ex ante-mäßigen Projekt-Controlling* ist es vor allem wichtig, daß das DV-Controlling die iterativ erstellten Wirtschaftlichkeitsbetrachtungen (siehe Kapitel 10.9) des Projektleiters sachlich prüft. Der DV-Lenkungsausschuß hat nämlich als gesamtunternehmerisches Planungs-, Entscheidungs-, Steuerungs- und Kontrollgremium in der Regel die Prioritäten für das betreffende DV-Projekt vergeben und wird aufgrund der sachlichen Überprüfung der Einhaltung der Wirtschaftlichkeitsbetrachtungen durch das DV-Controlling erst jeweils die nächste Phase zur Durchführung der Softwareerstellung freigeben.

Die Aufgabe der DV-Revision ist hierbei nur noch die formale Überprüfung der Einhaltung der entsprechenden Softwareerstellungs- inklusive Wirtschaftlichkeitsbetrachtungs-Richtlinien.

## Zuordnung der Kontroll- beziehungsweise Prüfungskriterien zu den Prüfungsmethoden

| Kontroll- beziehungsweise Prüfungskriterien / Prüfungsmethode | Funktionsfähigkeit F | Ordnungsmäßigkeit O | Sicherheit S | Wirtschaftlichkeit W |
|---|---|---|---|---|
| Projekt-Controlling durch das DV-Controlling | X | | | X |
| Projekt-Revision durch die DV-Revision | | X | X | |

Abbildung 4 CW- Edition Quelle: ECU

Ein *expost-mäßiges Projekt-Controlling* stellt die *Projekt-Nachkalkulation* dar:

Nach einer Einführungszeit von zirka drei bis sechs Monaten sollte durch das DV-Controlling in allen Fällen der Softwareerstellung eine *Erfolgskontrolle der realisierten Verfahren* durchgeführt werden. Mit dieser Projekt-Nachkalkulation sind die benötigte Zeit (auch zur Aktualisierung der Produktivitätskurve für das Function-Point-Verfahren, siehe Kapitel 10.8) und die Kosten für die Softwareerstellung sowie der erzielte Nutzen im Vergleich zur letztgültigen Wirtschaftlichkeitsbetrachtung zu ermitteln.

Gegebenenfalls sind *Gründe für gewichtige Abweichungen* zwischen der DV-Projekt-Planung und dem neuen Ist-Zustand dem Planungs-, Entscheidungs-, Steuerungs- und Kontrollgremium anzugeben, damit diese negativen und im günstigen Fall auch positiven Erfahrungen bei der Planung künftiger DV-Projekte – im Sinne eines Lernprozesses zur Erreichung einer immer effizienteren Informationsverarbeitung – unbedingt berücksichtigt werden.

Die *Projekt-Revision* sollte bei gewichtigen Projekten möglichst *exante-mäßig*, also projektbegleitend durchgeführt werden.

Auswahlkriterien für gewichtige DV-Projekte sind vor allem die Höhe der geschätzten Kosten im Verhältnis zum erwartenden Nutzen gemäß den Wirtschaftlichkeitsbetrachtungen, Verarbeitung sensibler Daten und unternehmensstrategisch zu erwartende Vorteile.

Erfolgt nämlich die Überprüfung einer DV-Anwendung erst nach längerem Abschluß des betreffenden DV-Projektes – also expost-mäßig –, dann kann gegebenenfalls die DV-Revision keinen Einfluß mehr auf die unter anderem so wichtige Einhaltung der Softwareerstellungs- inklusive Dokumentationsrichtlinien im Sinne des Prüfungskriteriums Ordnungsmäßigkeit nehmen.

Bei einer exante-mäßigen Überprüfung – auch „*Projektbegleitende Revision*" genannt – entsprechend einem Phasenkonzept können dagegen vor allem Kosten gespart werden, weil die von der DV-Revision gegebenenfalls geforderten Maßnahmen zum Beispiel betreffend das Interne Kontrollsystem bei der Informationsverarbeitung (Eingabe-, Verarbeitungs- und Ausgabekontrollen; Programmierte Kontrollen, wie Plausibilitätskontrollen, Kontrollsummen und Zugriffskontrollen mit Fehlerprotokollen; diese organisatorischen Kontrollen vor, bei und nach der Datenverarbeitung müssen quantitativ und qualitativ ausreichend sein) noch während der Softwareerstellung berücksichtigt werden können. Eine spätere Realisierung dieser wichtigen Forderungen nach Ordnungsmäßigkeit und Sicherheit wird stets mit höheren Kosten verursacht sein.

Zunehmend ist in der Praxis folgende *Zusammenarbeit zwischen dem Controlling und der Internen Revision* zu finden und zu begrüßen:

Die Interne Revision erstellt einen Vorschlag für ein zwei- bis dreijähriges Revisionsprogramm zu Händen des Controllers, und dieser gibt hieraus die einzelnen Revisionsaufträge – in Abstimmung mit der Unternehmensleitung – aufgrund seines Überblickes über die prioritätsmäßigen Erfordernisse ihrer Durchführung frei.

Die Unternehmensleitung oder der Controller kann auch Sonderprüfungsaufträge an die Interne Revision vergeben. Im Falle der DV-Revision handelt es sich normalerweise vorwiegend – wie bereits vorstehend genannt bei noch fehlender DV-Controlling-Kapazität – um Aufträge zur Analyse der SOLL-/IST-Abweichungen beim DV-Einsatz, und hierbei werden zu Händen des DV-Controllers Vorschläge zur Beseitigung der festgestellten Schwachstellen und Mängel unterbreitet.

# 4. Grundsätze effizienter Datenverarbeitung (GeD)

Die im Kapitel 2 erläuterten vier Kontroll- beziehungsweise Prüfungskriterien lassen sich zusammenfassen zu den *Grundsätzen effizienter Datenverarbeitung = GeD.*

Gegenüber den Grundsätzen ordnungsmäßiger Datenverarbeitung (GoD), die nichts anderes als eine Ableitung aus den Grundsätzen ordnungsmäßiger Buchführung (GoB) beziehungsweise Grundsätzen ordnungsmäßiger Speicherbuchführung (GoS) sind, und die von der Betriebsprüfung (vergleiche ADV-Merkblatt) und der Wirtschaftsprüfung (vergleiche FAMA 1/87) deshalb bewußt nicht verwendet werden, erscheint es der ECU aber für die Tätigkeit eines DV-Controlling beziehungsweise einer DV-Revision wichtig, den Begriff GeD als alle vier Kontroll- beziehungsweise Prüfungskriterien umfassend einzuführen.
Vor allem gehört auch das *Kontrollkriterium Wirtschaftlichkeit* dazu.

Die Abbildung 5 zeigt speziell die „Einflußfaktoren auf die Wirtschaftlichkeit des DV-Einsatzes".

Die Erfüllung der GeD sollte von jedem Unternehmen beziehungsweise jeder Öffentlichen Verwaltung angestrebt werden.

Die Aufgabe des DV-Controlling beziehungsweise der DV-Revision ist es, zu bestätigen, inwieweit durch die Einhaltung der GeD die vier Kontroll- beziehungsweise Prüfungskriterien bisher beachtet wurden, und in *konstruktiver Kritik* gegebenenfalls auf notwendige Verbesserungen hinzuweisen.

**IM EINZELNEN GEHÖRT ZUR *ERFÜLLUNG DER GED*, DASS VOR ALLEM**

1. die Software, Hardware und das Personal sowie gegebenenfalls Gebäude des ORG/DV-Bereichs entsprechend dem generellen DV-Plan, abgeleitet aus der Unternehmensplanung, bedarfsgerecht (zentrale, dezentrale und/oder individuelle Datenverarbeitung) und zusätzlich unter Berücksichtigung der Sicherheitsrisiken (Katastrophenplan) mittel- bis langfristig geplant wird (siehe Abbildung 1 im Kapitel 3).

2. für die mehr kurzfristige Planung der Softwareerstellung künftiger DV-Anwendungen in der Regel Wirtschaftlichkeitsbetrachtungen durchgeführt werden, wozu der Zeitaufwand (Mannmonate) in enger Zusammenarbeit mit den betreffenden Fachbereichen

**Software-erstellung**

möglichst mit Hilfe des Function-Point-Verfahrens (siehe Kapitel 10.8) ermittelt wird.
Betrifft das Kontrollkriterium Wirtschaftlichkeit.

3. ein DV-Lenkungsausschuß die Prioritäten für die Softwareerstellung unter gesamtunternehmerischen Gesichtspunkten (besonders Wirtschaftlichkeitsbetrachtungen) festlegt.
   Betrifft das Kontrollkriterium Wirtschaftlichkeit.

4. qualifizierte Mitarbeiter der betroffenen Fachbereiche in den Projektteams aktiv mitarbeiten.
   Betrifft das Kontrollkriterium Wirtschaftlichkeit.

5. mit Hilfe eines computergestützten Projektmanagementsystems (Berichtswesen) der Fortgang der Softwareerstellung nach einem Phasenkonzept unter Beachtung von Softwareerstellungs- und Dokumentationsrichtlinien (Software-Engineering) in bezug auf Termine, Kosten und Leistungsinhalte überwacht wird.
   Betrifft die Kontroll- beziehungsweise Prüfungskriterien Ordnungsmäßigkeit, Sicherheit und Wirtschaftlichkeit.

6. die betroffenen Fachbereiche das ausgetestete neue Verfahren freigeben.
   Betrifft die Kontroll- beziehungsweise Prüfungskriterien Funktionsfähigkeit, Ordnungsmäßigkeit und Sicherheit.

7. eine möglichst projektbegleitende DV-Revision (exante-Prüfung) insbesondere bezüglich ausreichender und wirksamer Kontrollen (Internes Kontrollsystem) und für abgeschlossene Projekte eine Nachkalkulation (Projekt-Controlling; Abweichungsanalyse zwischen SOLL und IST) zu Händen des DV-Lenkungsausschusses erfolgt (siehe Kapitel 10.12).
   Betrifft die Kontroll- beziehungsweise Prüfungskriterien Funktionsfähigkeit, Ordnungsmäßigkeit, Sicherheit und Wirtschaftlichkeit.

8. die Verfahrensdokumentation bei Änderungen entsprechend den Dokumentationsrichtlinien aktualisiert und die Kosten der Softwarepflege wie gegebenenfalls bei Software-Neuerstellungen den betroffenen Fachbereichen verursachungsgerecht angelastet werden.

Betrifft die Kontroll- beziehungsweise Prüfungskriterien Funktionsfähigkeit, Ordnungsmäßigkeit, Sicherheit und Wirtschaftlichkeit.

9. der Rechenzentrums(RZ)betrieb planmäßig abläuft und damit die Produktionsergebnisse den betroffenen Fachbereichen zeitgerecht (vereinbarte Termine sind einzuhalten, betrifft auch Antwortzeiten) mit niedrigsten Kosten (ermittelt mit Hilfe eines Job-Accounting-Systems bei optimaler Ressourcenauslastung) zur Verfügung stehen.
   Betrifft die Kontrollkriterien Funktionsfähigkeit und Wirtschaftlichkeit.

10. die richtige und vollständige Verarbeitung der Daten im RZ-Betrieb durch geeignete Maßnahmen (unter anderem Kontrolle und Abstimmung) sichergestellt ist.
    Betrifft die Kontroll- beziehungsweise Prüfungskriterien Funktionsfähigkeit und Ordnungsmäßigkeit.

11. die Arbeitsabläufe durch entsprechende Kontrollen gegen unbeabsichtigte Verarbeitungsfehler im RZ-Betrieb und mißbräuchliche Manipulationen abgesichert sind.
    Betrifft das Prüfungskriterium Sicherheit.

12. das Zustandekommen der Produktionsergebnisse des RZ-Betriebes durch das DV-Controlling beziehungsweise die DV-Revision prüfbar nachgewiesen werden kann.
    Betrifft die Prüfungskriterien Ordnungsmäßigkeit und Sicherheit.

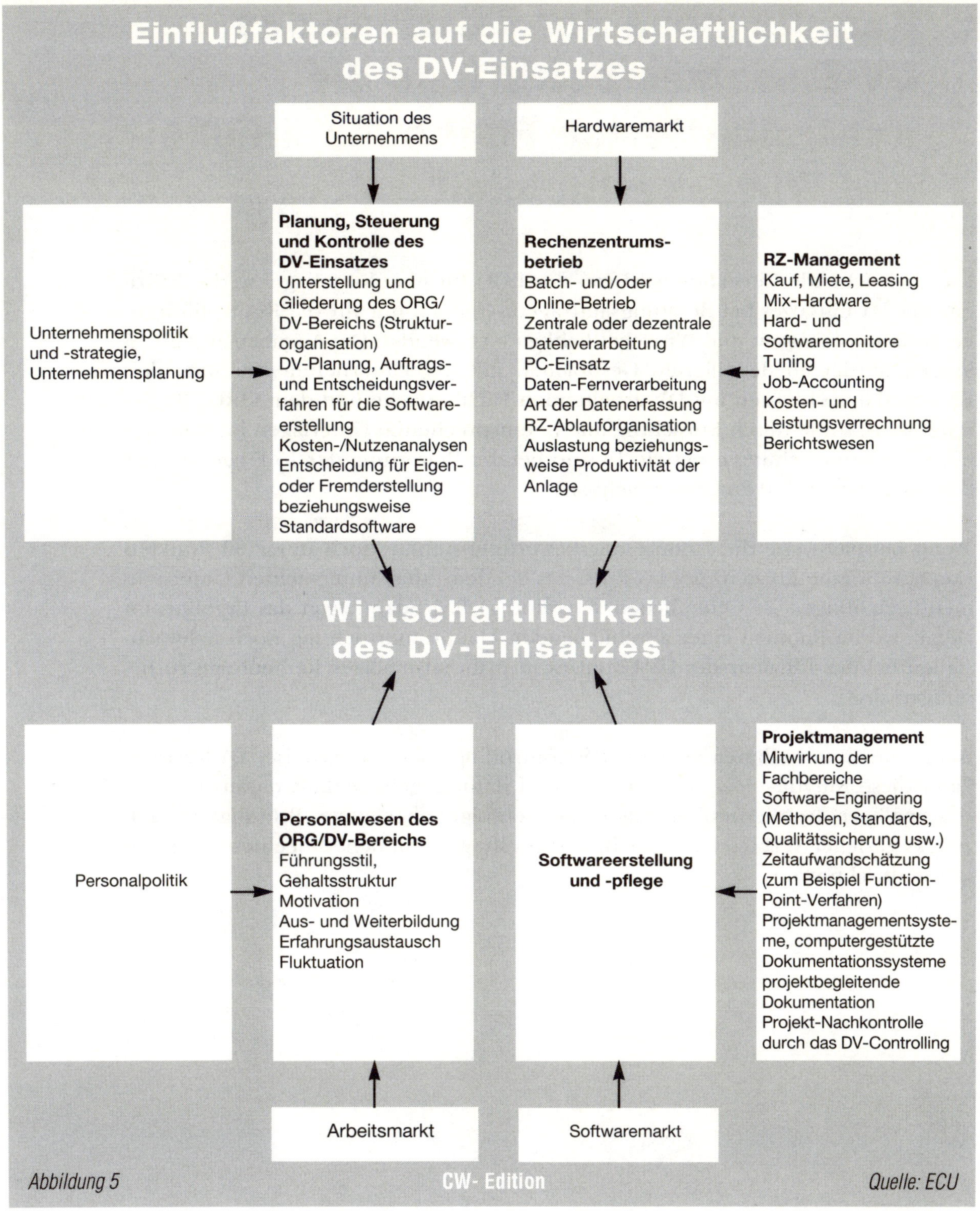


*Abbildung 5* CW- Edition *Quelle: ECU*

# 5. Kurzdiagnose der Effizienz des DV-Einsatzes betreffend die Kontrollkriterien Funktionsfähigkeit und Wirtschaftlichkeit

Die nachstehende Checkliste wird von der ECU für eine Kurzdiagnose der Effizienz des DV-Einsatzes bei Beratungsaufträgen – jedoch nur für die Kontrollkriterien Funktionsfähigkeit und Wirtschaftlichkeit – verwendet. Die Angaben zu den 15 Fragen werden in detaillierten Gesprächen mit der Unternehmensleitung, den Leitern der wichtigsten mit DV arbeitenden Fachbereiche und dem ORG/DV-Bereich selbst sowie durch Einsichtnahme in entsprechende Unterlagen im Rahmen einer Voruntersuchung ermittelt. Es sind bei der Bewertung der 15 Fragen in der Summe maximal 100 Punkte erreichbar.

Wenn beispielsweise die Summe der Bewertungspunkte noch unter 90 Punkten (keine sehr gute Effizienz des DV-Einsatzes bei dem (der) untersuchten Unternehmen beziehungsweise Öffentlichen Verwaltung) liegt, dann zeigt das Ergebnis im Detail, wo im Rahmen einer anschließenden Hauptuntersuchung noch Schwachstellen bei der Effizienz des DV-Einsatzes in prioritätsmäßiger Reihenfolge zu beseitigen sind.

Auch ein unternehmenseigenes DV-Controlling beziehungsweise DV-Revision kann diese Kurzdiagnose durchführen und dann gegebenenfalls daraus in prioritätsmäßiger (schwerpunktmäßiger) Reihenfolge abgeleitete Prüfungsaufträge zwecks gezielter Verbesserung der Bewertungsfragen mit den schlechtesten Ergebnissen durchführen.

## Checkliste zur Kurzdiagnose der Effizienz des DV-Einsatzes betreffend die Kontrollkriterien Funktionsfähigkeit und Wirtschaftlichkeit

| | | | |
|---|---|---|---|
| 1. Hat der bisherige DV-Einsatz erkennbare Verbesserungen der wirtschaftlichen Gesamtsituation des Unternehmens gebracht? | nein<br>teilweise<br>ja | 0<br>5<br>10 | |
| 2. Wie ist die Zusammenarbeit zwischen dem ORG/DV-Bereich und den Fachbereichen (Anwendern)? | schlecht<br>ausreichend<br>gut | 0<br>4<br>8 | |
| 3. Wird der Informationsbedarf der Anwender gedeckt? | schlecht<br>zu spät<br>ausreichend<br>gut | 0<br>1<br>2<br>4 | |
| 4. Wird das Management bei seinen wesentlichen Aufgaben (Planung, Steuerung, Kontrolle und Entscheidungsfindung inklusive Controlling) durch die DV unterstützt? | nein<br>noch zu wenig<br>ja | 0<br>2<br>4 | |
| 5. Besteht eine DV-Planung? | nein<br>für 1 Jahr<br>für 3–5 Jahre | 0<br>4<br>8 | |
| 6. Deckt sich die Kostenentwicklung beim ORG/DV-Bereich mit den entsprechenden Planungen? | nein<br>starke Abweichung<br>geringe Abweichung | 0<br>3<br>6 | |
| 7. Hat der ORG/DV-Bereich eine starke Personalfluktuation? | ja<br>nein | 0<br>2 | |
| 8. Ist die Computeranlage (Hardware) richtig dimensioniert (zum Beispiel Antwortzeitverhalten, Plattenkapazität und so weiter)? | nein<br>vermutlich ja<br>ganz sicher | 0<br>2<br>4 | |
| 9. Ist ein Client/Server-Betrieb eingeführt? | nein<br>ja | 0<br>5 | |
| 10. Werden für DV-Projekte Wirtschaftlichkeitsbetrachtungen durchgeführt, wobei auch mit den Möglichkeiten des Einsatzes von Standardsoftware verglichen wird? | nein<br>gelegentlich<br>immer | 0<br>5<br>10 | |
| 11. Arbeiten die Fachbereiche in den Projektteams aktiv mit? | nein<br>teilweise<br>immer | 0<br>2<br>5 | |

| | | | |
|---|---|---|---|
| 12. Wird mit Methoden des Software-Engineering (Softwareerstellungs- inklusive Dokumentations-richtlinien, normierte oder strukturierte Programmierung, Qualitätssicherung und ähnlichem) gearbeitet? | nein<br>teilweise<br>immer | 0<br>5<br>10 | |
| 13. Werden die geplanten Termine der DV-Projekte eingehalten? | nein<br>in etwa<br>exakt | 0<br>4<br>8 | |
| 14. Werden die DV-Projekte nachkalkuliert? | nein<br>gelegentlich<br>immer | 0<br>3<br>6 | |
| 15. Verfügt das Management über ausreichende Informationen und Möglichkeiten zur Überwachung der Effizienz des DV-Einsatzes? | nein, fehlt ein Berichtswesen und kein DV-Controlling beziehungsweise DV-Revision vorhanden | 0 | |
| | nur Budgetüberwachung ohne Abweichungsanalyse durch das DV-Controlling beziehungsweise die DV-Revision | 3 | |
| | ja, Abweichungsanalyse durch das DV-Controlling beziehungsweise die DV-Revision, aber erst teilweise | 6 | |
| | ja, DV-Controlling beziehungsweise DV-Revision voll funktionsfähig, also auch bei gewichtigen DV-Projekten exante-mäßige Prüfungen und generell Nachkalkulation abgeschlossener DV-Projekte | 10 | |

**Summe der Bewertungspunkte**

**Beurteilung der Auswertung:**

| | |
|---|---|
| Weniger als 20 Punkte | sehr schlechte Effizienz des DV-Einsatzes |
| 21 bis 40 Punkte | noch zu geringe Effizienz des DV-Einsatzes |
| 41 bis 70 Punkte | befriedigende Effizienz des DV-Einsatzes |
| 71 bis 90 Punkte | gute Effizienz des DV-Einsatzes |
| über 90 Punkte | sehr gute Effizienz des DV-Einsatzes |

# 6. Ergebnis der DV-Controlling-Enquête 1993 zu „Allgemeine Angaben zur DV-Controlling-Funktion“ (Fragen-Block B)

**FRAGE B1: SEIT WANN BESTEHT IN IHREM UNTERNEHMEN EIN DV-CONTROLLING?**

Die Abbildung 6 zeigt:
Die Funktion DV-Controlling ist bei 40 Prozent erst in Planung und besteht bei zirka einem Drittel erst seit bis zu zwei Jahren.

Erst bei 28 Prozent gibt es schon ein DV-Controlling seit über zwei Jahren.
Nur bei Unternehmen mit mehr als 500 Millionen DM Umsatz ist der Planungszustand geringer und dafür haben aber schon über 40 Prozent ein DV-Controlling seit bis zu zwei Jahren sowie knapp ein Drittel seit über zwei Jahren (siehe Abbildung 6a).

**FRAGE B2: WIE IST DIE GENAUE BEZEICHNUNG DIESER FUNKTION?**

Es werden recht unterschiedliche Bezeichnungen für diese Funktion genannt:
DV-Controlling, DV-Controlling, IS-Controlling, IT-Controlling, ITO-Controlling, IV-Controlling, Informationswirtschaftliches Controlling, IV-Betreuung, Koordination/Controlling, Kostencontrolling, Organisationsanalyse, Planung und Controlle, Projekt-Controlling, Projektschätzung und Kontrolle und so weiter.

**FRAGE B3: WIEVIELE MITARBEITERINNEN SIND AUF DIESEM GEBIET TÄTIG?**

Etwa 15 Prozent der an der Erhebung beteiligten Unternehmen beziehungsweise Öffentlichen Verwaltungen haben ein bis zwei weibliche Mitarbeiter.

**FRAGE B4: WIEVIELE MITARBEITER SIND AUF DIESEM GEBIET TÄTIG?**

Die Abbildung 7 zeigt:
Fast die Hälfte hat nur einen Mitarbeiter als DV-Controller.

**FRAGE B5: ALTERSSTRUKTUR**

Die Abbildung 8 zeigt:
Über zwei Drittel des DV-Controlling-Personals sind bis 40 Jahre alt und fast ein Drittel ist älter als 40 Jahre.

## Zeitraum des Bestehens des DV-Controlling

**Frage B 1: Seit wann besteht in Ihrem Unternehmen ein DV-Controlling?**

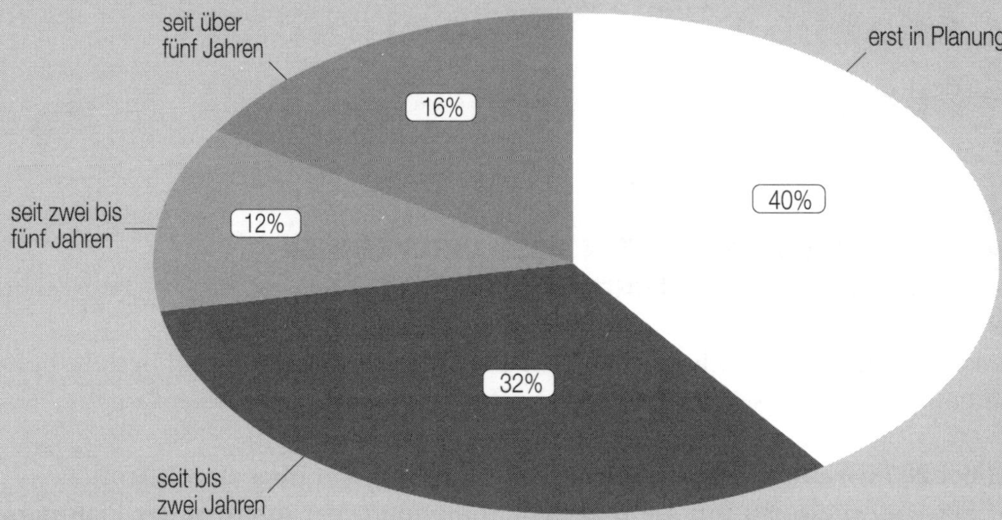


*Abbildung 6* CW-Edition *Quelle: ECU*

## Zeitraum des Bestehens des DV-Controlling, nur bei Unternehmen mit mehr als 500 Mio. DM Umsatz

**Frage B 1: Seit wann besteht in Ihrem Unternehmen ein DV-Controlling?**

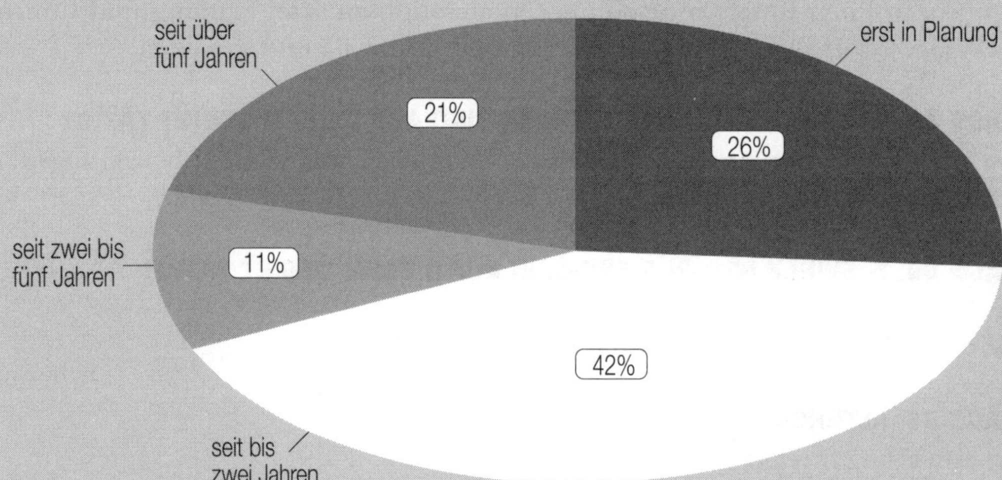


*Abbildung 6a* CW-Edition *Quelle: ECU*

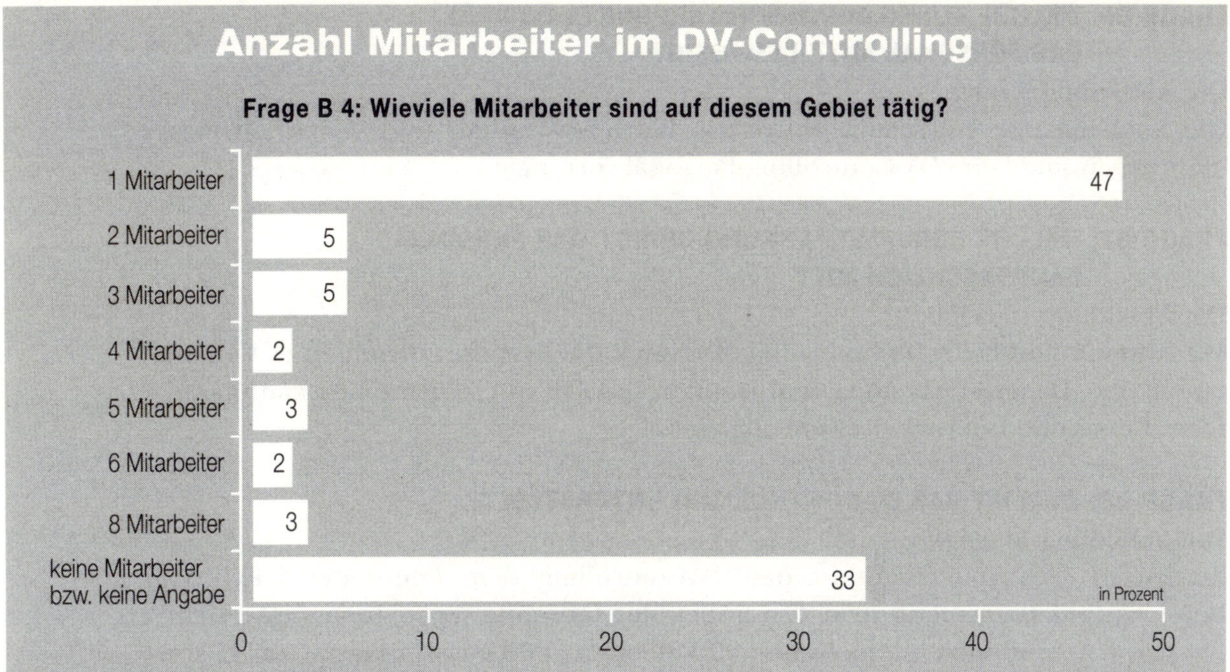


*Abbildung 7* *Quelle: ECU*

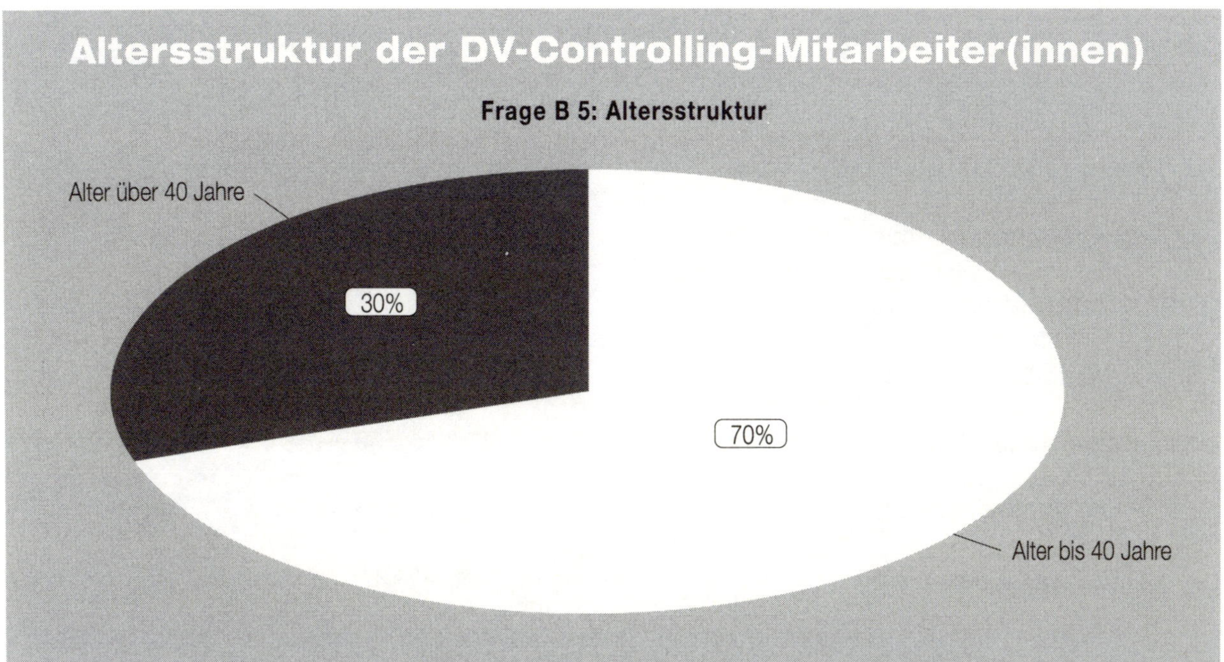


*Abbildung 8* *Quelle: ECU*

**FRAGE B6: WELCHE AUSBILDUNGSSCHWERPUNKTE BESITZT DAS PERSONAL ANTEILSMÄSSIG?**

Die Abbildung 9 zeigt:
Die Studiengänge Wirtschaftsinformatik, Betriebswirtschaft und Wirtschaftsingenieurwesen sind beim DV-Controlling-Personal vorrangig.

**FRAGE B7: WELCHE BERUFSERFAHRUNG BRINGT DAS PERSONAL HAUPTSÄCHLICH MIT?**

Die Abbildung 10 zeigt:
Mit Abstand sind beim DV-Controlling-Personal die Berufserfahrungen in Organisation und Datenverarbeitung am größten, gefolgt von allgemeiner kaufmännischer Praxis und Interner Revision allgemein.

**FRAGE B8: WEM IST DAS DV-CONTROLLING UNTERSTELLT?**

Die Abbildung 11 zeigt:
Zu jeweils etwa 40 Prozent ist das DV-Controlling dem Leiter des ORG/DV-Bereichs beziehungsweise dem Controller des Gesamtunternehmens unterstellt. Bei den Unternehmen mit mehr als 500 Millionen DM Umsatz ist sogar zur Hälfte das DV-Controlling dem Leiter des ORG/DV-Bereichs unterstellt (siehe Abbildung 11a).

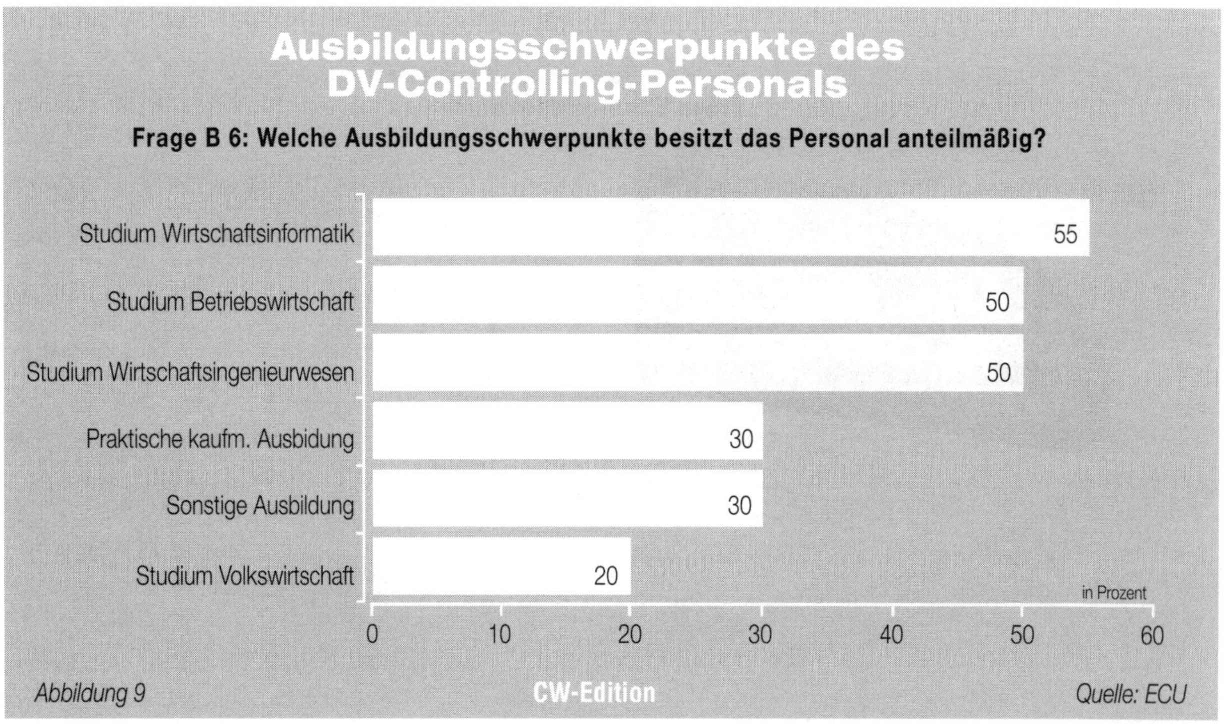

Abbildung 9 — Quelle: ECU

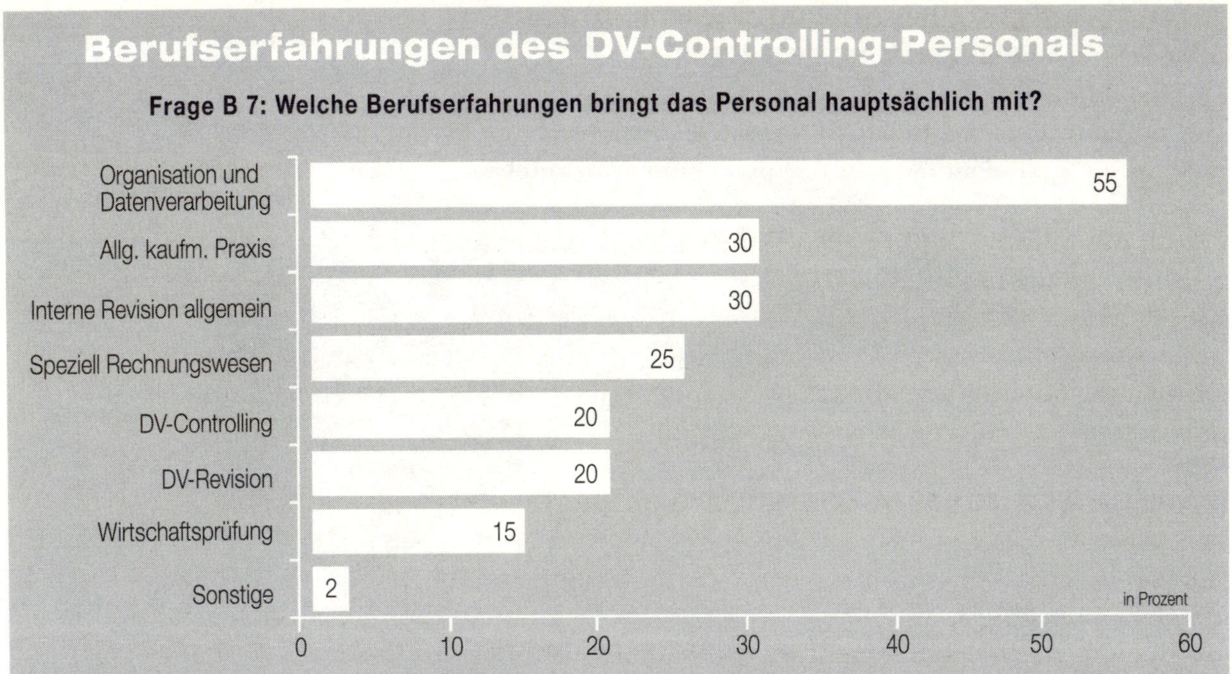


Abbildung 10

Mehrfachunterstellungen des DV-Controlling sind nicht zu erkennen.

**FRAGE B9: WIE IST DAS VERHÄLTNIS DES DV-CONTROLLING ZUM ORG/DV-BEREICH?**

Die Abbildung 12 zeigt:

Das Verhältnis zum ORG/DV-Bereich wird bei fast der Hälfte als eher gut bezeichnet, bei allerdings knapp 30 Prozent „keine Angaben".

Bei Unternehmen mit mehr als 500 Millionen DM Umsatz sind dabei „keine Angaben" auf 10 Prozent zurückgegangen (siehe Abbildung 12a).

**FRAGE B10: WIE SIEHT DIE ZUSAMMENARBEIT DES DV-CONTROLLING MIT DER DV-REVISION AUS?**

Die Abbildung 13 zeigt:

Bei 20 Prozent gibt es derzeitig überhaupt keine Zusammenarbeit zwischen dem DV-Controlling und der DV-Revision.

Erst bei knapp einem Drittel ist sie gering ausgeprägt und nur bei 8 Prozent liegt schon eine intensive Zusammenarbeit vor.

Erst bei 5 Prozent führt die DV-Revision für das DV-Controlling Aufträge durch und bei 12 Prozent wird das DV-Controlling von der DV-Revision gelegentlich auf Einhaltung der Arbeitsrichtlinien und ähnlichem sowie effizientes Arbeiten überprüft.

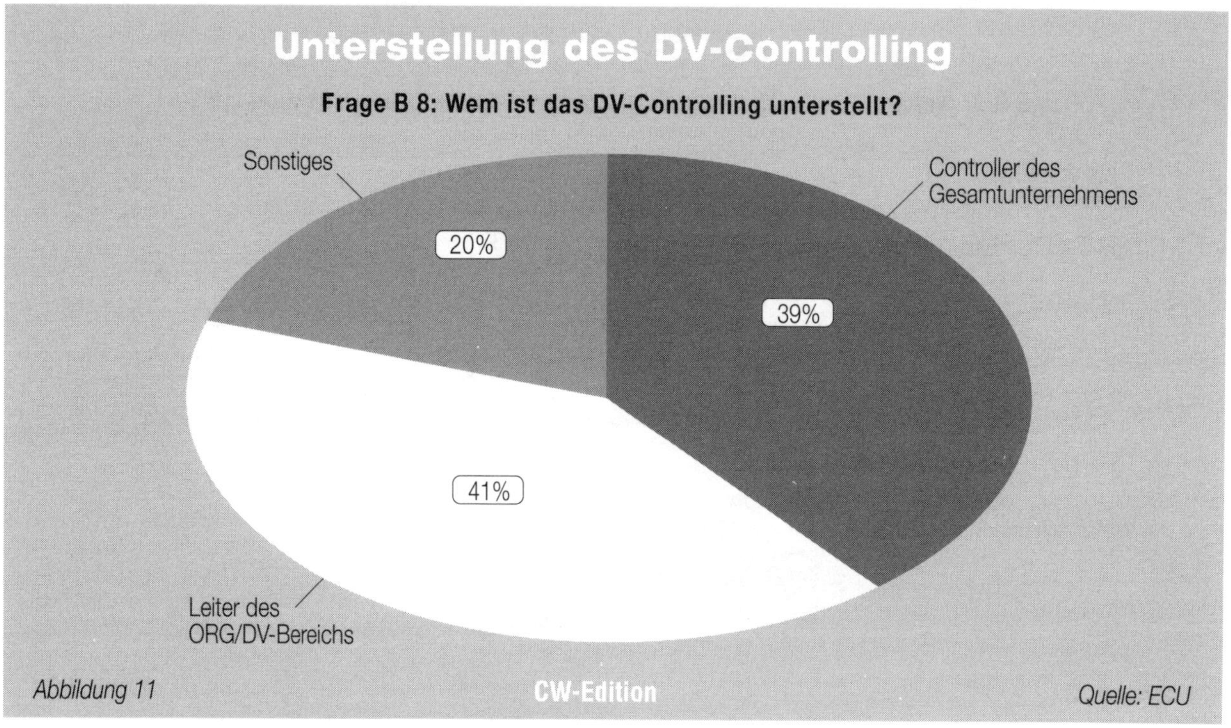


Abbildung 11

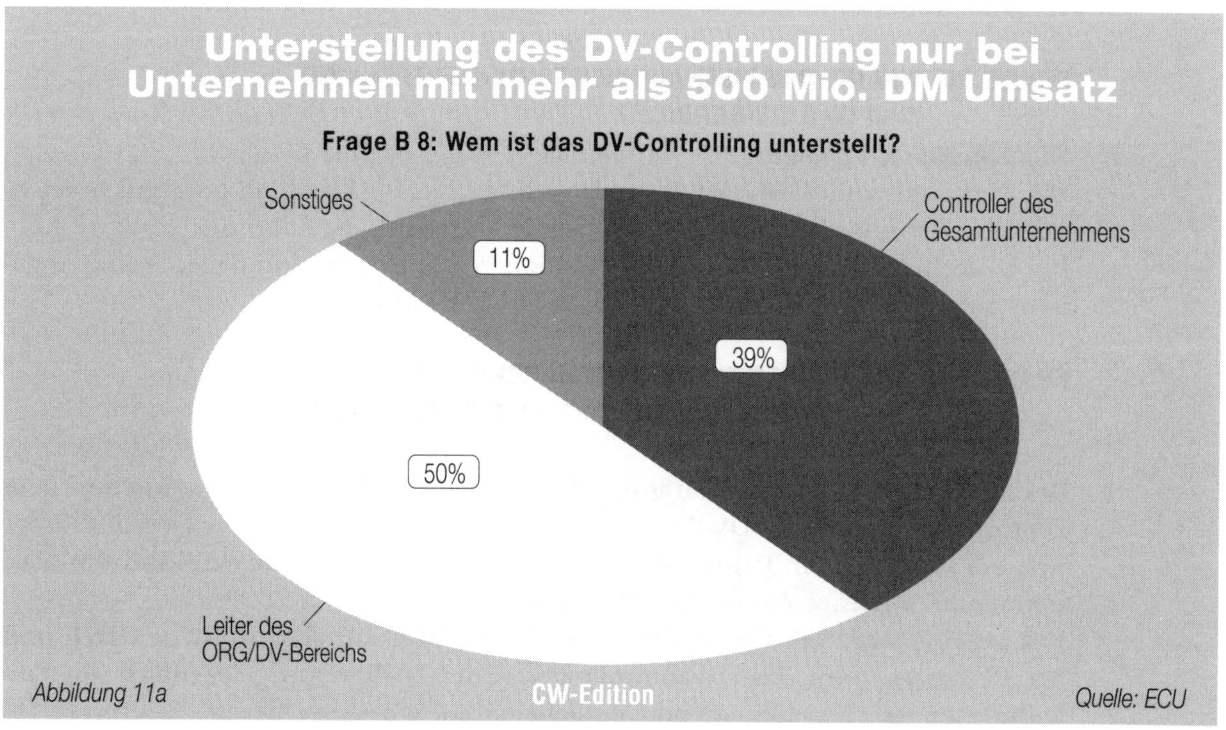


Abbildung 11a

## Verhältnis des DV-Controlling zum ORG/DV-Bereich

**Frage B 9: Wie ist das Verhältnis des DV-Controlling zum ORG/DV-Bereich?**

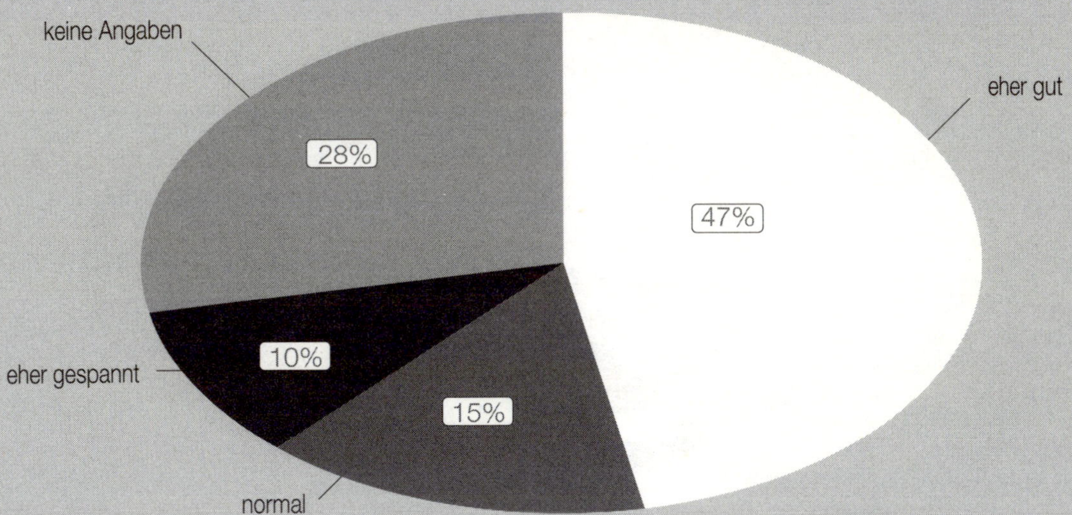


*Abbildung 12* CW-Edition *Quelle: ECU*

## Verhältnis des DV-Controlling zum ORG/DV-Bereich nur bei Unternehmen mit mehr als 500 Mio. DM Umsatz

**Frage B 9: Wie ist das Verhältnis DV-Controlling zum ORG/DV-Bereich?**

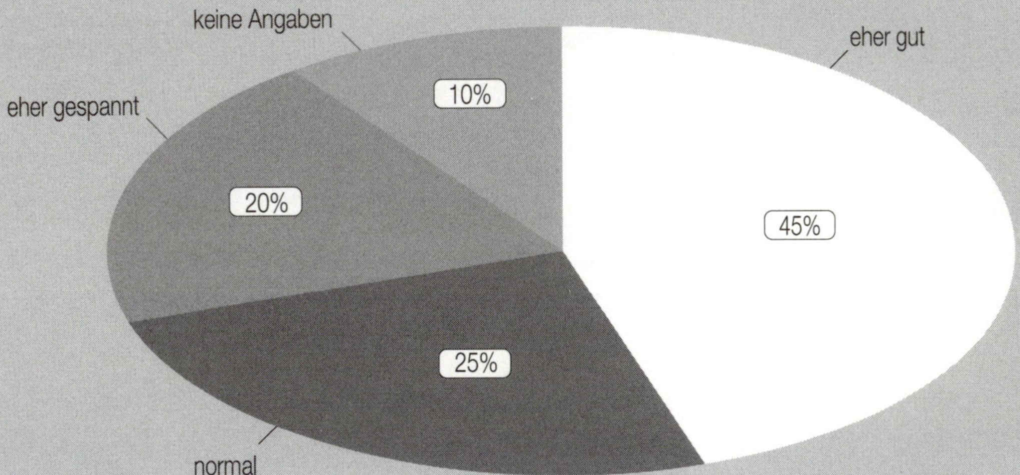


*Abbildung 12a* CW-Edition *Quelle: ECU*

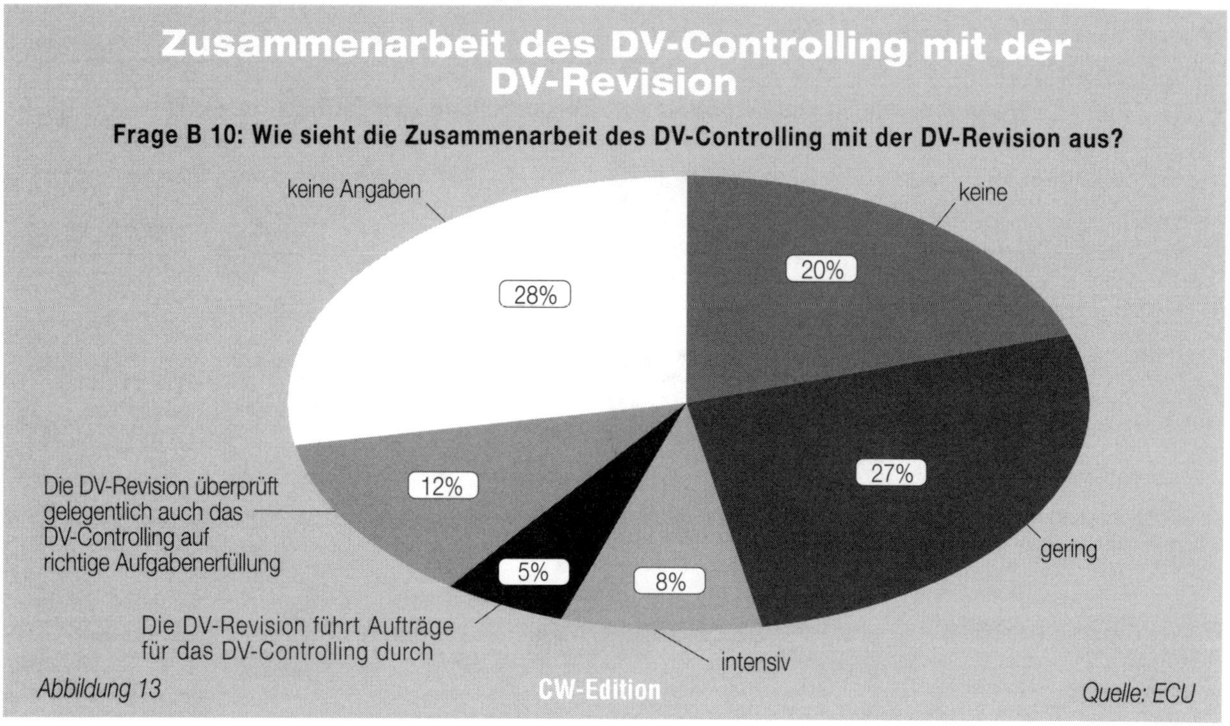

Abbildung 13

Bei Unternehmen mit mehr als 500 Millionen DM Umsatz führt schon bei 20 Prozent die DV-Revision Aufträge für das DV-Controlling durch (siehe Abbildung 13a).

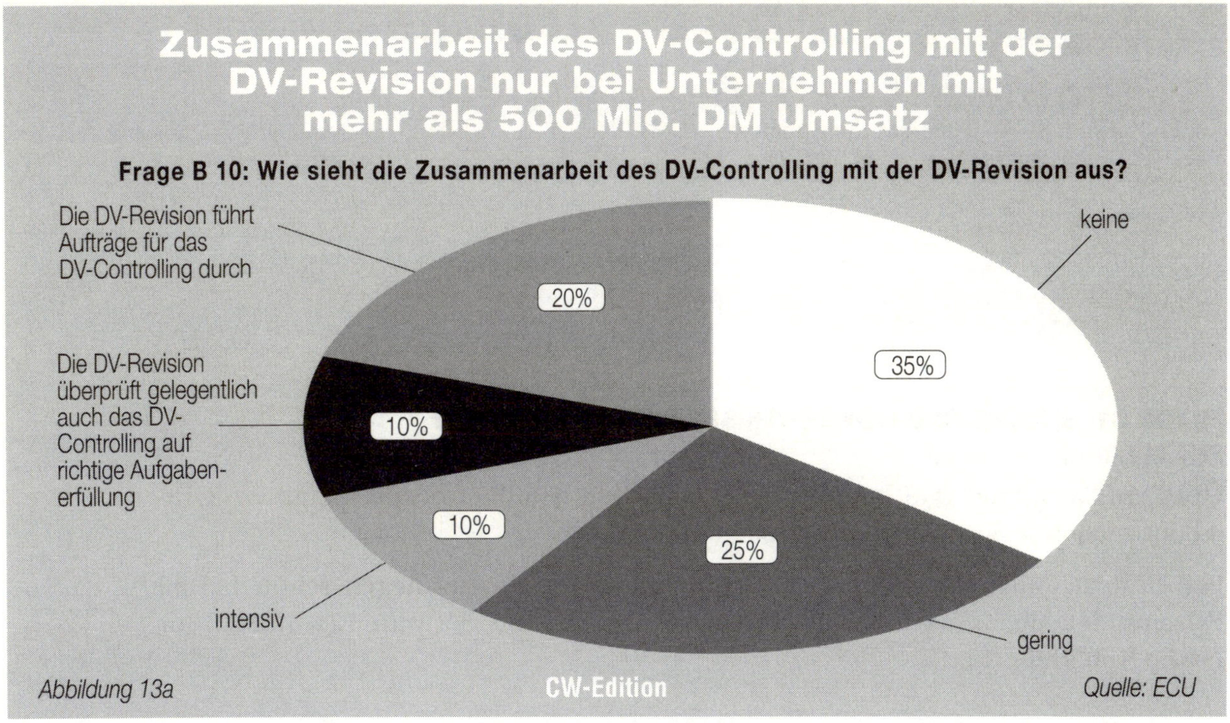

Abbildung 13a

# 7. Ergebnis der DV-Controlling-Enquête 1993 zu „ORG/DV-Kenntnisse des DV-Controlling-Personals" (Fragen-Block C)

**FRAGE C1: WELCHE ORG/DV-KENNTNISSE SIND VORHANDEN?**

Die Abbildung 14 zeigt:
Über ein Drittel des DV-Controlling-Personals hat detaillierte und knapp ein Drittel ausreichende Software-Kenntnisse.

Bei Unternehmen mit mehr als 500 Millionen DM Umsatz liegen schon bei 50 Prozent detaillierte und bei 40 Prozent ausreichende Software-Kenntnisse vor (siehe Abbildung 14a).

Die Abbildung 15 zeigt:
Knapp ein Drittel des DV-Controlling-Personals hat detaillierte und etwas über ein Drittel ausreichende Hardware-Kenntnisse.

Bei Unternehmen mit mehr als 500 Millionen DM Umsatz liegen schon bei 40 Prozent detaillierte und bei 45 Prozent ausreichende Hardware-Kenntnisse vor (siehe Abbildung 15a).

Die Abbildung 16 zeigt:
Fast die Hälfte des DV-Controlling-Personals hat schon detaillierte und ein Viertel ausreichende Organisations-Kenntnisse.

Bei Unternehmen mit mehr als 500 Millionen DM Umsatz liegen sogar schon bei knapp zwei Drittel detaillierte Organisations-Kenntnisse vor (siehe Abbildung 16a).

**FRAGE C2: ARBEITET DAS DV-CONTROLLING MIT PCs?**

Über zwei Drittel des DV-Controlling-Personals arbeitet mit PCs.
Bei Unternehmen mit einem Umsatz von mehr als 500 Millionen DM sind es 80 Prozent.

## Software-Kenntnisse des DV-Controlling

**Frage C 1 a: Welche ORG/DV-Kenntnisse sind vorhanden?**

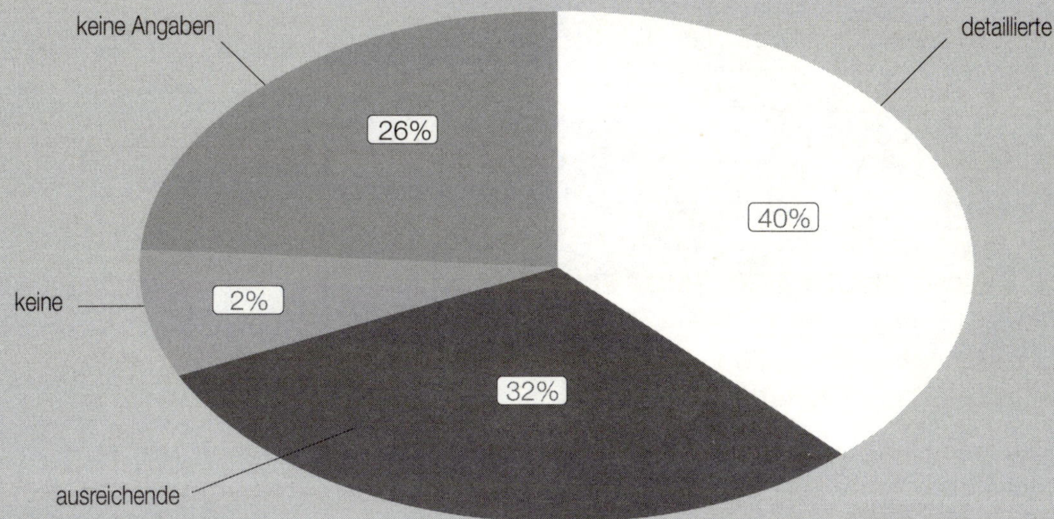


*Abbildung 14* CW-Edition *Quelle: ECU*

## Software-Kenntnisse des DV-Controlling nur bei Unternehmen mit mehr als 500 Mio. DM Umsatz

**Frage C 1 a: Welche ORG/DV-Kenntnisse sind bei der Software vorhanden?**

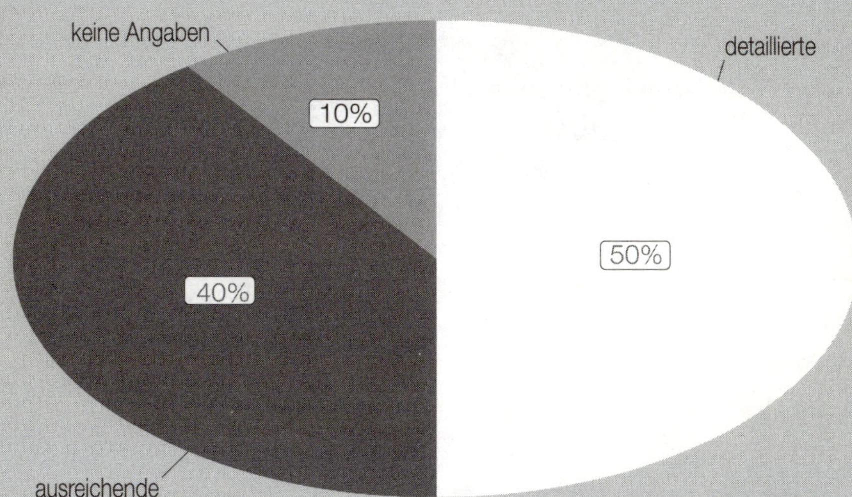


*Abbildung 14a* CW-Edition *Quelle: ECU*

## Hardware-Kenntnisse des DV-Controlling

**Frage C 1 b: Welche ORG/DV-Kenntnisse sind bei der Hardware vorhanden?**

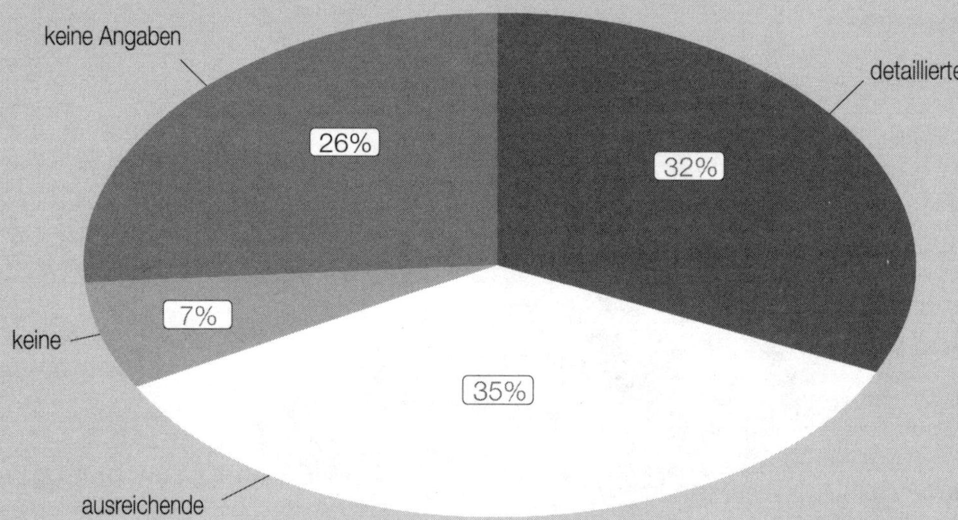


*Abbildung 15* **CW-Edition** *Quelle: ECU*

## Hardware-Kenntnisse des DV-Controlling nur bei Unternehmen mit mehr als 500 Mio. DM Umsatz

**Frage C 1 b: Welche ORG/DV-Kenntnisse sind bei der Hardware vorhanden?**

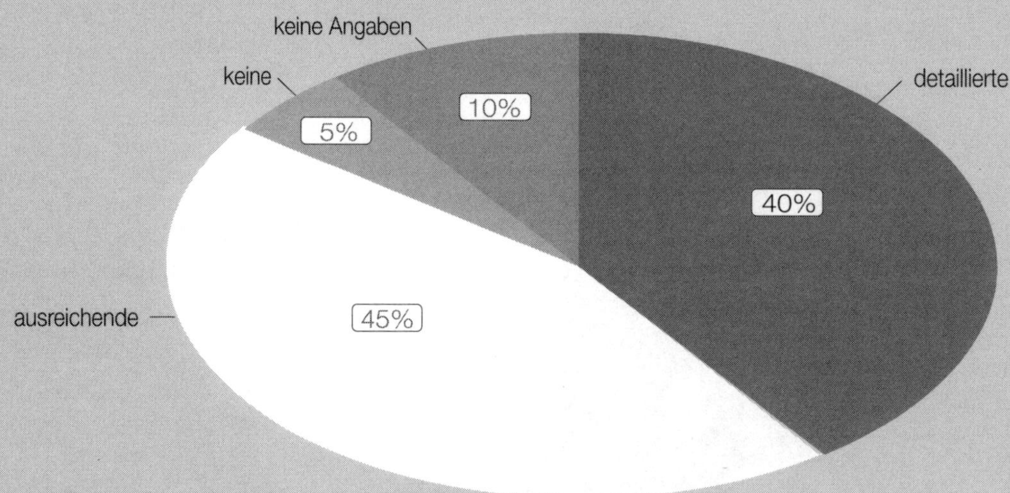


*Abbildung 15a* **CW-Edition** *Quelle: ECU*

## Organisations-Kenntnisse des DV-Controlling

**Frage C 1 c: Welche ORG/DV-Kenntnisse sind bei der Organisation vorhanden?**

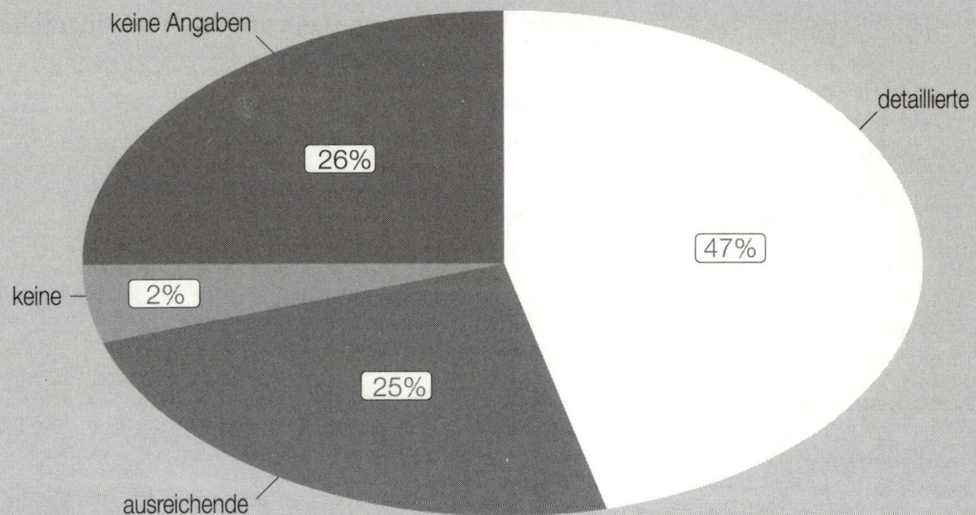


*Abbildung 16* CW-Edition *Quelle: ECU*

## Organisations-Kenntnisse des DV-Controlling nur bei Unternehmen mit mehr als 500 Millionen DM Umsatz

**Frage C 1 c: Welche ORG/DV-Kenntnisse sind bei der Organisation vorhanden?**

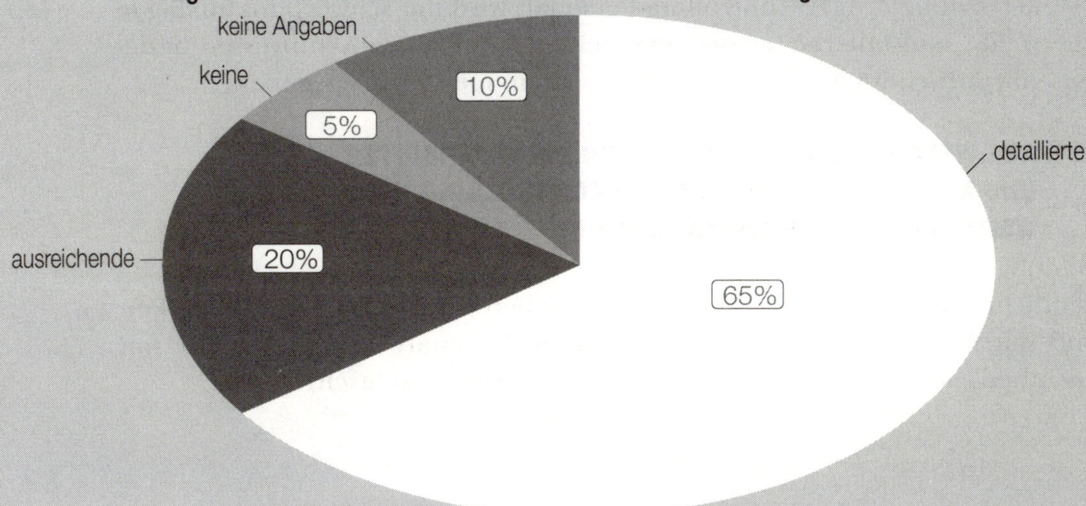


*Abbildung 16a* CW-Edition *Quelle: ECU*

## Weiterbildungsaufwand schwerpunktmäßig in Tagen pro Jahr und Mitarbeiter(innen) des DV-Controlling

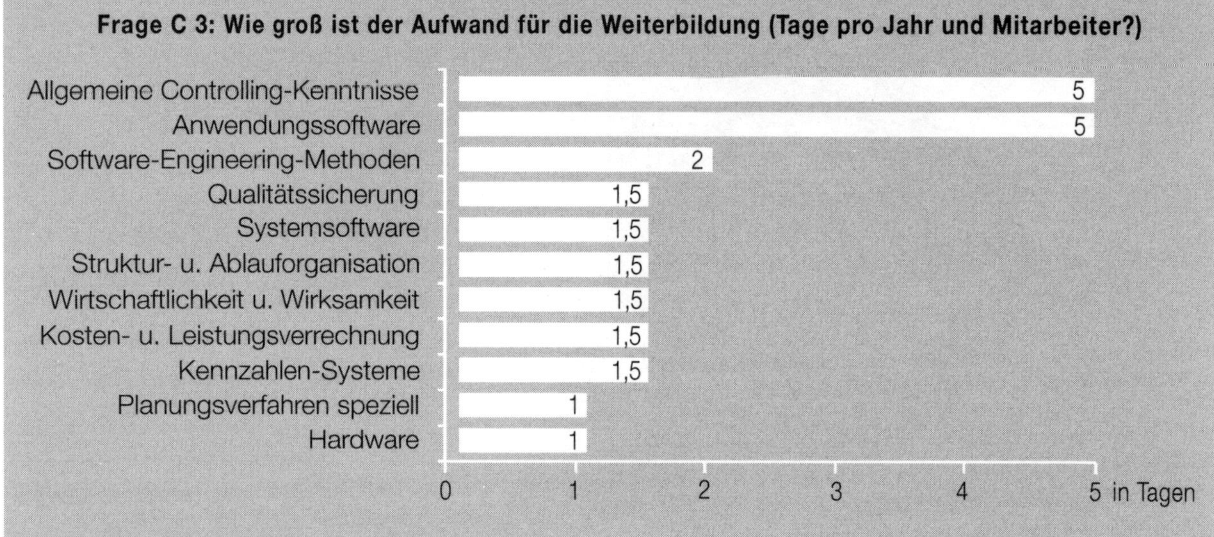


*Abbildung 17* *Quelle: ECU*

### FRAGE C3: WIE GROSS IST DER AUFWAND FÜR DIE WEITERBILDUNG (TAGE PRO JAHR UND MITARBEITER)?

Die Abbildung 17 zeigt:
Für die Weiterbildung des DV-Controlling-Personals wird mit schwerpunktmäßig je 5 Tagen pro Jahr und Mitarbeiter bei allgemeinen Controlling-Kenntnissen beziehungsweise für Anwendungssoftware mit Abstand am meisten ausgegeben.

### FRAGE C4: AUS WELCHEN QUELLEN BEZIEHEN DIE MITARBEITER UND MITARBEITERINNEN DES DV-CONTROLLING IHRE WEITERBILDUNGSINFORMATIONEN?

Die Abbildung 18 zeigt:
Die wesentlichen Weiterbildungs-Informationsquellen für das DV-Controlling-Personal sind mit über 20 Prozent Fachzeitschriften, Seminare und Gespräche mit Kollegen(innen) aus anderen Unternehmen (Erfahrungsaustausch).

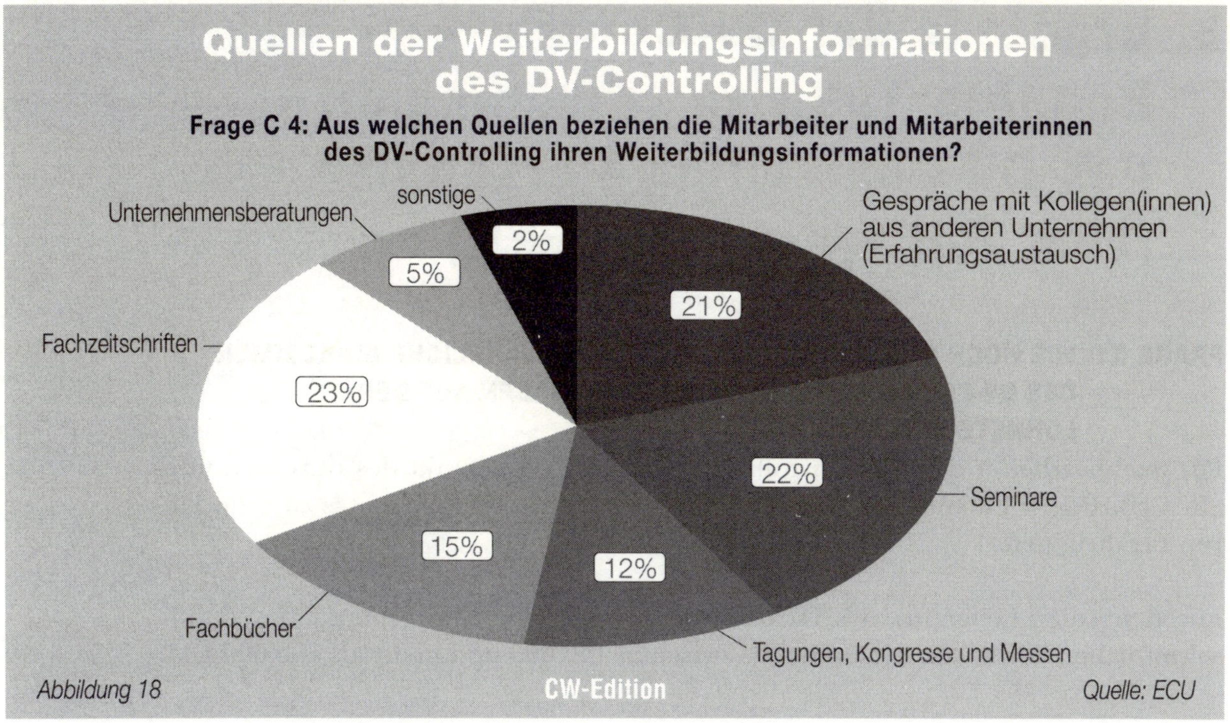


Abbildung 18

# 8. Ergebnis der DV-Controlling-Enquête 1993 zu „Einkommen des DV-Controlling-Personals“ (zum Teil Fragen-Block K)

**FRAGE K1: WIE HOCH IST DAS DURCHSCHNITTLICHE JÄHRLICHE EINKOMMEN DES DV-CONTROLLING-PERSONALS (ANGABEN AUF DER LOHNSTEUERKARTE)?**

Für Sachbearbeiter des DV-Controlling liegt der Schwerpunkt des durchschnittlichen jährlichen Einkommens zwischen 60 000 und 90 000 DM bei bis zu zehn Jahren Erfahrungen.

Für den (die) Leiter(in) des DV-Controlling liegt der Schwerpunkt des durchschnittlichen jährlichen Einkommens zwischen 120 000 und mehr als 150 000 DM.

# 9. Ergebnis der DV-Controlling-Enquête 1993 zu „Angaben zur Informationsverarbeitung“ (zum Teil Fragen-Block A)

**FRAGE A1: WELCHE DER NACHSTEHENDEN FAKTOREN HABEN ZUM ERFOLGREICHEN EINSATZ DER INFORMATIONSVERARBEITUNG BEIGETRAGEN?**

Die Abbildung 19 zeigt:

Bei den 12 Prioritäten der Erfolgsfaktoren für den Informationsverarbeitungs-Einsatz stehen mit Abstand die

- Unterstützung durch die Unternehmensleitung,

**Faktoren zum erfolgreichen Einsatz der Informationsverarbeitung**

**Frage A1: Welche der nachstehenden Faktoren haben zum erfolgreichen Einsatz der Informationsverarbeitung beigetragen?**

| Priorität | Faktoren zum erfolgreichen Einsatz der Informationsverarbeitung | %-Anteil der Schätzungen |
|---|---|---|
| 1. | Unterstützung durch die Unternehmensleitung | 25 |
| 2. | Zusammenarbeit zwischen ORG/DV-Bereich (Instanz) und Anwender | 20 |
| 3. | Gute Projektplanung und -steuerung | 10 |
| 4. | Kenntnisstand der Führungskräfte hinsichtlich der Einsatzperspektiven | 10 |
| 5. | Qualität des Software-Erstellungspersonals | 10 |
| 6. | Einsatz eines DV-Lenkungsausschusses als Planungs-, Entscheidungs-, Steuerungs- und Kontrollgremium. | 8 |
| 7. | Rechtzeitiges umfassendes Pflichtenheft der Anwender | 4 |
| 8. | Gute Schulung der Anwender | 4 |
| 9. | Einsatz von Standardsoftware | 4 |
| 10. | Software-Engineering | 2 |
| 11. | Einsatz externer Softwarespezialisten | 2 |
| 12. | Sonstige Faktoren, wie Mitarbeit von Anwendern in den Projektteams, ORG/DV-Bereich als Profit-Center und so weiter | 1 |
| | | 100% |

**Anmerkung:** Bereinigung und Abrundung der Prozent-Anteile der Schätzungen ohne „keine Angaben

*Abbildung 19* CW- Edition *Quelle: ECU*

- Zusammenarbeit zwischen ORG/DV-Bereich und Anwender an der Spitze, gefolgt von
- guter Projektplanung und -steuerung,
- Kenntnisstand der Führungskräfte,
- Qualität des Softwareerstellungspersonals

  und
- Einsatz eines DV-Lenkungsausschusses.

Besonders auffallend ist, daß das rechtzeitige umfassende Pflichtenheft erst an siebter Stelle und der Einsatz von Standardsoftware sogar erst an neunter Stelle stehen.

Bei den Unternehmen mehr als 500 Millionen DM Umsatz ist keine Verschiebung der Prioritätsreihenfolge festzustellen.

### FRAGE A2: WELCHEN BEITRAG LEISTET DIE INFORMATIONSVERARBEITUNG ZUM UNTERNEHMENSERFOLG?

Die Abbildung 20 zeigt:
Der Schwerpunkt des Beitrages der Informationsverarbeitung zum Unternehmenserfolg liegt bei hoch mit 27 Prozent bis unverzichtbar mit 60 Prozent.

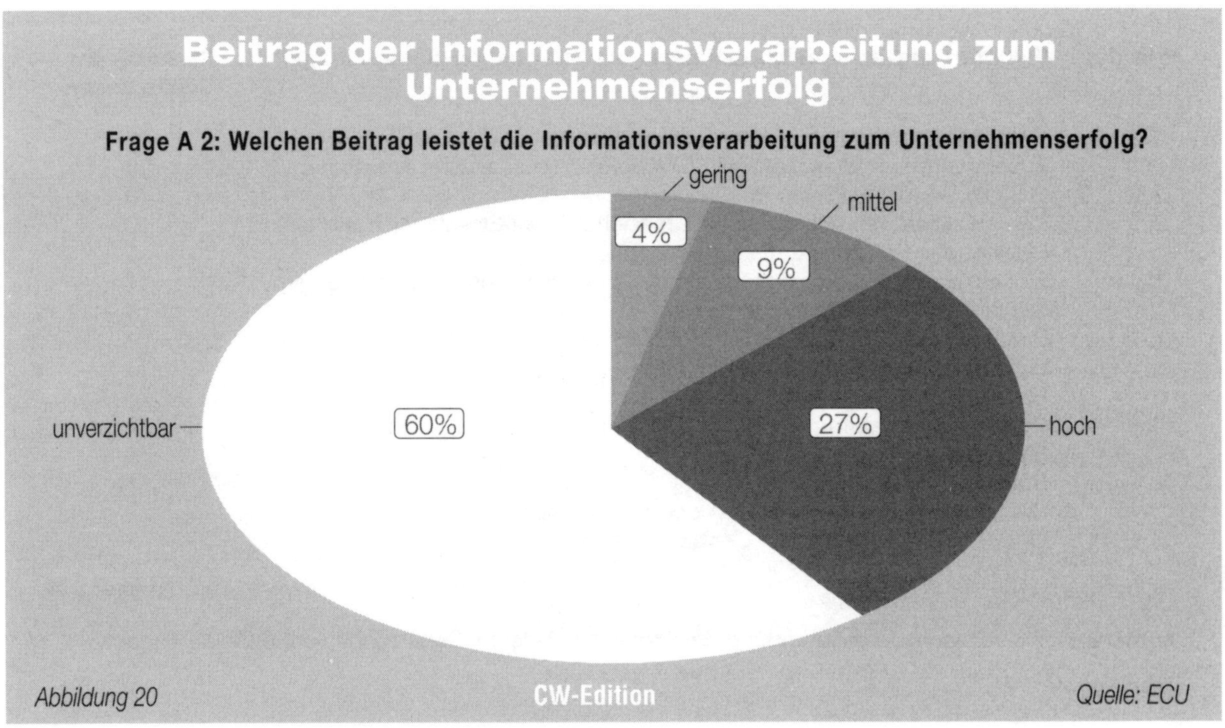

Abbildung 20

**FRAGE A5 BIS A7 ZUM TEIL: WIE IST DIE PROZENTUALE AUFTEILUNG DER GESAMTKOSTEN DER INFORMATIONSVERARBEITUNG DER LETZTEN 5 JAHRE AUF DIE HARD-, SOFTWARE- UND PERSONALKOSTEN?**

Die Abbildung 21 zeigt:

Die Gesamtkosten der Informationsverarbeitung der letzten 5 Jahre teilen sich schwerpunktmäßig auf in 30 Prozent Hardwarekosten, 25 Prozent Softwarekosten und 45 Prozent Personalkosten, wenn sonstige Kosten wie spezielle Sicherheitskosten (siehe Frage G16 im Kapitel 16), Raummiete und so weiter vernachlässigt werden.

**FRAGE A6A: WIE GROSS IST DER ANTEIL DER STANDARDSOFTWARE, BEZOGEN AUF DIE ZEITLICHE RECHENZENTRUMSBELASTUNG?**

Bei etwa einem Drittel beträgt der Anteil der Standardsoftware an der zeitlichen Rechenzentrumsbelastung schon 50 bis 70 Prozent.

**FRAGE A6B: WIE IST DAS ZEITLICHE VERHÄLTNIS DES AUFWANDES FÜR DIE SOFTWAREPFLEGE ZUR SOFTWARENEUERSTELLUNG?**

Schwerpunktmäßig ist das Verhältnis des Aufwandes für die Softwarepflege zur Softwareneuerstellung 60 Prozent zu 40 Prozent.

**Schwerpunktmäßige prozentuale Aufteilung der Gesamtkosten der Informationsverarbeitung der letzten 5 Jahre durchschnittlich auf die Hardware-, Software- und Personalkosten**

**Frage A 5b, A 6c, A 7d: Wie hoch sind im Durchschnitt die jährlichen Hardwarekosten inkl. Wartung, Softwarekosten und Personalkosten der letzten 5 Jahren?**

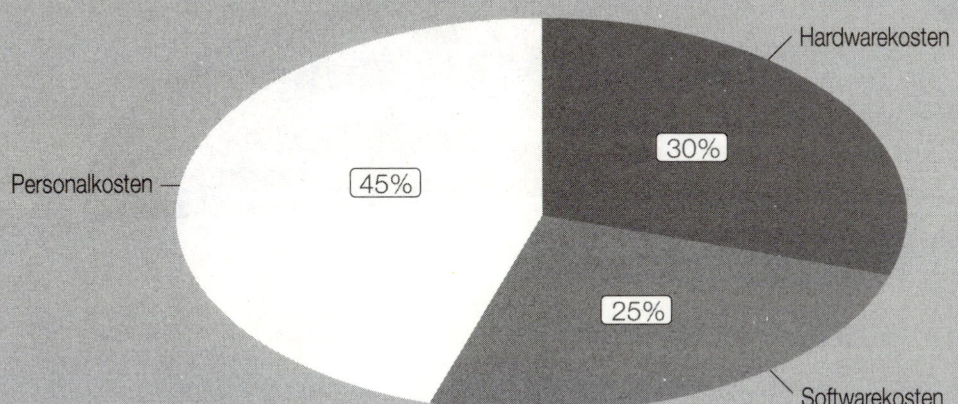


*Abbildung 21* CW-Edition *Quelle: ECU*

**FRAGE A6C: WIE HOCH IST DAS DURCHSCHNITTLICHE ALTER DER INDIVIDUALSOFTWARE?**

Das durchschnittliche Alter der Individualsoftware liegt schwerpunktmäßig zwischen fünf und zehn Jahren.

**FRAGE A9: WIE WEIT SIND DOWNSIZING-ÜBERLEGUNGEN VORHANDEN (DAS HEISST VERLAGERUNG VON DV-ANWENDUNGEN VOM ZENTRALRECHNER AUF MEHRERE KLEINERE SYSTEME, ZUM BEISPIEL VERNETZTE PCs)?**

Die Abbildung 22 zeigt:
Zu je etwa ein Drittel sind Downsizing-Überlegungen geplant, in Einführung oder realisiert.

**FRAGE A10: WIE WEIT SIND CLIENT-SERVER-ARCHITEKTUR (DAS HEISST KOOPERATIVE DATENVERARBEITUNG DURCH RATIONELLE AUFGABENTEILUNG IN EINEM NETZ-VERBUNDSYSTEM ZWISCHEN MAINFRAME-ANLAGEN, ABTEILUNGSRECHNER UND PCs REALISIERT?**

Die Abbildung 23 zeigt:
Bei etwa 40 Prozent liegt eine Planung der Client-Server-Architektur vor, bei 17 Prozent befindet man sich in der Einführungsphase und bei gut einem Drittel ist eine Teilrealisierung erfolgt. Nur bei 9 Prozent kann schon von einer kompletten Realisierung dieser kooperativen Datenverarbeitung gesprochen werden.

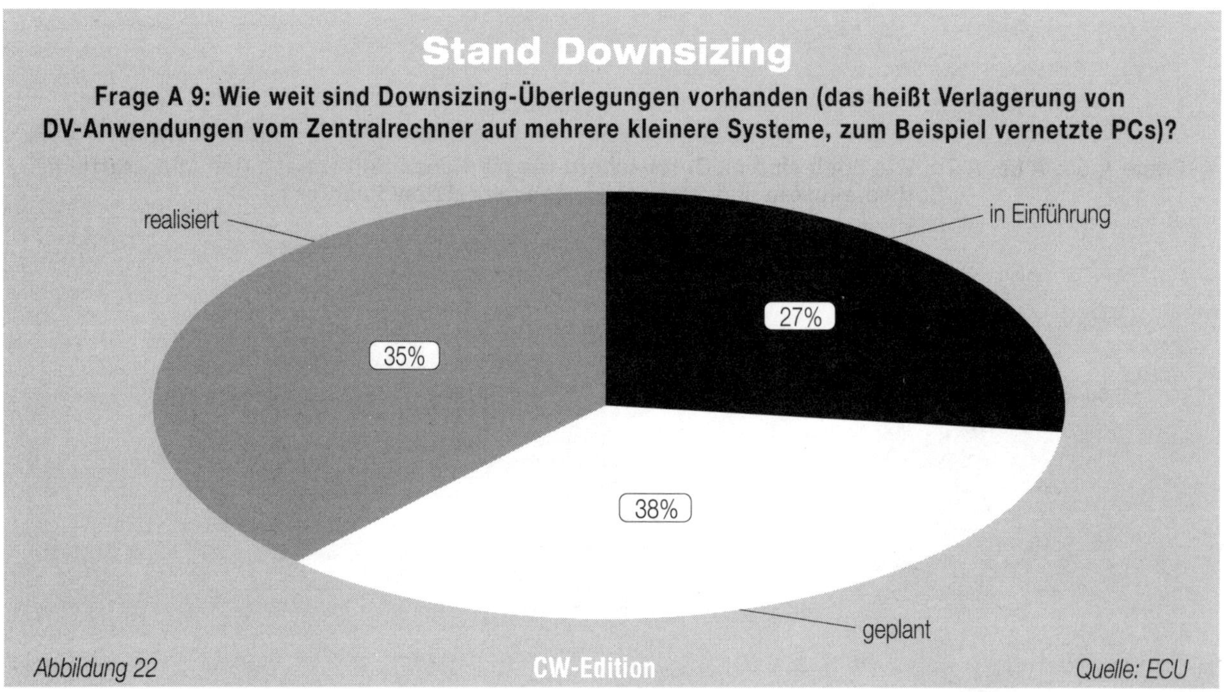

Abbildung 22

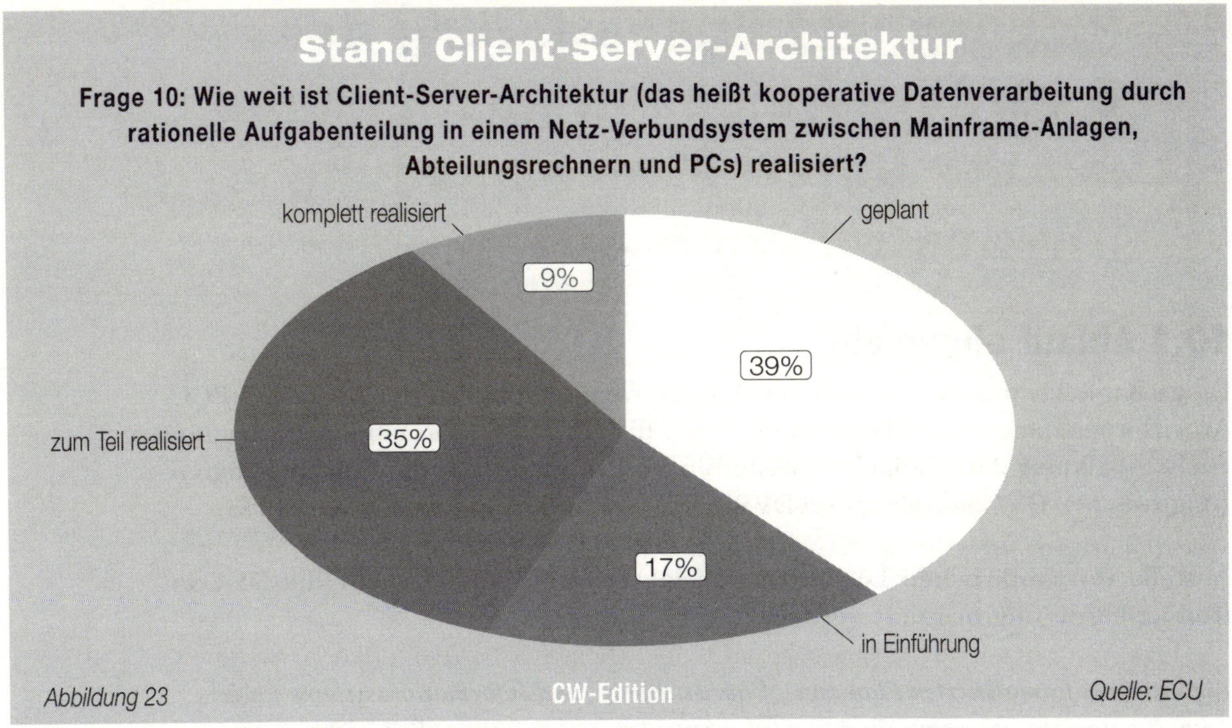


*Abbildung 23*

# 10. Planung und Budgetierung des ORG/DV-Bereichs in Abstimmung mit der Unternehmensplanung (DV-Controlling SOLL)

## 10.1 Ablauf allgemein

Dieses Kapitel betrifft vorwiegend den Arbeitsprogrammpunkt 1 des 14-teiligen ECU-Arbeitsprogrammes zur Überprüfung der Effizienz der Informationsverarbeitung (siehe Abbildung 2 im Kapitel 3). Weiterhin wird verwiesen auf die Aufgabenabgrenzung zwischen DV-Controlling und DV-Revision (siehe Abbildung 1 im Kapitel 3).

Anstelle von empirischen DV-Planungsverfahren sollte immer mehr die DV-Controlling-Forderung realisiert werden:

***Aufbau eines formalisierten Planungs-, Überwachungs- und Informationssystems sowie seine Nutzung zur Erzielung einer funktionsgerechten, ordnungsgemäßen, sicheren und vor allem wirtschaftlichen Datenverarbeitung entsprechend den GeD.***

Wegen der Abstimmung der DV-Planung mit der Unternehmensplanug ergibt sich hierzu folgende zeitliche Vorgehensreihenfolge:

1. *Setzen von Unternehmenszielen* und die dazu gehörende *Informationsverarbeitungsstrategie* durch die Unternehmensleitung.

2. Daraus Erstellen der l*angfristigen Gesamtplanung des Unternehmens* durch das Controlling/Unternehmensplanung, wobei betreffend Informationsverarbeitung auch die Vorschläge der ORG/DV-Stabsstelle Planung und Kontrolle für den künftigen DV-Einsatz von der Anwender- und ORG/DV-Seite her gesehen zu berücksichtigen sind.

3. Aus dieser strategischen Gesamt-Unternehmensplanung Ableiten des künftigen DV-Einsatzplanes = *Genereller DV-Plan* neben Absatzplan, Produktionsplan, Personalplan, Finanzplan und so weiter durch das Controlling/Unternehmensplanung = *Strategische Informationsplanung.*

4. Durch den DV-Lenkungsausschuß als Planungs-, Entscheidungs-, Steuerungs- und Kontrollgremium Festlegen im einzelnen der *Prioritäten für die DV-Jahrespla-*

*nung mit Planungsvorschau für die nächsten drei bis fünf Jahre* bezüglich Software inklusive gegebenenfalls Fremdsoftware (Standardsoftware und ähnliche), aber auch für die dazu erforderliche Hardware, Systemsoftware und das ORG/DV-Personal beziehungsweise für gegebenenfalls erforderliche Fremdleistungen (Manpower) gemäß dem generellen DV-Plan des Controlling/ Unternehmensplanung und Entscheiden über gegebenenfalls erforderlich gewordene Prioritätenänderungen bei der Softwareerstellung inklusive -pflege
= *Strategisches DV-Controlling/Projektstudien-Controlling und Projekt-Portfolio-Controlling*

5. Der ORG/DV-Stabsstelle Planung und Kontrolle Vorgeben von *Richtlinien für Investitionsanträge Hardware inklusive Systemsoftware* und Richtlinien für eine *Kosten- und Leistungsverrechnung* sowie ein *Berichtswesen des ORG/DV-Bereichs* durch das Controlling/Betriebswirtschaftliche Abteilung.

6. Festlegen des *jährlichen Budgets des ORG/DV-Bereichs* für die Betriebsabrechnung entsprechend den Planungen und Entscheidungen des DV-Lenkungsausschusses durch das DV-Controlling.

7. Planung, Steuerung und Kontrolle von DV-Projekten durch das DV-Controlling (siehe Kapitel 10.11)
= *Operatives DV-Controlling/Software mit Projekt-Controlling beziehungsweise Projekt-Revision und Produkt-Controlling.*

Speziell der *Planungsprozeß für den Rechenzentrumsbetrieb (RZ)* – also für die erforderliche Hardware inklusive Systemsoftware und das RZ-Personal sowie gegebenenfalls bauliche Einrichtungen – gliedert sich auch in langfristige und kurzfristige Maßnahmen.

Der *langfristige RZ-Planungsanteil* beinhaltet mehr die allgemeinen Maßnahmen und bestimmt meistens nur den Rahmen für die DV-Produktion.
Hierzu zählen im einzelnen:

**1. GESTALTUNG DES DV-PRODUKTIONSSORTIMENTS ZUR FESTLEGUNG DER DV-PRODUKTIONSPLANUNG,**

das heißt der mit der Informationsverarbeitung abzuwickelnden Unternehmensaufgaben = *DV-Anwendungsgebiete* als *RZ-Belastungsseite* (Aufgabenprofil).

Diese hierzu erforderlichen Planungsaufgaben des DV-Controlling werden wegen allfälliger Abstimmung mit anderen Planungsaktivitäten des Unternehmens (Unternehmensplanung) vom DV-Lenkungsausschuß koordiniert.

**2. GESTALTUNG DER DV-PRODUKTIONSBEREITSCHAFT**

Hierbei handelt es sich vorwiegend um die Planung der *RZ-Kapazitätsseite als Hardware-Konfigurationsplanung*. Werden viele und umfangreiche neue DV-Anwendungsgebiete in die DV-Produktionsplanung aufgenommen, so muß das *RZ-Leistungsvermögen* entsprechend angepaßt beziehungsweise vergrößert werden.

Dies kann mehr Rechenleistung, Kanalleistung, Druckerleistung und/oder Speicherleistung bedeuten. Es können aber auch spezielle Hardwarekomponenten zusätzlich erforderlich werden (zum Beispiel Belegleser, Plotter, Sichtgeräte und so weiter).

Deshalb ist die Softwareerstellung angehalten, für die langfristige *RZ-Kapazitätsplanung* schon in der Planungsphase II/DV-Grobkonzeption (siehe Abbildung 31 im Kapitel 10.6) ihre künftigen Anforderungen an die Hardware (langfristige Projekt-Anmeldung) so genau wie möglich vorab bekanntzugeben.

Es sind aber auch die IST-Daten der DV-Produktion zu berücksichtigen, die mittels *Job-Accountingprogramme* erfaßt werden.

Diese umfangreichen Accounting-Daten der RZ-Auslastung sind in entsprechender Verdichtung den Plan-Daten der DV-Produktionsbereitschaft gegenüberzustellen und aufgrund dessen gegebenenfalls Korrekturen an einer nicht erwünschten Entwicklung im Sinne eines Regelkreises vorzunehmen.

Ergänzend gehören zu diesem Punkt der RZ-Langfristplanung die rechtzeitige *Bereitstellung der Systemsoftware* und gegebenenfalls die *baulichen Planungen.*

Dieser 2. Teil der langfristigen RZ-Planung erfolgt federführend durch das RZ selbst.

Der *kurzfristige RZ-Planungsteil* enthält hingegen alle für die DV-Produktion speziellen Aktivitäten, nämlich die *Details der RZ-Ablauforganisation* (vorwiegend betreffend die Arbeitsvorbereitung) mit

- Erstellung der Systembelegungsplanung (detaillierte Produktionsplanung)

und

- Festlegung der Reihenfolge der zu verarbeitenden Programme (Job-Kette, Auftragsablaufsteuerung).

Es handelt sich also bei der kurzfristigen RZ-Planung um die *Informationsplanung/Hardware* durch das RZ selbst.

**Die Ziele hierbei sind:**

- Es sollen genau die gewünschten Dienstleistungen erbracht werden, das heißt Fehlproduktionen, die zu Wiederholungen führen können, sind zu vermeiden.
- Die gewünschten Dienstleistungen sind termingerecht zu erbringen, was nur durch eine genaue Terminplanung zu erreichen ist.
- Die gewünschten Dienstleistungen sind möglichst wirtschaftlich zu erbringen, wozu eine optimale Auslastung der vorhandenen Kapazitäten und die Vermeidung von Überkapazität im RZ-Betrieb Voraussetzung sind.
- Durch den Rückkopplungseffekt der DV-Produktionsüberwachung sollen Vereinfachungen in der RZ-Ablauforganisation (zum Beispiel durch Personal- und Anlagenkapazitätseinsparungen) erkennbar werden.

Zur *Budgetierung des RZ-Betriebes* sind zunächst folgende *allgemeine Grundsätze* zu beachten:

Das jährliche gesamte ORG/DV-Budget ist mit den übrigen Unternehmensbereichen abzustimmen und dient als vorgegebene SOLL-Größe den verantwortlichen ORG/DV-Stellen zu mehr *kurzfristiger Steuerung des DV-Einsatzes.*

Die *Abweichungsanalyse* als Vergleich der SOLL-Zahlen mit den IST-Zahlen laut Betrieblichem Rechnungswesen (Betriebsabrechnung) stellt eine wichtige Kontrolle des ORG/DV-Bereichs durch das DV-Controlling = *RZ-Controlling* oder *Produktions-Controlling* dar, ohne die eine Budgetierung zwecklos wäre.

Darauf aufbauend können *Korrekturmaßnahmen* – soweit erforderlich – eingeleitet und wertvolle Hinweise für die Budgetierung der nächsten Planungsperiode gewonnen werden.

Dies sollte allerdings immer in Abstimmung mit der aus der Unternehmensplanung abgeleiteten langfristigen DV-Planung und durch die Koordination des DV-Lenkungsausschusses erfolgen.

Als *Maßstab für die Beschäftigung,* von welchem abhängig Kosten vorgegeben werden können, sollte die *Auslastung des RZ-Betriebes* herangezogen werden.

Den Zusammenhang zwischen Planung und Budgetierung (DV-Controlling SOLL) sowie Kosten- und Leistungsverrechnung (DV-Contolling IST) für den ORG/DV-Bereich software- wie hardwareseitig zeigt übersichtsmäßig die Abbildung 24.

## Zusammenhang zwischen Planung und Budgetierung (DV-Controlling SOLL) sowie Kosten- und Leistungsverrechnung (DV-Controlling IST) software- und hardwareseitig für den ORG/DV-Bereich.

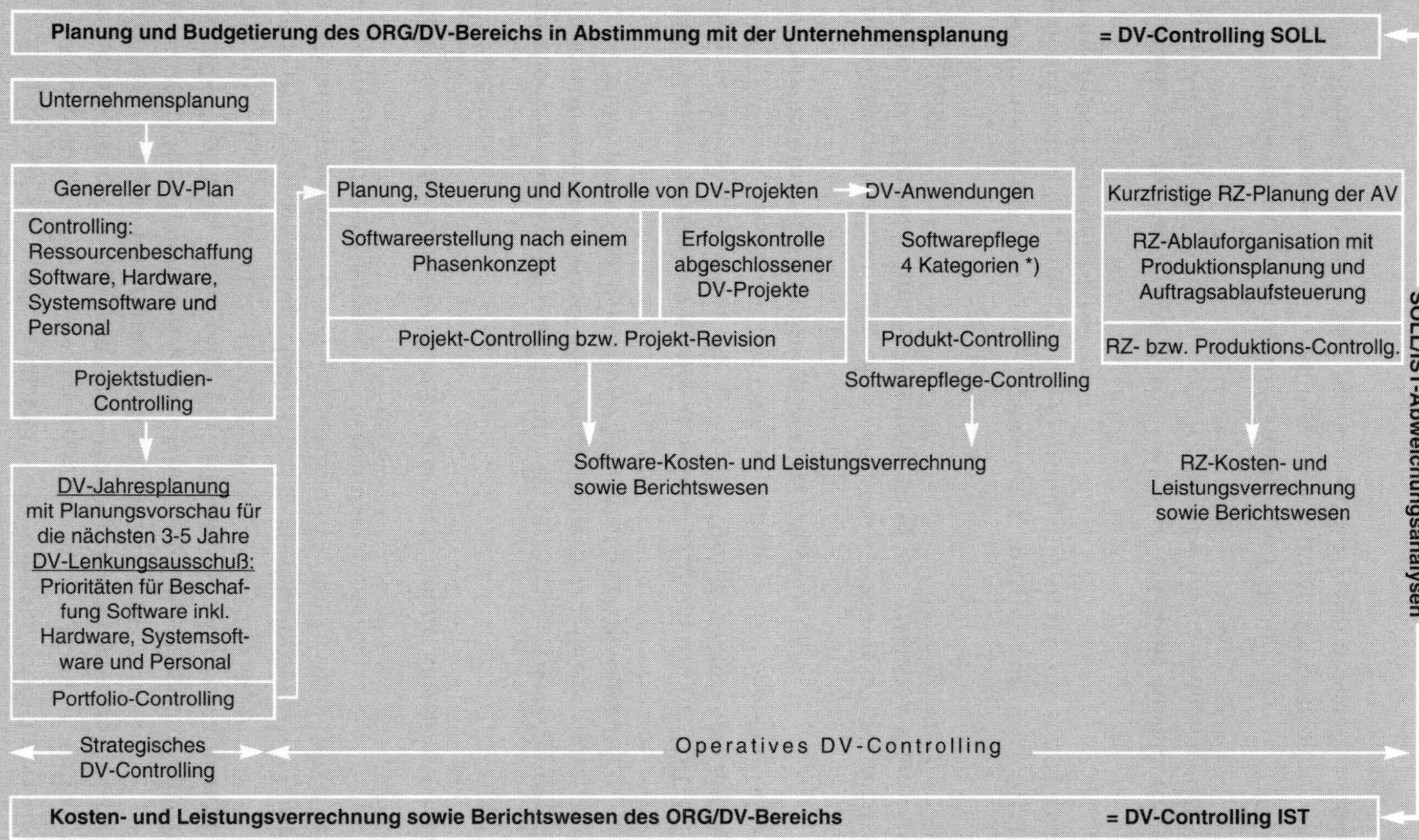


Anmerkungen: *) Softwarekategorie 1 = Anwendungsunterstützung, 2 = Fehlerbeseitigung bei der Software, 3 = Software-Funktionsverbesserungen, 4 = Software-Reorganisation ohne Funktionsverbesserungen

*Abbildung 24* — CW-Edition — *Quelle ECU*

## 10.2 Aufgaben der ORG/DV-Stabsstelle Planung und Kontrolle

Um die disziplinarische Unabhängigkeit des DV-Controlling vom ORG/DV-Leiter konsequent durchzusetzen, erscheint ihre Unterstellung beim Controller des Gesamtunternehmens zweckmäßig. Die Enquête hat jedoch gezeigt, daß in der Praxis beide Unterstellungsmöglichkeiten vorkommen: Entweder dem Leiter des ORG/DV-Bereichs oder dem Controller des Gesamtunternehmens (siehe Abbildung 11 und 11a im Kapitel 6). Diese Unterstellungsschwierigkeit läßt sich umgehen, wenn eine spezielle ORG/DV-Stabsstelle Planung und Kontrolle geschaffen wird. Für die Planung des ORG/DV-Bereichs übernimmt dann zunächst die ORG/DV-Stabsstelle unter der eindeutigen disziplinarischen und funktionellen Verantwortung ihres ORG/DV-Leiters folgende auf- beziehungsweise vorbereitende Aufgaben für das DV-Controlling (siehe übersichtsmäßige Abbildung 1 im Kapitel 3):

- *Sammeln* und Koordinieren der *Vorschläge für den künftigen DV-Einsatz* (Arbeitsaufträge) von den Fachbereichen über die zuständigen Projektgruppenleiter sowie Weitergeben als Vorschläge mit in der Regel Wirtschaftlichkeitsbetrachtungen (auch für Entscheid Eigen- oder Fremderstellung; Einsatz von Standardsoftware und ähnliche) für den künftigen DV-Einsatz bezüglich Software (= Planungsvorschau für die Softwareerstellung, siehe Abbildung 28), die Hardware und das ORG/DV-Personal an den DV-Lenkungsausschuß mit Weiterleitung gegebenenfalls an das Controlling/Unternehmensplanung für den generellen DV-Plan,
- Liefern von Ergänzungen für die DV-Planung mit den *Anforderungen an die Softwarepflege* (= Planungsvorschau für die Softwarepflege, siehe Abbildung 28) zu Händen des DV-Lenkungsausschusses,
- *Erstellen* der *Investitionsanträge* für *Hardware und Systemsoftware* entsprechend den Richtlinien des Controlling/Betriebswirtschaftlichen Abteilung

und

- *Betreuung* des *Function-Point-Verfahrens* für die Zeitaufwandschätzung der Softwareerstellungsaufträge (siehe Kapitel 10.8).

Die ORG/DV-Stabsstelle Planung und Kontrolle hat dabei auf Folgendes zu achten:

1. Die *Arbeitsaufträge für die Software-Erstellung inklusive -pflege* müssen gemäß den Softwareerstellungs- beziehungsweise Dokumentationsrichtlinien immer in schriftlicher Form von den Fachbereichen vorliegen.
   Das hierzu zu verwendende Formular zeigt die Abbildung 25.

## Arbeitsauftrag für die Softwareerstellung inkl. -pflege

| | | | |
|---|---|---|---|
| | ARBEITSAUFTRAG<br>Softwareerstellung inkl. -pflege | | Eingang ORG/DV-Bereich |
| Erstentwicklung | Auftraggeber/Kostenstellen-Nr. | | zur Bearbeitung<br>an Projektgruppe |
| Softwarepflege<br>Kategorie 3 oder 4 | Datum | Unterschrift | |
| Gewünschter<br>Übergabetermin | Projekt-/Auftragsbezeichnung | | Projekt/<br>Auftrags-Nr. |
| Fachbereich/<br>Verantwortlicher | Projektphasen<br>1 ○ 2 ○ 3 ○<br>4 ○ 5 ○ | Priorität vom DV-<br>Lenkungsausschuß,<br>falls der geschätzte<br>Arbeitsaufwand<br>> 5 Manntage ☐ | Geplanter Übergabetermin<br><br>Voraussichtlicher neuer |

**Aufgabenstellung und Begründung inkl. Nutzenschätzung des Auftraggebers**

| | | |
|---|---|---|
| Geschätzer Zeitaufwand<br>in Manntagen | Verrechnungssatz<br>in DM | Kosten<br>DM |
| Maschinenkosten<br>für den Test | Sonstige Kosten | DM |
| Gesamte einmalige Kosten | | DM |
| Kosten für lfd. Verarbeitung ........................................Std./J. | | DM |
| bei Verarbeitungsintervall ........................................ | | DM |
| Geschätzter Nutzen im Jahr | | DM |
| Zusätzlicher nicht quantifizierbarer Nutzen<br>*siehe Rückseite des Formulars* | | Erledigungsvermerk |

*Abbildung 25* CW-Edition *Quelle: ECU*

2. Die *Kategorien bei der Softwarepflege* müssen richtig unterschieden werden, siehe hierzu Abbildung 26.
3. Bei der Softwareplanung sind *einheitliche Planungsregeln* einzuhalten, wie zum Beispiel die Abbildung 27 zeigt.

Mit Abbildung 28 wird das Formular *„Planungsvorschau/-rückschau für das Jahr ...“* als eine Art Journal wiedergegeben. Der linke Teil Planungsvorschau (bis zum Doppelstrich) enthält die Angaben der Arbeitsaufträge in jeweils einer Zeile.

Die restlichen drei Aufgaben der ORG/DV-Stabsstelle Planung und Kontrolle betreffen das DV-Controlling IST, nämlich die Kosten- und Leistungsverrechnung sowie das Berichtswesen des ORG/DV-Bereichs. Diese Kontrollfunktionen werden im Kapitel 15 behandelt.

## 10.3 DV-Lenkungsausschuß

Die Aufgaben des DV-Lenkungsausschusses als *Planungs-, Entscheidungs-, Steuerungs- und Kontrollgremium* beim DV-Controlling SOLL sind auf Abbildung 1 im Kapitel 3 bereits übersichtsmäßig genannt.

Zur Erfüllung seiner weiteren *Steuerungs- und Kontrollfunktionen* werden dem DV-Lenkungsausschuß von der ORG/DV-Stabsstelle Planung und Kontrolle die ergänzten Formulare Planungsvorschau/-rückschau (siehe Abbildung 28) und Projektberichte sowie die ausgewerteten Tätigkeitsnachweise der Softwareerstellung inklusive -pflege (= computergestütztes Projektmanagement) vorgelegt.

Ergänzend berichten die Projektgruppenleiter zum Beispiel alle Vierteljahre dem DV-Lenkungsausschuß über die Projektfortschritte beziehungsweise -verzögerungen und deren Ursachen.

Zusammen mit der Kosten- und Leistungsverrechnung stellt dieses Berichtswesen das DV-Controlling IST dar, wie im Kapitel 15 näher behandelt wird.

**Beispiel Vorschlag für die Zusammensetzung und Aufgaben eines DV-Lenkungsausschusses aus der ECU-Beratungspraxis:**

Der DV-Lenkungsausschuß sollte unter Leitung des Controllers und den ständigen Mitgliedern, nämlich

## Softwarepflege-Kategorien

| | | |
|---|---|---|
| 1. | **Anwenderunterstützung**<br>Wie Nachschulung, Hilfe bei Fehlersuche, Klärung von Problemen bei der RZ-Abwicklung und ähnliches. | **Lebensnotwendige Arbeiten**<br>Fallweise mit Arbeits-aufträgen, betrifft nicht den DV-Lenkungsaus-schuß |
| 2. | **Fehlerbeseitigung bei der Software** | |
| 3. | **Software-Funtionsverbesserungen**<br>Sofern nicht bei größerem Aufwand ein neues Projekt entsteht;<br>der Auftraggeber kann nur der Anwender sein, und weil die Funktion geändert wird, ist immer ein schriftlicher Auftrag von dem betreffenden Fach-bereich erforderlich.<br>Hierzu zählt auch zum Beispiel der Einbau umfassender programmierter Kontrollen | **Komfortverbesserungs arbeiten**<br>und/oder<br>**Verbesserungen der Wirtschaftlichkeit**<br>Mit Arbeitsaufträgen und Prioritätenvergabe durch den DV-Lenkungsausschuß |
| 4. | **Software-Reorganisation ohne Funktionsverbesserungen**<br>Programmoptimierung durch Software-Engineering, auch Berücksichtigung neuer Dokumentationsricht-linien und Verbesserungen der Antwortzeiten. | |

*Abbildung 26* **CW-Edition** *Quelle: ECU*

## Produktive Arbeitstage und Mannmonate pro Kalenderjahr

| | |
|---|---|
| Tage im Kalenderjahr | 365 |
| ./. Wochenenden | 104 |
| ./. Feiertage | 10 |
| ./. Urlaub | 30 |
| ./. Krankheit | 10 |
| Arbeitstage netto im Kalenderjahr | 211 |
| ./. Aus- und Weiterbildung (im ORG/DV-Bereich mindestens 10 %) | 21 |
| Produktive Arbeitstage/Kalenderjahr planbar = Mannjahr | 190 |
| Produktive Mannmonate/Kalenderjahr | 8,5 |
| Manntage/Produktive Monate | Ø 22 |

*Abbildung 27* **CW-Edition** *Quelle: ECU*

## Formular „Planungsvorschau/Rückschau für das Jahr ...“

**PLANUNGSVORSCHAU-/RÜCKSCHAU FÜR DAS JAHR**

Projektgruppe: Datum:

Projektmitarbeiter: Seite:

| Lfd. Proj./ Auftrags-Nr. | Projekt-/ Auftrags-bezeichnung | Prio. P= Pflege | Geplanter Übergabe-termin | Fachbereich/ Verantwort-licher | Geplanter Aufwand in Manntagen | | | | | | | | | | Benötigter Aufwand in Manntagen Quartal | | | | Noch offene Manntage | Voraus. neuer Übergabe-Termin | Bemer-kungen |
|---|---|---|---|---|---|---|---|---|---|---|---|---|---|---|---|---|---|---|---|---|---|
| | | | | | Softwarepflege | | | | Erstentw. Projektphase | | | | | | | | | | | | |
| | | | | | 1 | 2 | 3 | 4 | 1 | 2 | 3 | 4 | 5 | Summe | I | II | III | IV | | | |
| | | | | | | | | | | | | | | | | | | | | | |

**Softwarepflege:**
1 = Anwenderunterstützungen
2 = Fehlerbeseitigungen bei der Software
3 = Software-Funktionsverbesserungen
4 = Software-Reorganisation ohne Funktionsverbesserungen

**Projektphasen:**
1 = Projektvorschlag
2 = Planungsphase I
3 = Planungsphase II
4 = Realisierungsphase I
5 = Realisierungsphase II

*Abbildung 28* CW-Edition *Quelle: ECU*

- einem Vertreter der Unternehmensleitung,
- dem Leiter des ORG/DV-Bereiches und
- dem Leiter des DV-Controlling

alle Vierteljahre als Planungs-, Entscheidungs-, Steuerungs- und Kontrollgremium zusammenkommen.

Die weiteren Mitglieder des DV-Lenkungsausschusses, nämlich die Fachbereichsleiter, wie zum Beispiel
- Vertrieb,
- Technik / Produktion,
- Finanz- und Rechnungswesen,
- Materialwirtschaft und
- Personalwesen

bräuchten im Normalfall nur einmal im Jahr teilzunehmen, wenn nämlich im November/Dezember die neue DV-Jahresplanung mit Planungsvorschlag für die nächsten drei bis fünf Jahre verabschiedet wird.

Alle Vierteljahre ist nur für diejenigen Fachbereichsleiter eine Teilnahme am DV-Lenkungsausschuß erforderlich, wenn von den Projektgruppenleitern des ORG/DV-Bereiches über den Stand der sie betreffenden Projekte/Aufträge im Sinne der Rückschau anhand der „Projektberichte" referiert wird. Gegebenenfalls ist über Prioritätenänderungen und damit Verschiebungen der Übergabetermine zu entscheiden.

Mit diesem Vorschlag der Einführung eines DV-Lenkungsausschusses soll Folgendes erreicht werden:

1. Mit der Leitung des DV-Lenkungsausschusses durch den *Controller* wird gewährleistet, daß die *DV-Jahresplanung* die *festgelegten Ziele der Unternehmensplanung beachtet* und gegebenenfalls Überhänge (= Planungsvorschau) für die nächsten drei bis fünf Jahre aus der DV-Planung als Planungsanpassungen übernommen werden.
   Die mehr als einjährige DV-Planung bietet dem ORG-DV-Bereich die Möglichkeit zu längerfristiger Planung des Personaleinsatzes, aber auch für längerfristige Hardware-Bedarfsanpassungen beim Rechenzentrumsbetrieb.

2. *Gesamtunternehmerische Mitverantwortung der Mitglieder des DV-Lenkungsausschusses für die DV-Jahresplanung* mit Planungsvorschau für die nächsten drei bis fünf Jahre, aus der sich die Budgets für den SOLL-/IST-Kosten-Vergleich der Kostenstellen des ORG/DV-Bereiches ergeben.

3. Der DV-Lenkungsausschuß legt anhand der Arbeitsaufträge mit geschätztem Arbeitsaufwand, zum Beispiel größer als fünf Arbeitstage (siehe Abbildung 25) und in der Regel anhand der Wirtschaftlichkeitsbetrachtungen (siehe Kapitel 10.9) die *Prioritäten für die DV-Jahresplanung mit Planungsvorschau* für die nächsten drei bis fünf Jahre fest sowie entscheidet gegebenenfalls über erforderlich gewordene Prioritätenänderungen. Der *Vertreter der Unternehmensleitung entscheidet gegebenenfalls direkt in den Sitzungen des DV-Lenkungsausschusses.*

4. Die *Mitglieder des DV-Lenkungsausschusses* werden durch ihre gesamtunternehmerische Mitverantwortung für die DV-Jahresplanung gleichzeitig zur *Mitverantwortung für deren Realisierung* verpflichtet. Ihre *Mitarbeiter*, vor allem die DV-Koordinatoren, sind *zur aktiven Mitarbeit anzuhalten.*

5. Die *Projektgruppenleiter* des ORG/DV-Bereiches *berichten* alle Vierteljahre im DV-Lenkungsausschuß *über die Projektfortschitte beziehungsweise -verzögerungen und deren Ursachen.*
   *Für* diese *Steuerungs- und Kontrollfunktionen werden dem DV-Lenkungsausschuß die ergänzten Formulare Planungsvorschau/-rückschau* (siehe Abbildung 28) *und Projektberichte* sowie die ausgewerteten Tätigkeitsnachweise aus dem computergestützten Projektmanagementsystem *vorgelegt.*
   Damit sind die Mitglieder des DV-Lenkungsausschusses nicht nur über den terminlichen Stand ihrer DV-Projekte vierteljährlich informiert, sondern sie erhalten mit den Angaben über *„Benötigten Aufwand in Manntagen"* und *„Noch offene Manntage"* im Teil „Planungsrückschau" indirekt genügend *Hinweise auf* die bisher angefallenen beziehungsweise noch anfallenden *Kosten.*
   Beim Entscheid über die Realisierung der ihren Verantwortungsbereich betreffenden DV-Projekte haben sie mitgewirkt (siehe Punkt 2 und 3). Deshalb kann der administrative Aufwand für eine Belastung mit Softwareneuerstellungskosten im SOLL-/IST-Kostenvergleich, wie dies aber bei den Rechenzentrumskosten und auch bei den Softwarepflegekosten erfolgt, entfallen (siehe Kapitel 15).

6. Mit der Teilnahme des *Leiters des DV-Controlling* an den Sitzungen des DV-Lenkungsausschusses erhält dieser den Überblick über die DV-Jahresplanung (= SOLL-Vorgaben, abgeleitet aus der Unternehmensplanung) und erkennt selbst, wo und wie er bei auftretenden Abweichungen zwischen SOLL und IST („Planungsrückschau") gegebenfalls mit Unterstützung durch die DV-Revision detailliert den *Ursachen für die Planungsabweichungen nachzugehen* hat.
   Das Ergebnis der *Erfolgskontrolle über die realisierten DV-Projekte* wird dem *DV-Lenkungsausschuß vorgelegt* und gleichzeitig die Gründe von gegebenenfalls gewichtigen Abweichungen zwischen der DV-Projektplanung und dem IST-Zustand angegeben.

Diese negativen oder auch positiven Erfahrungen sind bei der Planung (Zeit, Kosten, Nutzen und so weiter) künftiger DV-Projekte – im Sinne eines Lernprozesses – unbedingt zu berücksichtigen (siehe Kapitel 10.12).

Im Kapitel 10.8 wird detailliert auf die *Vorteile* des nachweislich besten *Zeitaufwandschätzungsverfahrens „Function-Point"* hingewiesen.

**Zusammengefasst sind dies:**

- Bei größeren DV-Projekten können mit geringem Aufwand die erforderlichen Manntage als „Norm-Aufwand", auf den projektspezifische Zu- oder Abschläge zu machen sind, ermittelt werden.
- Die Kommunikation zwischen Fachbereich und ORG-/DV-Bereich wird verbessert, was wiederum förderlich ist für die Einstellung der Anwender zum Kosten-/Nutzenverhältnis eines geplanten DV-Projektes.
  Das Function-Point-Verfahren arbeitet nämlich in der Sprache des Anwenders und zeigt auf, wie aus Funktionen, die der Anwender erfüllt haben will, Zeitaufwand wird. Die Arbeit der Software-Erstellung wird somit durchsichtiger. Der Anwender kann sich die zu entwickelnden Systeme besser vorstellen und ebenfalls besser verstehen, was es bedeutet, während der Projektabwicklung noch Änderungen vorzunehmen.
- Frühwarnsystem für den DV-Lenkungsausschuß über gegebenenfalls zu erwartende Mehr-Manntage, weil mit geringem Aufwand entsprechend dem Projektfortschritt iterativ immer genauer geschätzt werden kann.
  Sämtliche Änderungen oder neuen Erkenntnisse schlagen sich in einer Aktualisierung des zu erwartenden Zeitaufwandes nieder.
- Zur Verfügungsstellung von konkreten Zeitschätzungen mit geringem Aufwand nach Realisierung eines DV-Projektes – falls (noch) keine Zeitschätzung mit dem Function-Point-Verfahren erfolgt ist – für dessen zeitaufwandsmäßige Nachkalkulation (Teil der Erfolgskontrolle realisierter DV-Projekte).
  Es werden also im Nachhinein die Manntage ermittelt, die ein realisiertes Projekt hätte brauchen dürfen, was mit den IST-Zahlen verglichen wird.
  Diese Zeit-Abweichungsanalyse wird dem DV-Lenkungsausschuß vorgelegt. Mit jedem realisierten Projekt wird auch die dem Function-Point-Verfahren zugrunde liegende Produktivitätskurve Function-Points zu Mannmonate den neuesten Ergebnissen (IST-Mannmonate pro Function-Points) im Sinne einer Lernkurve angepaßt.

## 10.4 DV-Kennzahlen zur Planung, Steuerung und Kontrolle des DV-Einsatzes

Generell werden unter betriebswirtschaftlichen Kennzahlen solche Zahlen verstanden, die in konzentrierter Form wesentliche Aussagen über zahlenmäßig erfaßbare, betriebswirtschaftlich interessierende Sachverhalte enthalten und rückblickend darüber informieren oder vorausschauend als Planungsdaten festgelegt werden.

Als *Planungsinstrument* dienen Kennzahlen zur Darstellung der Unternehmensziele, der Entscheidungsmöglichkeiten und der Charakterisierung von Lösungsauswirkungen.

Die Ergänzung von Kennzahlen zur *Steuerung* beruht auf ihren Funktionen als Vorgabe- und Koordinationsinstrument.

Zur *Kontrolle* werden Kennzahlen gebildet über die Planungsergebnisse und die tatsächlich erreichten Durchführungsergebnisse. Durch diesen *SOLL-/IST-Vergleich* erhalten Kennzahlen ihre volle Aussagekraft.

Wichtig sind auch Gegenüberstellungen von Kennzahlen aus verschiedenen Zeiträumen zur Verdeutlichung von Entwicklungstendenzen = *Zeitvergleiche* und Beurteilung der Stellung des eigenen Unternehmens im Verhältnis zu bestimmten, gleichartigen Unternehmen innerhalb desselben Wirtschaftszweiges/Branche = *zwischenbetriebliche Vergleiche.*

Verwertbarkeit und Nutzen von Kennzahlen hängen wesentlich von ihrer Aktualität ab.

Der Nutzen einer Kennzahl muß stets größer als der Aufwand für ihre Gewinnung sein.

Eine *Beschränkung auf einige wichtige Kennzahlen* und deren konsequente Verwendung über einen längeren Zeitraum sollte deshalb angestrebt werden.

Die Abbildungen 29 und 30 zeigen aus der Fachliteratur Beispiele von ausgewählten Kennzahlen.

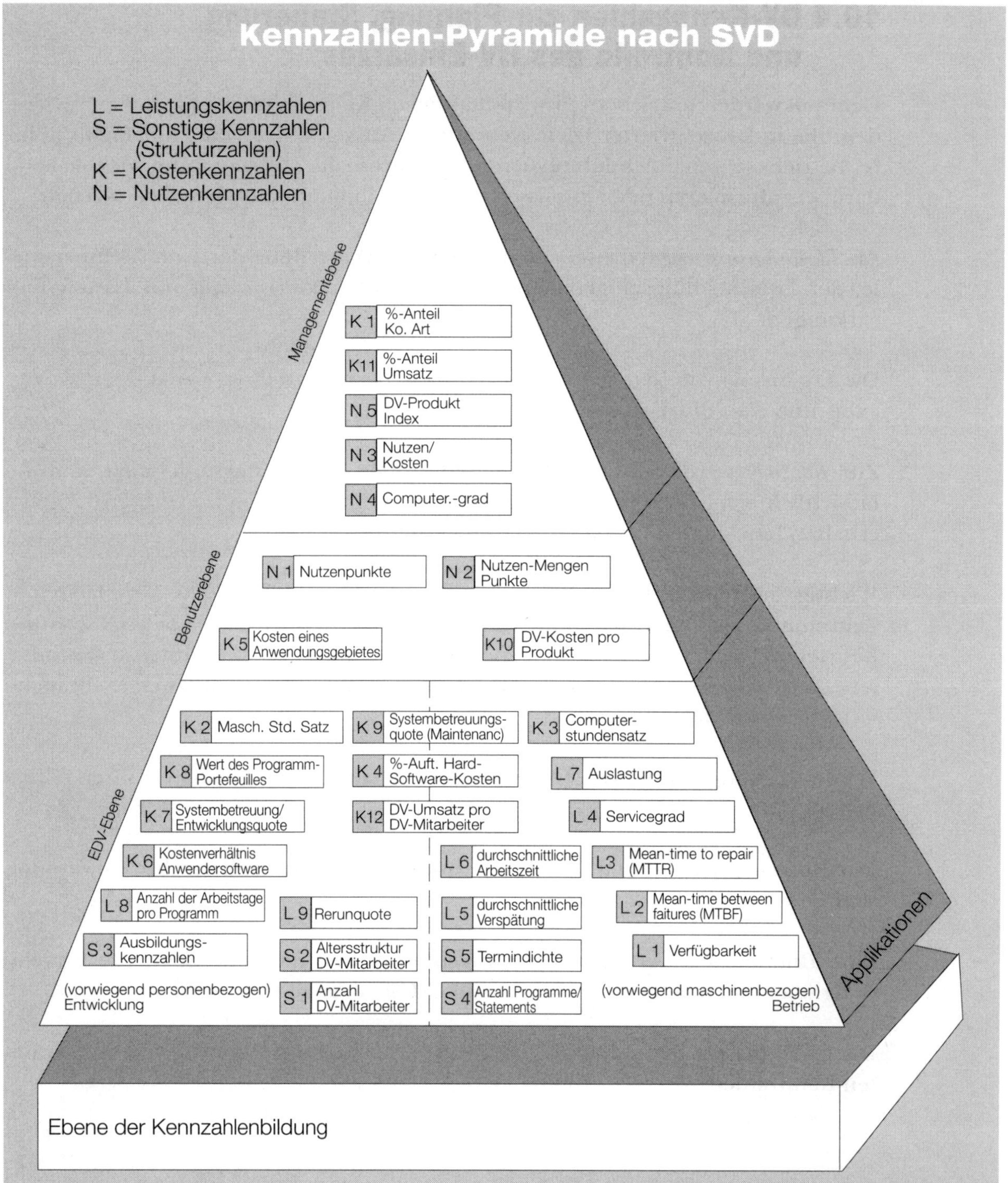


*Abbildung 29*

*Quelle: SVZ/Institut der Universität Zürich 1980*

## Ausgewählte Kennzahlen für die Analyse und Steuerung der Datenverarbeitung nach Lippold

| Art | Kennzahlen-Bezeichnung | Verwender<br>Fachbereich | ORG/DV-Bereich | Management |
|---|---|---|---|---|
| Struktur-, Leistungs- und Nutzen-Kennzahlen | 1. DV-Kosten je Kostenart (Personal-, Maschinen-, Sach-, Sonstige Kosten) in % der DV-Gesamtkosten | | X | X |
| | 2. DV-Betriebskosten in % der Gesamtkosten | | X | X |
| | 3. DV-Betriebskosten in % der Gesamt-Betriebskosten | X | | X |
| | 4. DV-Betriebskosten je Leistungseinheit | X | | X |
| | 5. DV-Betriebskosten je Mitarbeiter | X | | X |
| | 6. DV-Programmwartungskosten in % der DV-Betriebskosten | X | | X |
| | 7. DV-Neuentwicklungskosten in % der DV-Gesamtkosten | | X | X |
| | 8. DV-Neuentwicklungskosten je Mitarbeiter | | | X |
| | 9. DV-Programmwartungs- und Neuentwicklungskosten in % der DV-Gesamtkosten | | X | X |
| | 10. DV-Kosten je Leistungseinheit, für die DV eingesetzt wird | | | X |
| | 11. DV-Kosten eines Anwendungsgebietes | X | X | |
| | 12. Personalkosten je Mitarbeiter | X | | X |
| | 13. DV-Ausbildungskosten je Mitarbeiter | X | X | X |
| | 14. DV-Mannstundensatz = DV-Personalkosten: geplante, verrechenbare Personalstunden | X | X | |
| | 15. Kosten für Software-technologische Methoden und Werkzeuge je Mitarbeiter | | X | |
| | 16. Computerstundensatz = DV-Betriebskosten: geplante, verrechenbare CPU-Stunden | X | X | |
| Kosten-Kennzahlen | 17. DV-Mitarbeiter in % aller Mitarbeiter | | X | X |
| | 18. Mitarbeiter je Terminal(bzw. Terminals je 100 Mitarbeiter) | | | X |
| | 19. Termintreue (Stapelbetrieb: in %) | X | | |
| | 20. Durchsatzrate (Stapelbetrieb) = Zahl ausgeführter Aufträge: Laufzeit | | X | |
| | 21. Mittlere Antwortzeit (Dialogbetrieb; in sec.) | X | | |
| | 22. Transaktionsrate (Dialogbetrieb) = Zahl der Transaktion: Laufzeit | | X | |
| | 23. Verfügbarkeit der Rechnerleistung (in %) | X | X | |
| | 24. Anzahl der Unterbrechungen pro Periode | X | X | |
| | 25. Mittlere Dauer einer Unterbrechung (MTTR) | X | X | |
| | 26. Mittlere Zeit zwischen zwei Unterbrechungen (MTBF) | X | X | |
| | 27. Anzahl der Programm-Abbrüche pro Periode | | X | |
| | 28. Anzahl der Platten- und Bandwechsel pro Periode | | X | |
| | 29. Auslastung der Zentraleinheit und Peripherie (in % der Kapazität) | | X | |
| | 30. DV-gestützt erbrachte Leistungseinheiten in % aller Leistungseinheiten | X | | X |

Quelle: H. Lippold, Kennzahlensysteme zur Steuerung und Analyse des DV-Einsatzes, im Handbuch der modernen Datenverarbeitung (HMD), Heft 121, 1985.

*Abbildung 30* *Quelle: Lippold 1985*

## 10.5 Entscheidungswege für Eigen- oder Fremdrealisierung eines neuen DV-Anwendungsgebietes

Der Entschluß, ein neues Anwendungsgebiet auf die eigene DV-Anlage zu übernehmen, bedingt eine schwerwiegende Entscheidung, weil besonders die Projektdauer und die Projektkosten im Vordergrund stehen.

Die Frage, wer das Projekt eigentlich durchführen soll, wird nicht immer sorgfältig genug untersucht. Aber gerade hier können die Ansatzpunkte für eine Verkürzung der Projektdauer, für Kostenersparnisse und eine Garantie für das Gelingen des geplanten Projektes liegen.

Für Eigenrealisierung können aus einer gewissen Eitelkeit heraus die ORG/DV-Bereiche selbst sein, obgleich sie in den meisten Fällen unter einem dauernden Mangel an qualifizierten Mitarbeitern leiden. Hingegen haben die Vorgesetzten des ORG/DV-Bereichsleiters nicht selten den Glauben, was von außen kommt (Fremderstellung, Standardprogramme), kann nur besser sein.

Der Trend geht eindeutig in die Richtung einer verstärkten Anwendung von Standardprogrammen.

Zwei Ursachen lassen sich hierbei erkennen:
Das immer größere Angebot und die ständig steigende Qualität der Standardsoftware.

**Folgender Entscheidungsweg für Eigen- oder Fremdrealisierung hat sich in der Praxis bewährt:**

1. Die betroffenen Fachbereiche (Anwender) erstellen in Zusammenarbeit mit dem ORG/DV-Bereich ein Wunsch- oder Pflichtenheft für das neue DV-Projekt beziehungsweise Anwendungsgebiet und lassen es durch den DV-Lenkungsausschuß verabschieden.

2. Mit den nachfolgenden Aufgaben wird ein Planungsteam (noch nicht DV-Projektteam) aus Vertretern des Fachbereiches und dem ORG/DV-Bereich durch den DV-Lenkungsausschuß beauftragt.

3. Es ist festzustellen, ob das geplante Projekt aufgrund äußerer Gegebenheiten, wie Gesetzgebung und Tarife, sehr pflegeaufwendig ist und wie teuer diese Softwarepflege bei Eigenerstellung der Software wird.

4. Es sind die Gesamtkosten für Eigenrealisierung des Projektes aus Personalkosten für Systemanalyse und Programmierung, Maschinenkosten zum Testen und anfallende Pflegekosten zu ermitteln.
Zusätzlich festzuhalten ist möglichst mit Hilfe des Function-Point-Verfahrens (siehe Kapitel 10.8) der Zeitbedarf für die Eigenrealisierung des Projektes.

5. Es ist zu prüfen, ob es Softwareanbieter gibt, die ein ähnliches Projekt – möglichst mit Hilfe von Standardsoftware – bereits realisiert haben.

6. Es sind die angebotenen ähnlichen Lösungen bei den genannten Referenz-Unternehmen eingehend in der Praxis anzusehen.

7. Es sind die Gesamtkosten für eine individuelle Fremdrealisierung des Projektes aus Honorar inklusive Reisekosten für die Systemanalyse und Programmierung, Maschinenkosten zum Testen und anfallende Pflegekosten zu ermitteln.
Es sollten bei eindeutigen Vorgaben (genaues Pflichtenheft) möglichst Pauschalpreise für die individuelle Fremdrealisierung vereinbart werden. Zusätzlich festzuhalten ist der Zeitbedarf für die individuelle Fremdrealisierung des Projektes.

8. Es sind die Gesamtkosten für den Einsatz geeigneter Standardsoftware (Auswahlkriterien hierzu siehe Kapitel 10.7) aus Kaufpreis oder Miete/Leasing des Standardpaketes, zusätzlich Honorar inklusive Reisekosten für Anpassung, Einsatzunterstützung und Schulung, Maschinenkosten zum Testen von Anpassungen und anfallende Pflegekosten zu ermitteln.
Zusätzlich festzuhalten ist der Zeitbedarf für die Anpassungen, Unterstützung und Schulung, also die Zeit bis zum praktischen Lauf der Programme.

9. Bevor der Entscheid für die Eigenerstellung oder für den Einsatz von Standardsoftware fällt, sind noch die Sonderfälle
   - Softwareübernahme, fertige Lösung aus der Branche kaufen,
   - Konzeptübernahme, vorhandene Konzeption übernehmen und
   - Kooperative Entwicklung, gemeinsame Lösung realisieren

   zu prüfen.

   Die Kooperative Entwicklung kann sogar die kostenmäßig günstigste Lösung von Softwareerstellung beziehungsweise -beschaffung sein (siehe Kapitel 10.6).

10. Erst wenn alle Entscheidungskriterien für Standardsoftware – möglichst mehrere Anbieter zur Auswahl – positiv ausgefallen sind, wird mit den Gesamtkosten der Eigenrealisierung (siehe Punkt 4) und gegebenenfalls der individuellen Fremdrealisierung (siehe Punkt 7) verglichen.

Die Entscheidung für Standardsoftware hängt neben den Gesamtkosten (Anschaffungskosten und Implementierungskosten sowie Pflegekosten) also von folgenden Bedingungen ab:

- Funktionale Fähigkeiten/Leistungsumfang;
  Erfüllung aller Anwenderwünsche, vor allem auch in zeitlicher Hinsicht (in der Regel dauern Eigenerstellungen wesentlich länger als der Einsatz noch anzupassender Software, oft treten dadurch die Vorteile der neuen DV-Anwendung erst später ein),
- Allgemeingültigkeit der Konzeption,
- Flexibilität/Änderbarkeit,
- Benutzerfreundlichkeit,
- Zuverlässigkeit/Betriebssicherheit,
- Kompatibilität/Portabilität,
- Verfahrensdokumentation,
- Verfügbarkeit,
- Einführungsunterstützung,
- Softwarepflegeleistungen und
- Softwarelieferant beziehungsweise -hersteller
  (siehe hierzu im einzelnen Kapitel 10.7).

11. Geht die Tendenz zum Einsatz von Standardsoftware, so wird gegen Aufwandsentschädigung noch vorher ein Probelauf der Standardausführung durchgeführt.

12. Fällt die Entscheidung zugunsten einer Eigenerstellung, wird ein DV-Projektteam gebildet, das unter Kontrolle des DV-Lenkungsausschusses arbeitet (siehe Kapitel 10.11).
    Änderungsaufträge zu bestehenden DV-Anwendungsgebieten (Softwarepflege) erhält der ORG/DV-Bereich bei größerem Aufwand über den DV-Lenkungsausschuß in schriftlicher Form (siehe Abbildung 25 betreffend Softwarepflege-Kategorie 3 und 4).

## 10.6 Vor- und Nachteile der Sonderfälle Softwareübernahme, Konzeptübernahme und Kooperative Entwicklung von Software

Beim Entscheid Eigen- oder Fremdrealisierung eines neuen DV-Anwendungsgebietes werden meistens nur zwei Alternativen geprüft:

Eigenerstellung oder Einsatz von Standardsoftware.
Daß zwischen diesen zwei Möglichkeiten noch andere Varianten für eine wirt-

schaftliche Erstellung beziehungsweise Beschaffung von Software liegen, wird selten in Betracht gezogen. Den wenigsten ist bekannt, daß zwischen den zwei Extremen durchaus andere Möglichkeiten vorhanden sind (siehe hierzu Abbildung 31).

## SOFTWAREÜBERNAHME, FERTIGE LÖSUNG AUS DER BRANCHE KAUFEN

**Definition:**
Von einer Softwareübernahme soll gesprochen werden, wenn eine von einem anderen Anwender individuell erstellte Software ganz oder teilweise übernommen wird.

Die Softwareübernahme unterscheidet sich in den Vor- und Nachteilen von dem Einsatz einer Standardsoftware. Dabei wird eine positive Verschiebung zu den Vorteilen hin zu sehen sein.

Daß die Softwareübernahme nicht so häufig genutzt wird, hat seinen Grund darin, daß die Softwareübernahme um so wirtschaftlicher ist, je stärker Abgeber und Übernehmer gleichartige Geschäftstätigkeiten ausüben. Diese Voraussetzung wird aber um so eher erfüllt, je stärker die Anwender im Wettbewerb stehen. Es leuchtet ein, daß zwischen Mitbewerbern in der Regel kein großes Interesse besteht, internes Organisations-Know-how offenzulegen oder gar weiterzugeben. Diese Argumentation gegen die Softwareübernahme wird jedoch öfter vorgetragen, als sie in der Praxis berechtigt ist, weil sich zum Beispiel die Verkaufsgebiete nicht überschneiden oder Absprachen anderer Art (zum Beispiel allgemeine Geschäftsbedingungen) bereits bestehen.

### Vorteile der Softwareübernahme

Bei der Softwareübernahme treten Verschiebungen zwischen den Vor- und Nachteilen gegenüber der Standardsoftware auf:

- Der Vorteil der schnellen Realisierung anstehender Aufgaben wird auch bei der Softwareübernahme erreicht. Da in der Regel nur Software von gleichartigen Anwendern zur Übernahme in Frage kommt, wird sich die Zeit für die Realisierung noch verkürzen. Die Praxis zeigt, daß im Durchschnitt die Notwendigkeit der Anpassung der übernommenen Software an die Vorstellungen des Ziel-Anwenders geringer ist als bei der Standardsoftware. Das gleiche ist auch im Hinblick auf die Anpassung der innerbetrieblichen Organisation an die Fremdsoftware zu beobachten.
- Wird die Software von einem gleichgelagerten Unternehmen übernommen, so wird auch im Stadium der Angebotsauswertung eine Beschleunigung eintreten. Die Ursache dafür liegt in der Tatsache, daß zwischen Anbieter und Interessent das gleiche fachliche Sprachniveau vorhanden sein wird. Der Anbieter kann den Interessenten bei der Ermittlung seines Organisationsbedarfs fachlich kompetenter unterstützen als der Verkäufer einer Standardsoftware.

## Phasenmäßiger Vergleich des Projektaufwandes bei Eigenentwicklung, Standardsoftware und anderen Alternativen

| Art der Software-Erstellung / Phase | 1 | 2 | 3 | 4 | 5 | | | 6 |
|---|---|---|---|---|---|---|---|---|
| | Projektvorschlag mit u. a<br>● Bearbeitung Projektantrag<br>● Voruntersuchung,<br>● Erstellung 1. WB,<br>● Festlegung Projekt- und Phasenorganisation | Planungsphase I mit u. a. Fachliche Grob konzeption | Planungsphase II mit u. a.<br>● Fachliche Feinkonzeption<br>● DV-Grobkonzeption | Realisierungsphase I . mit u. a<br>● DV-Feinkonzeption<br>● Programmierung<br>● Test<br>● Arbeitsanweisungen | Realisierungsphase II mit u. a.<br>● Einweisung Anwender und RZ-Personal<br>● Organisationsanpassungen | Zeitaufwand über alle 5 Phasen in %- | Kosten Beispiel in DM absolut | Einsatzphase mit u. a. Softwarepflege |
| Eigenentwicklung | 5% | 15% | 35% | 25% Programmierung + 15 % <u>Test</u> = 40 % | 5% | 100% | 500.000 | 15 % von DM 500.000 = DM 75.000 jährlich (Kalkulatorischer Ansatz) |
| Einsatz von Standardsoftware mit 0 % Anpassung | 5% | 20% Einholen Angebote und Auswerten geeigneter Standardsoftware | 0% | 0% Programmierung Änderungen + 10 % <u>Abnahme-Test</u> = 10 % | 10% Organisationsanpassungen | 45%<br>Zeitersparnis 55% gegenüber Eigenentwicklung | 225.000 + 100.00 Kaufpreis der <u>Standardsoftware</u> = 325.000<br>Kostenersparnis 35% gegenüber Eigenentwicklung[1] | 15 % von DM 100.000 gem. Softwarepflegevertrag = DM 15.000 +?<br>Eigener Aufwand für Softwarepflege jährlich |
| Einsatz von Standardsoftware mit 30% Anpassung | 5% | 20% Einholen Angebote und Auswerten geeigneter Standardsoftware | 15% Organisatorische und DV-mäßige Berücksichtigung der Änderung | 12% Programmierung Änderungen + 15 % <u>Abnahme-Test</u> = 27 % | 8% Organisationsanpassungen | 75%<br>Zeitersparnis 25% gegenüber Eigenentwicklung | 375.000 + 100.000 Kaufpreis der <u>Standardsoftware</u> = 475.000<br>Kostenersparnis 5% gegenüber Eigenentwicklung[1] | 15 % von DM 100.000 gem. Softwarepflegevertrag oder nach Aufwand = DM 15.000 +?<br>Eigener Aufwand für Softwarepflege jährlich |

[1] ohne Berücksichtigung der Mehrkosten für evtl. zusätzlichen Hardwarebedarf beim Einsatz von Standardsoftware

*Abbildung 31* CW-Edition *Quelle: ECU*

## Phasenmäßiger Vergleich des Projektaufwandes bei Eigenentwicklung, Standardsoftware und anderen Alternativen

| Art der Software-Erstellung / Phase | 1 | 2 | 3 | 4 | 5 | | | 6 |
|---|---|---|---|---|---|---|---|---|
| | Projektvorschlag mit u. a.<br>● Bearbeitung Projektantrag<br>● Voruntersuchung<br>● Erstellung 1. WB<br>● Festlegung Projekt- und Phasenorganisation | Planungsphase I mit u. a. Fachliche Grobkonzeption | Planungsphase II mit u. a.<br>● Fachliche Feinkonzeption<br>● DV-Grobkonzeption | Realisierungsphase I mit u. a.<br>● DV-Feinkonzeption<br>● Programmierung<br>● Test<br>● Arbeitsan--weisungen | Realisierungsphase II mit u. a.<br>● Einweisung Anwender und RZ-Personal<br>● Organisations-anpassungen | Zeitaufwand über alle 5 Phasen in % | Kosten Beispiel in DM absolut | Einsatzphase mit u. a. Softwarepflege |
| Software--übernahme | 5% | 10%<br>Einholen Angebote und Auswerten geeigneter Übernahmesoftware | 0% | 0%<br>Programmierung Änderungen<br>+10%<br>Abnahme-Test<br>= 10% | 10%<br>Organisations-anpassungen | 35%<br>↓<br>Zeitersparnis 65% gegenüber Eigenentwicklung | 175.000<br>+ 200.00 2)<br>Kaufpreis der Übernahme-Software<br>= 375.000<br>Kostenersparnis 25% gegenüber Eigenentwicklung | Softwarepflege nach Aufwand<br>+?<br>Eigener Aufwand für Softwarepflege jährlich |
| Konzept-übernahme | 5% | 10%<br>Einholen Angebote und Auswerten geeigneter Übernahmekonzepte | 10%<br>Organisatorische und DV-mäßige Berücksichtigung der Änderungen | 25%<br>Programmierung<br>+ 10 %<br>Abnahme-Test<br>= 35 % | 5%<br>Organisations-anpassungen | 65%<br>↓<br>Zeitersparnis 35% gegenüber Eigenentwicklung | 325.000<br>+ 50.000<br>Kaufpreis der Übernahme-konzeption<br>= 375.000<br>Kostenersparnis 25% gegenüber Eigenentwicklung | Nur eigener Aufwand für Softwarepflege jährlich |
| Kooperative Entwicklung | 5% | 10% | $\frac{35\%}{n^3}$ | 25%<br>Programmierung<br>+ 15%<br>Abnahme-Test<br>$= \frac{40\%}{n}$ | 5% | $\frac{(20+75)\%}{n}$<br>z. B.:<br>$\frac{(20+75)\%}{3}$<br>= 45<br>Zeitersparnis 55% gegenüber Eigenentwicklung | $\frac{400.000}{n} + 20\%$<br>z. B.<br>$\frac{400.000}{3} + 20\%$<br>= 233.000<br>Kostenersparnis 53% gegenüber Eigenentwicklung | $\frac{1}{n}$ des gemeinsamen Aufwandes für die Softwarepflege pro Gruppenmitglied |

2 Kaufpreis der Übernahmesoftware wahrscheinlich höher als für Standardsoftware, dafür aber geringere Differenz zwischen Anforderungs- und Leistungsprofil

3 n = Anzahl Gruppenmitglieder bei kooperativer Entwicklung von Software

*Abbildung 31* CW-Edition *Quelle: ECU*

- Da bei der Softwareübernahme eine Individuallösung vorliegt, übernimmt der neue Anwender kein zu breit angelegtes Programm. Der Bedarf an Hardware-Ressourcen wird nicht überhöht sein.
- Kommt der Anbieter aus der gleichen Branche, so wird auch er gezwungen sein, auf neue Anforderungen, die zum Beispiel vom Gesetzgeber verlangt werden, schnell zu reagieren.
  Bei der Softwareübernahme aus der gleichen Branche wird deshalb das Problem der Softwarepflege im Hinblick auf fremdbestimmte Anforderungen kein Problem sein.
  Dagegen dürften Anpassungen der Software an neue Bedürfnisse des Übernehmers zu Problemen führen, wenn der Anbieter in diesen Neuerungen keinen Vorteil für sich erkennt.

**Nachteile der Softwareübernahme**

Die absoluten Produktkosten bei der Softwareübernahme werden mit großer Wahrscheinlichkeit höher als für eine Standardsoftware sein. Dies ergibt sich daraus, daß bei der Kalkulation des Preises keine hohe Verkaufszahl angesetzt wird. Die Praxis zeigt, daß nur ganz selten „Freundschaftspreise“ gemacht werden, vor allem nicht bei Mitbewerbern. Ob die im Vergleich zur Standardsoftware hohen Produktpreise über das gesamte Projekt gesehen doch günstiger sind, muß an den unterschiedlichen Vor- und Nachteilen bewertet werden.

Im Gegensatz zur Standardsoftware wird man bei der Softwareübernahme nur selten Referenzen einholen können. Aussagen über die Zuverlässigkeit der Programme werden nur vom Ersteller gemacht.
Der Käufer sollte sich deswegen auch die Quellenprogramme zeigen lassen, um zu sehen, wie die Programmierung erfolgte.

Die Erfahrung zeigt, daß für ein gutes Softwarehaus die Dokumentation einen anderen Stellenwert hat als für eine interne, firmeneigene Programmiergruppe.
Darüber hinaus sollte der Interessent nicht nur mit den ORG/DV-Leuten verhandeln, sondern auch Gespräche mit Mitarbeitern der Fachbereiche führen, die die zu übernehmende Software nutzen.

Besondere Beachtung muß bei einer Übernahmesoftware der zukünftigen Softwarepflege beigemessen werden. Nur in seltenen Fällen wird bei einer Softwareübernahme die Pflege der Software zu einem festen Preis vertraglich garantiert. In der Regel wird der Anbieter keine Verpflichtung für die Software eingehen. Deswegen erhält der Käufer die Quellenprogramme ausgehändigt. Im Gegensatz zur Standardsoftware muß er Programmierer beschäftigen, die ihm die Pflege der Software durchführen. Die andere Alternative, ein drittes Unternehmen für die

Pflege der übernommenen Software einzuschalten, ist erfahrungsgemäß sowohl von den Kosten als auch von der Wirkung her nicht sinnvoll.

**KONZEPTÜBERNAHME, VORHANDENE KONZEPTION ÜBERNEHMEN**

**Definition:**
Von einer Konzeptübernahme soll gesprochen werden, wenn von einer bewährten DV-Anwendung nur die fachliche Konzeption übernommen wird.

Beachtet man, daß derzeitig erfahrungsgemäß zirka 30 Prozent des Aufwandes einer neuen Software für die fachliche Grob- und Feinkonzeption aufgewandt wird, so kann in der Übernahme der fachlichen Konzeption alleine bereits eine merkliche Reduzierung der Softwareentwicklungskosten liegen. In den Fällen, in denen Anbieter und Interessent mit gleichen Datenbankstrukturen arbeiten, können auch die Programmvorgaben noch sinnvoll mit übernommen werden. Beim Übernehmer würden sich die eigenen Aufgaben weitgehend auf die Programmierung und den Test beschränken. Damit dürften dann zunächst mehr als 50 Prozent des Gesamtaufwandes gegenüber der Eigenerstellung einzusparen sein (siehe Abbildung 31). Bei der Konzeptübernahme handelt es sich um einen echten Know-how-Kauf. Sie ist mit einem Auftrag an einen externen Berater zu vergleichen, der eine neue DV-Konzeption erarbeiten soll.

Für eine wirkungsvolle Konzeptübernahme sind die gleichen Voraussetzungen wie bei einer Softwareübernahme zu beachten.

**Vorteile der Konzeptübernahme**

Bei einer Konzeptübernahme ist der zukünftige Anwender nicht an den vorhandenen starren Rahmen einer bestimmten DV-technischen Lösung gebunden. Dadurch sind eventuell notwendige Änderungen an der vorliegenden Konzeption leichter durchzuführen. Programmtechnische Auswirkungen auf bereits bestehende Programme sind nicht zu beachten. Bei einer Konzeptübernahme erhält man trotz einer konzeptionellen Fremdbestimmung der Software eine individuelle DV-technische Lösung.

Diese individuelle DV-technische Lösung bei einer Konzeptübernahme wirkt sich vor allem bei der Softwarepflege positiv aus. Der Übernehmende selbst hat mit der Programmierung auch die Dokumentation erstellt. Er ist also bei Programmänderungen nicht auf fremde Unterlagen angewiesen. Er unterliegt bei der Softwarepflege auch nicht einer Fremdbestimmung durch den Softwarelieferanten, wie sie zum Beispiel bei einer Standardsoftware vorhanden ist.
Der Vorteil der Konzeptübernahme gegenüber einem Beratungsauftrag für die Entwicklung einer neuen DV-Anwendung liegt darin, daß das fachliche Ergebnis

schon vor der Auftragserteilung bekannt ist und bewertet werden kann. Dazu kommt, daß die Kosten für das fertige Produkt „Konzept" preisgünstiger sein werden als der Beratungsauftrag für die Entwicklung eines gleichwertigen Konzeptes.

## KOOPERATIVE ENTWICKLUNG, GEMEINSAME LÖSUNG REALISIEREN

**Definition:**
Gleichartige DV-Anwender bilden eine Arbeitsgemeinschaft mit dem Ziel, gemeinsam eine Anwendersoftware zu planen, zu entwickeln und zu pflegen.

Die Kooperative Entwicklung kann als der Idealfall einer Branchen-Standardsoftware angesehen werden. Der zukünftige Anwender hat Einfluß auf den Inhalt, die Gestaltung und die Pflege seiner Anwendung.

Ein Spezialfall der Kooperativen Entwicklung liegt vor, wenn mehrere gleichartige Anwender gemeinsam einen Softwareentwickler beauftragen, eine neue Softwarelösung zu erstellen.

**Vorteile der Kooperativen Entwicklung**
Die wesentlichen Vorteile der Kooperativen Entwicklung wurden bereits oben erwähnt: Mitbestimmung bei Inhalt, Aufbau und Weiterentwicklung (Pflege) der Software.

Durch die Entwicklung der Software im Hinblick auf eine definierte Anwendergruppe wird eine Überladung der Lösung vermieden.

Durch eine Einwirkung auf die Programmierung kann erreicht werden, daß bestimmte Methoden und Strukturen angewandt beziehungsweise eingehalten werden.

Bei der Softwarepflege kann die Entwicklungsgruppe den Rhythmus für die Einführung von Änderungen und Ergänzungen selbst bestimmen.

Voraussetzung für die Nutzung dieser Vorteile ist aber, daß die Gruppe langfristig kooperativ arbeitet. Um dies zu erreichen, sind die Kooperationsverträge sorgfältig zu gestalten.

Die Gruppe selbst darf nicht zu groß sein, auch wenn dies unter dem Gesichtspunkt der Kostenverteilung sinnvoll wäre.

Wird die Gruppe zu groß, so wird auf der einen Seite der Einfluß des einzelnen geringer werden und auf der anderen Seite die Wahrscheinlichkeit zunehmen, daß zu viele Zugeständnisse an individuelle Wünsche der Gruppenmitglieder gemacht werden.

**Nachteile der Kooperativen Entwicklung**
Wenn das zuletzt Ausgeführte berücksichtigt wird, ist die Kooperative Entwicklung die günstigste Lösung von Softwareerstellung beziehungsweise -beschaffung. Die bei den anderen Arten der Softwareerstellung aufgeführten Nachteile dürften nicht zum Tragen kommen.

Der wichtigste Nachteil liegt in der Möglichkeit, daß die Entwicklungsgruppe auseinanderfällt und sich kein Gruppenmitglied für ein Fortbestehen der Software verantwortlich fühlt. Die Folgen einer solchen Situation können merklich verringert werden, wenn darauf geachtet wird, daß eine vollständige Dokumentation sorgfältig über alle Phasen des Software-Life-Cycles geführt wird.

Die Kosten für die Software werden nicht linear mit der Anzahl der Gruppenmitglieder fallen. Vielmehr werden die Kostenersparnisse pro Mitglied gegenüber Eigenentwicklung bestimmt von den Kosten der Phasen 1, 2 und 5, die für jedes Mitglied getrennt anfallen. Nur bei den Phasen 3 und 4 können die Kosten unter den Mitgliedern aufgeteilt werden (siehe Abbildung 31).

## 10.7 Einsatz von Standardsoftware

### 1. ALLGEMEINES

Der Grundgedanke aller Standardsoftware besteht darin, das „Rad nicht immer wieder neu erfinden zu müssen", das heißt Standardsoftwarepakete sollen nicht nur die Anforderungen eines, sondern möglichst vieler oft unterschiedlich strukturierter Unternehmen beziehungsweise Öffentlichen Verwaltungen abdecken.

**Definition Standardsoftware:**
Programme, die für einen anonymen, abstrakten Anwender geschrieben wurden. Wird die Software für eine bestimmte Gruppe erstellt, deren Einzelmitglieder jedoch unbekannt sind, so wird dies als Branchen-Software bezeichnet.

Es ist zu beachten, daß Standardsoftware nur für Standardaufgaben sinnvoll genutzt werden kann.
Dies bestätigen auch die Verkaufsstatistiken der Softwareanbieter. Standardsoftware wird zuerst in den Arbeitsgebieten eingesetzt, in denen die Unternehmen gesetzliche Anforderungen beachten müssen oder sich der Wettbewerb des Marktes nicht stark auswirkt: Personalwesen, Vertriebswesen und Rechnungswesen sowie Materialwirtschaft und Fertigungswirtschaft. Die Nutzung von Standardsoftware ist dagegen im Vertriebsbereich wegen sehr unterschiedlicher Gestaltung (weniger standardisierte betriebswirtschaftliche Funktionen) nicht so häufig.

Eigenerstellung ist dann vorteilhafter als Einsatz von Standardsoftware, wenn mit Hilfe selbsterstellter Programme für strategische Systeme ein Wettbewerbsvorsprung gegenüber der Konkurrenz erzielt werden kann.

Während sich kleine und mittelständige Unternehmen schon seit längerer Zeit verstärkt um den Einsatz von Standardsoftware bemühen, sind inzwischen auch Großunternehmen aus Rationalisierungsgründen zunehmend dazu übergegangen, Software nicht mehr selbst zu erstellen, sondern am Markt verfügbare Standardsoftware einzusetzen.

Die Enquete hat ergeben:
Bei etwa einem Drittel beträgt der Anteil der Standardsoftware an der zeitlichen Rechenzentrumsbelastung schon 50 bis 70 Prozent (Frage A6a im Kapitel 9).

Betrachtet man die angebotene Standardsoftware, so ist in den letzten Jahren sowohl die Zahl der Anbieter als auch die Zahl der Systeme gewachsen.

Wurde die unternehmerische Entscheidung gefällt, Standardsoftware einzusetzen – besonders bezüglich einer ganzen „Standardsoftware-Familie" – sind Konzeptionen und Funktionen möglicher Standardsoftwarepakete unbedingt im Rahmen einer langfristigen (strategischen) DV-Planung zu berücksichtigen (siehe Kapitel 10.1, Pkt. 4).

## 2. WESENTLICHE MERKMALE VON STANDARDSOFTWARE

- Hoher technischer Entwicklungsstand der Softwareprodukte vieler Hersteller, was bei den abzulösenden, oft mehr als zehn Jahre alten DV-Anwendungen (siehe Frage A6c im Kapitel 9) mit meist nur punktueller Weiterentwicklung selten der Fall ist.
- Wesentliche Unterschiede in den Strukturelementen zwischen den Softwareprodukten der einzelnen Hersteller, vor allem aber gegenüber den abzulösenden DV-Anwendungen vieler Unternehmen beziehungsweise Öffentlicher Verwaltungen.
- Meist sehr starr vorgegebenes Organisationsmodell des Softwareproduktes für Aufbau- und Ablauforganisation mit der Notwendigkeit eher einer Anpassung der Anwender-Organisation als umgekehrt.
- Leistungsprofile (Funktionsumfang) der Softwareprodukte meistens viel größer als zunächst das Anforderungsprofil.
  Wenn der ganze Funktionsumfang gewünscht wird, sind Einführungsstufen prioritätsmäßig durch den DV-Lenkungsausschuß festzulegen.
- Moderne Softwareprodukte besitzen oft einen hohen Integrationsgrad der Anwendungsgebiete, was neue Zuständigkeitsrichtlinien für neue Aufgabenverteilung bei den Anwendern bedingen kann.

### 3. HAUPTZIELE FÜR DEN EINSATZ EINES STANDARDSOFTWAREPAKETES

- Abbau von Anwendungsstau bei der Softwareerstellung.
- Dazu als Voraussetzung weitgehende Übereinstimmung von Anforderungs- und Leistungsprofil bei Ausnutzung aller Gestaltungsmöglichkeiten des Softwareproduktes.
- Damit Einschränkung der Anpassungen (Modifikationen) der Standardlösung an die vorhandene Aufbau- und Ablauforganisation (Customizing), also eher umgekehrt. Durchführung organisatorischer Änderungen beim Anwender (unter anderem „Abschneiden alter Zöpfe“), aber mit Voraussetzung von Benutzerakzeptanz.
- Besseres Kosten-/Nutzenverhältnis gegenüber Eigenerstellung bei Einhaltung der geplanten Termine und Kosten.

  Bei Einsatz von Standardsoftware ohne Anpassungen sollten gegenüber Eigenerstellung etwa 50 Prozent Entwicklungszeit eingespart werden können, also entsprechend früherer Einführungstermin der betreffenden Anwendungen zu realisieren. Die Kostenersparnis bei dieser idealen Standardsoftware-Alternative sollte etwa 30 bis 40 Prozent gegenüber Eigenerstellung betragen, wenn kein zusätzlicher Hardwarebedarf anfällt (siehe Abbildung 31).
- Minimierung der Folgekosten bei Releasewechsel und Implementierung weiterer Module des Softwarelieferanten.

Das Schema auf Seite 86 zeigt die erforderliche *Einbettung der Standardsoftware in die vorhandene Aufbau- und Ablauforganisation:*

### 4. VORTEILE DER STANDARDSOFTWARE

Die wesentlichen Vorteile sind:

- Die Verteilung der Erstellungskosten auf viele Anwender, wodurch für diese ein Kostenvorteil entsteht.
- Die anstehenden Aufgaben können schneller realisiert werden.
- Die stufenweise Einführung von Modulen ist möglich.
- Eine Software, die seit längerer Zeit bei einer Vielzahl von Anwendern eingesetzt ist, wird stabil und ausgetestet sein.
- Das fachliche Know-how (moderne betriebswirtschaftliche Konzeption) für die Anwendungen wird im Softwareprodukt mitgekauft.
- Bei einem Produkt von einem guten Softwarehersteller kann die Berücksichtigung des neueren Standes der Softwaretechnologie (Software-Architektur, Standards, Portabilität, Benutzeroberfläche, Datenhaltung und so weiter) erwartet werden.
- Die eingesetzten Standardsoftwarepakete haben positive Auswirkungen auf das eigene Entwicklungspotential, da man sich auf die Systemintegration und auf die nicht oder nur schwer mit Standardsoftware lösbaren individuellen Probleme konzentrieren kann.
- Die Softwarepflegekosten sind im Rahmen eines Vertrages fest kalkulierbar.

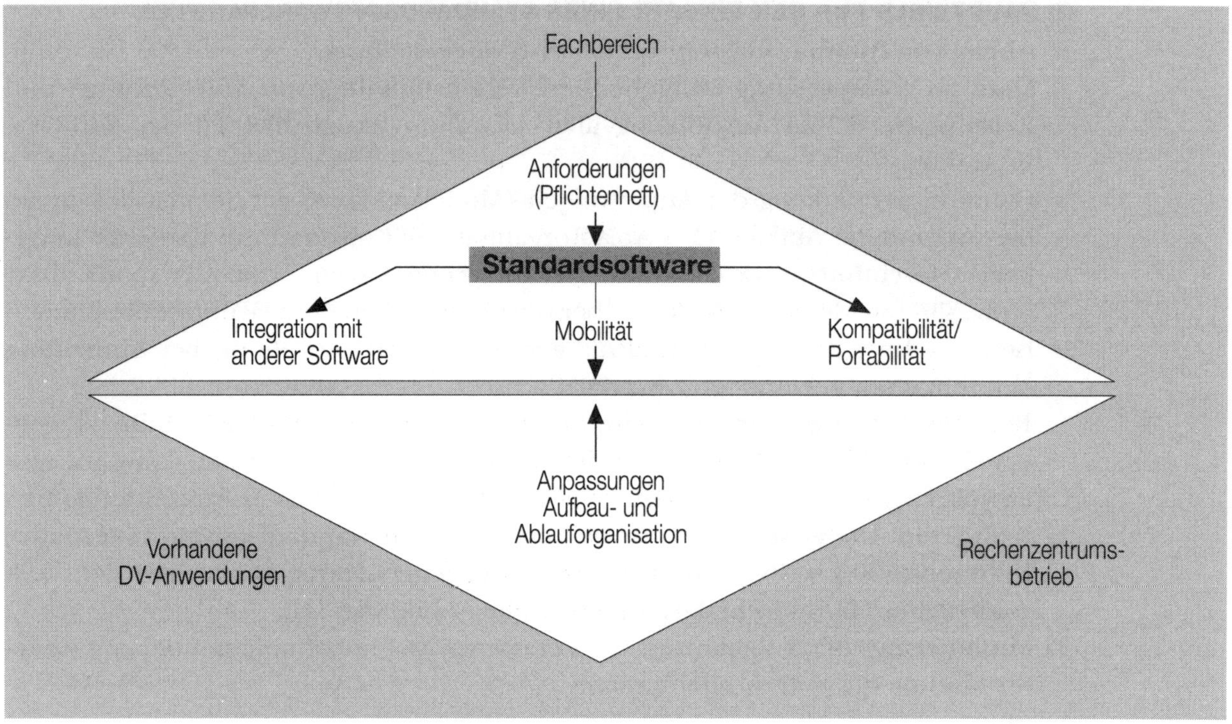


## 5. NACHTEILE DER STANDARDSOFTWARE

Die wesentlichen Nachteile sind:

- Besondere Anforderungen an das Auswahl-, Einführungs- und Pflegepersonal.
- Standardsoftware kann abhängig machen von Dritten, vor allem bei der Einführung.

  Die Kostensätze externer Standardsoftware-Spezialisten sind um einiges höher als diejenigen von eigenem Erstellungspersonal.
- Höhere Betriebskosten können entstehen, wenn die Standardsoftware andere Hardware und ein anderes Betriebssystem als bisher verlangt.
- Standardsoftware ist für den einzelnen Anwender zu breit angelegt, was einen überhöhten Ressourcenbedarf (CPU- und Plattenkapazität) und ungünstiges Laufzeitverhalten bedingt (Sonderfall Leistungsredundanz, siehe Abbildung 32).
- Die Anwender-Organisation muß an die Standardsoftware angepaßt werden (oft fehlende Flexibilität zum Eingehen auf spezielle Kundenwünsche oder umgekehrt, die Standardsoftware muß an die Anwendungsanforderungen angepaßt werden.

  Ab 30 Prozent Anpassung an die Anwender-Anforderungen wird Standardsoftware unwirtschaftlich (siehe Abbildung 31).

- Nachhinken der Standardsoftware-Konzeption hinter dem geschäftlichen Wandel der Anwender, insbesondere bei umfassenden Softwarepaketen für Branchen im Umbruch (Sparten- statt Kundenorientierung, nur nationale Lösungen, Nicht-Berücksichtigung neuer Leistungen, zum Beispiel bei Finanzdienstleistern im Geld-, Devisen- und Wertpapierhandel sowie im Versicherungswesen).
- Das Know-how eines Unternehmens wird zunehmend in die Software eingebettet, was aber Standardsoftware nicht leisten kann.
- Die fachliche Kompetenz geht beim Anwender der Standardsoftware mit der Zeit verloren.
- Die kurzfristige Anpassung der erworbenen Softwarelösung an neue betriebliche Anforderungen wird erschwert, da das Programm-Know-how nicht beim Anwender vorhanden ist.
  Oft wird die vollständige Verfahrensdokumentation, besonders der Source-Code (Quellenprogramme), nicht übergeben.
- Datenredundanzen mit Datenintegritäts- und Abstimmproblemen können sich ergeben bei einem anderen Datenverwaltungssystem der Standardsoftware als bereits vorhanden.
- Der Anwender gerät bei der Softwarepflege in Abhängigkeit vom Softwarelieferanten.

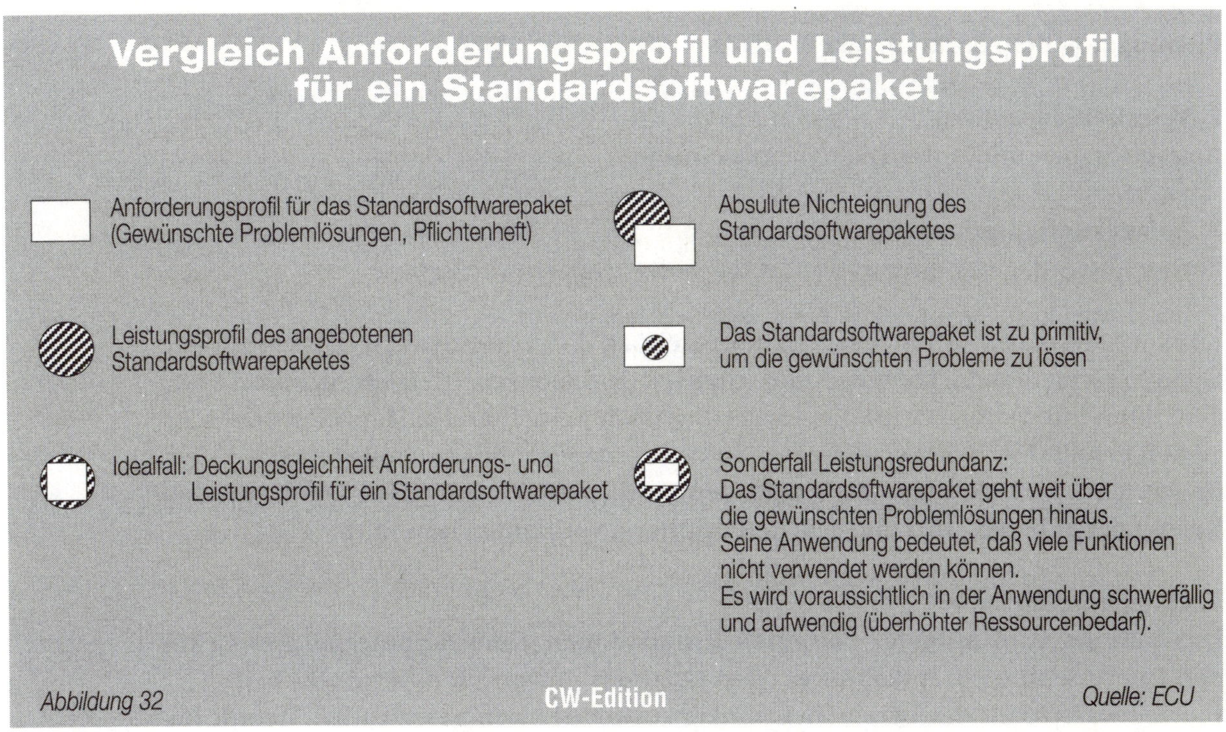


*Abbildung 32* — *Quelle: ECU*

- Der Softwarepflegevertrag kann sich negativ auswirken, wenn nicht benötigte Programmverbesserungen häufig zur Installation „unnötiger“ neuer Releases führen.
- Die Softwareverträge enthalten in der Regel Einschränkungen in den Benutzerrechten; das Softwarepaktet wird an eine bestimmte Installation gebunden und ist deshalb nur für eigene Zwecke nutzbar.

## 6. AUSWAHLKRITERIEN FÜR STANDARDSOFTWARE

Zur Auswahl von Standardsoftware bedarf es einer ständigen und intensiven Studie des Softwaremarktes.

Das zweckmäßigste Mittel hierzu ist der ISIS-SoftwareReport für Kommerzielle Programme beziehungsweise Branchen-Programme der Nomina Gesellschaft für Wirtschafts- und Verwaltungsregister GmbH, München.

Die im „ISIS-Katalog“ vorgestellten Softwarepakete werden kostenlos aufgenommen; der Herausgeber ist damit von den Softwareerstellern (Softwarehäusern oder Computerherstellern) wirtschaftlich unabhängig. Aufgeführt wird jedes Softwarepaket, das eine Serie von Mindestnormen erfüllt. Sie dienen dem Zweck, die Transparenz auf dem Softwaremarkt zu vergrößern und vor allem die Spreu vom Weizen zu sondern.

Pro angebotenem Softwarepaket wird genannt:

**1. Verarbeitungsmodus**
Angabe Stapel- und/oder Dialogverarbeitung.

**2. Anlagekonfiguration**
Für welche Anlagenkonfiguration ist das Softwarepaket verfügbar?

Zu den Merkmalen universeller Software gehört, daß einsetzbare Versionen für Anlagen verschiedener Hersteller und zugleich für mehrere Betriebssysteme vorliegen; denn nur dadurch wird die Forderung nach weitgehender Herstellerunabhängigkeit erfüllt. Für jede Version eines Softwarepaketes muß also angegeben werden, für welche Modelle und Betriebssysteme Versionen vorhanden sind, was an Kernspeicher belegt wird und welche Peripherie vorhanden sein muß.

**3. Installationsgruppe**
Die Zahl der vom Anbieter betreuten Installationen eines Softwarepaketes ist für den Interessenten ein Indikator für den Grad der universellen Einsetzbarkeit:
Ein Softwarepaket, das bereits bei fünfzig Anwendern eingesetzt wird, ist mit ho-

her Wahrscheinlichkeit vielseitig einsetzbar, was wiederum Rückschlüsse auf den flexiblen Aufbau zuläßt. Die Installationsgruppe ist also für Anbieter und Nachfrager von besonderer Bedeutung. Damit hier jeglicher Mißbrauch ausgeschlossen bleibt, wird die namentliche Angabe der Installationen verlangt. Wenn ein Anbieter nicht in der Lage ist, jene Kunden, bei denen ein bestimmtes Softwarepaket installiert ist, namentlich zu benennen, wird das Paket in die Gruppe „0“ eingeordnet.

**4. Preise und Konditionen**

Besonders wichtig für den potentiellen Anwender eines Softwarepaketes ist die Frage, welche Kosten für ihn beim Einsatz dieser Programme effektiv entstehen. Software, die mit dem Vermerk „Preis auf Anfrage“ versehen ist, wird in der Regel von einer Eintragung im ISIS-Katalog daher ausgeschlossen. Dieser rigorose Maßstab erscheint berechtigt: Programme, für die sich kein fester Preis ermitteln läßt, können nicht „Software“ in dem hier verstandenen strengen Sinn sein.

**5. Serviceleistungen**

Welche Serviceleistungen erbringt der Anbieter eines Softwarepaketes? Diese Frage hat für den potentiellen Anwender besondere Bedeutung: Er muß einerseits wissen, welche Serviceleistungen der Anbieter für erforderlich hält. Bei den notwendigen Serviceleistungen muß er darüber hinaus erfahren, ob sie im Preis bereits enthalten sind oder aber getrennt berechnet werden. Hierzu zählen zum Beispiel:

- Einführungsunterstützung,
- Schulung,
- Programmpflege und
- Anpassung an betriebswirtschaftliche oder technische Gegebenheiten des Anwenders oder Anpassung an seine Datei-Organisation.

**6. Programmdokumentation**

Von Bedeutung sind auch Art und Umfang der Programmdokumentation, die dem Anwender ausgehändigt wird. Hier werden insgesamt acht verschiedene Möglichkeiten unterschieden, wobei der Anwender genau erfährt, ob die einzelnen Bestandteile der Dokumentation im Preis bereits enthalten sind oder getrennt berechnet werden.

Mit diesen Angaben pro aufgeführtem Softwarepaket läßt sich eine erste Vorsondierung über eventuell geeignete Anwendungs-Standardsoftware durchführen; zur weitergehenden Selektion dient die Checkliste (auf Seite 91 bis 96).

Das Problem ist hierbei, ein optimales Verhältnis zwischen Softwareanforderung und Softwareleistung zu erreichen, was mit nachstehender schematischer Darstellung verdeutlicht wird.

Sie zeigt die Vorgehensweise bei der Selektion von Standardsoftware.

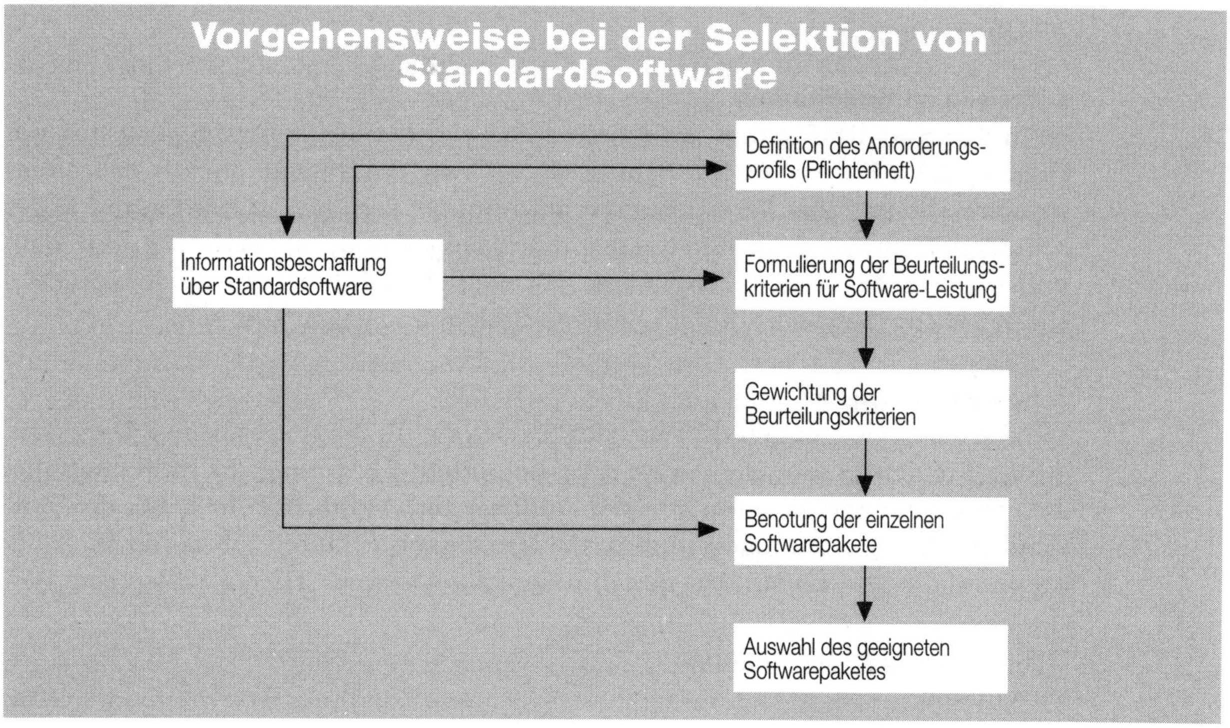


Als Anforderungsprofil wird definiert:
Gesamtheit der nach Art und Umfang spezifizierten Aufgaben und der sachlichen, zeitlichen und finanziellen Randbedingungen des künftigen Anwendungssystems.

## 7. BEURTEILUNGSKRITERIEN FÜR STANDARDSOFTWARE

Zur Beurteilung von Standardsoftware kann zunächst folgende *Checkliste* verwendet werden:

**1. Funktionale Fähigkeiten/Leistungsumfang**

1.1 Wie viele Einzelprogramme für welche Funktionen enthält das Softwarepaket (Programm-Module, Modularität)?

1.2 a) Welche der gewünschten Funktionen erfüllt das System, welche erfüllt es nicht?
b) Welche relative Bedeutung haben die Funktionen, die nicht erfüllt werden?
c) Welche der gewünschten Funktionen sind zwar enthalten, müssen aber angepaßt werden?

1.3 Enthält das Softwarepaket Funktionen, die zwar in der eigenen Konzeption nicht vorgesehen sind, die aber als wertvoll und zukünftig verwendbar angesehen werden?

1.4 Wie sind der Systemaufbau und die Systemkomponenten zu beurteilen in bezug auf Logik, Trennung von Ablaufsteuerung, Verarbeitung und Datenzugriffe, maschineninterne Übergabe sowie Anschlußpunkte beziehungsweise Schnittstelle als technische Voraussetzung zur konzeptionellen Integration der Standardsoftware?

1.5 Sind die Funktionen begrenzt durch Datenvolumen, Typ der Ein-/Ausgabe, Größenordnung von Tabellen, Netzen oder von bestimmten Grenzwerten anderer Art? Von welcher Art ist diese Abhängigkeit?

1.6 Sind bestehende oder kurzfristig zu erwartende gesetzgeberische sowie sonstige Vorschriften und Änderungen beachtet?

1.7 Sind bei Online-Systemen die Antwortzeiten angemessen?

1.8 Handelt es sich um ein integriertes System mit funktional übergreifenden, logischen Einheiten?

**2. Allgemeingültigkeit der Konzeption**

2.1 Ist das Softwarepaket ursprünglich als generell-verwendbares oder als maßgeschneidertes System konzipiert und entwickelt worden?

2.2 Sind Standards verwendet worden, zum Beispiel bezüglich Steuerung der Programme und -teile, Dateiorganisation, Art der Programmierung und Dokumentation?

2.3 Handelt es sich um eine endgültige Ausführung oder ist noch mit Erweiterungen und/oder Veränderungen zu rechnen?

2.4 Kann vermutet werden, daß in absehbarer Zeit ein vergleichbares Paket auf den Markt kommt, das dem untersuchten konzeptionell überlegen ist?

**3. Flexibilität/Änderbarkeit**

3.1 Eignungsbreite
Innerhalb welcher Grenzen kann das System auf wechselnde Anforderungen

reagieren (zum Beispiel mit Hilfe einer Steuerung durch Parameterkarten), ohne daß umprogrammiert werden muß?

a) Wechselnde Ausgabe-Anforderungen (zum Beispiel hinsichtlich Listenformaten, Anzahl und Inhalt von Listen)?

b) Unterschiedlicher Umfang der Eingabe-Datenbestände (gibt es Obergrenzen)?

c) Wechselnde Häufigkeit des Aufrufs bestimmter Einzelprogramme oder Programmteile (zum Beispiel in Abhängigkeit von der Häufigkeit bestimmter Online-Abfragen)?

3.2 Erweiterbarkeit

a) Gibt es eine Reihe von Funktionen, die „optimal" sind, das heißt nur bei Bedarf implementiert werden, oder muß der Benutzer auch Funktionen implementieren, die er nicht benötigt?

b) Angenommen, das System ist für einen bestimmten Verarbeitungsmodus (zum Beispiel periodische Batch-Verarbeitung) als Normalfall geeignet. Wie können andere Verarbeitungsarten (zum Beispiel aperiodische Direktverarbeitung) realisiert werden)?

c) Können innerhalb bestimmter Einzelfunktionen Erweiterungen vorgenommen werden (zum Beispiel lediglich Erweiterung der Fähigkeiten der Output-Funktionen)?

3.3 Austauschbarkeit

a) Kann der Benutzer bestimmte Funktionsmodule aus dem System herauslösen und gegen selbsterstellte (maßgeschneiderte) austauschen?
Verändert sich in einem solchen Falle die Pflegeverantwortung?

b) Falls konstante Referenzdaten ausgetauscht werden müssen, geschieht dies durch einfache Parametersteuerung oder sind einzelne Programme oder das gesamte System erneut umzuwandeln?

3.4 Wie komfortabel sind die Benutzerschnittstellen?

**4. Benutzerfreundlichkeit**

Hierzu allgemeine Hinweise:

Dem Bedienungskomfort muß große Aufmerksamkeit gewidmet werden, da durch gute Benutzerfreundlichkeit eine bessere Akzeptanz des Softwareproduktes in den Fachbereichen erreicht werden kann. In diesem Zusammenhang ist besonders zu achten auf die Vollständigkeit und Güte der Verfahrensdokumentation/Anwenderdokumentation (Benutzerhandbuch siehe Punkt 7).

Bei Online-Systemen kommt es auf eine optimale, gut verständliche Bedienerfühung an.

Allgemein wichtig ist eine geringe Anfälligkeit gegenüber vom Benutzer verursachten Fehlern, die zuverlässig erkannt, bearbeitet und möglichst computerunterstützt behoben oder zumindest in vernünftiger Form dem Benutzer mitgeteilt werden müssen.

Unter dem Gesichtspunkt der Benutzerfreundlichkeit fällt auch die Gestaltung des Outputs, der auf der Basis des Anforderungsprofils nach den Änderungsmöglichkeiten des Formularaufbaus (soweit überhaupt möglich) und nach der Vollständigkeit, Übersichtlichkeit und Relevanz der ausgegebenen Informationen beurteilt werden kann.

**5. Zuverlässigkeit/Betriebssicherheit**

5.1 Wievielmal wurde das Softwarepaket bereits installiert?

5.2 Wie oft wird das System tatsächlich benutzt und sind die Anwender auskunftsbereit?

5.3 Anzahl der bisherigen Versionen (Releases)?

5.4 Bisherige Lebensdauer des Systems?

5.5 In welchem zeitlichen Abstand sind Prüfpunkte (Checkpoints) und Wiederanlaufmöglichkeiten vorgesehen?

5.6 Welche Wahrscheinlichkeit besteht, daß die Software noch Programmfehler enthält?

5.7 Welche Möglichkeiten zur Fehlererkennung und -behandlung sind vorgesehen (zum Beispiel Tracing, Online-Korrekturen und so weiter)?

5.8 Welche Prüfungen (Internes Kontrollsystem) werden durchgeführt (zum Beispiel Vollständigkeit, Plausibilität, Überlauf, Grenzwert, Paarigkeit, Format und so weiter)?

5.9 Gibt das System selbst Hinweise, wie auf bestimmte Fehler zu reagieren ist (zum Beispiel Liste möglicher Fehlermeldungen mit deren Bedeutung und den erforderlichen Korrekturmaßnahmen)?

5.10 Werden Prüfziffernverfahren angewendet?

5.11 Existiert eine Ablauf-„Buchführung“ inklusive Prüf- beziehungsweise Fehler-Protokollierung?

5.12 Welche Maßnahmen sind softwareseitig vorgesehen, um Falscheingaben zu verhindern?

5.13 Welche Maßnahmen sind zur Verhinderung des unberechtigten Zugriffs auf Daten vorgesehen, wie

- Schutz vor unberechtigtem Lesen von Dateien,
- Schutz vor unberechtigtem Überschreiben von Dateien,
- Verschlüsselung von wichtigen Daten

und

- Protokollierung von unberechtigten Zugriffen?

5.14 Durch welche Maßnahmen erfolgt eine Berechtigung zum Zugriff auf Dateien?

5.15 Wie wird gleichzeitig die Veränderung einer Datei durch mehrere Programme verhindert?

5.16 Welche Vorkehrungen sind für die Datensicherung im Störungsfall getroffen?

**6. Kompatibilität/Portabilität**

6.1 In welcher Ursprungssprache wurde das System geschrieben (Vergleich mit der übrigen Software des Anwenders)?

6.2 Wurde der gesamte Umfang dieser Sprache oder nur ein Subset benutzt?

6.3 Sind die Sprache und der Übersetzer dem Anwender bekannt und zugänglich?

6.4 Auf welchen Anlagen welcher Hersteller wurde das System bereits implementiert?

6.5 Wie können an das System die existierenden Anwendungsprogramme angeschlossen werden?
 a) vorprogrammierte Anschlußpunkte?
 b) Anschlußpunkte für geplante, aber noch nicht realisierte Anwendungen?

6.6 Sind Eingabe- und Ausgabe-Operationen sowie -Datenformate mit den bislang vom Anwender benutzten kompatibel?

6.7 Wird die Standardsoftware vom Hersteller an Veränderungen der Hardware, des Betriebssystems und der Vernetzung angepaßt?

**7. Verfahrensdokumentation**

Werden komplett die vier Dokumentationsteile
 a) Systemdokumentation,
 b) Programmdokumentation,
 c) Anwenderdokumentation (Benutzerhandbuch) und
 d) Programmspezifische Rechenzentrumsdokumentation
 ausgeliefert?

Sind im einzelnen vorhanden:

7.1 Allgemeine Beschreibungen?

7.2 Beschreibung und Formulare für die Erfassung der Stamm- und Bewegungsdaten für die Datenaufbereitung?

7.3 Beschreibung aller Dateien und ihrer Verwaltung, Input-/Output-Definitionen, Beschreibung und Formulare für die Systemeingaben und -ausgaben?

7.4 Alphabetische Liste aller im System verwendeter Datenelemente mit Erläuterung ihrer Bedeutung?

7.5 Datenflußpläne für das Gesamtsystem und für einzelne Funktionen?

7.6 Detaillierte Beschreibungen der Einzelprogramme, Tabellen, Verzweigungen, Unterprogramme, Makros, Bibliotheksfunktionen und spezielle Eigenschaften von bestimmten Routinen?

7.7 Umwandlungslisten?

7.8 Repräsentative und erweiterbare Testbeispiele?

7.9 Darstellung der benötigten Hardwarekonfiguration, um das Softwarepaket mit vernünftigen Antwortzeiten betreiben zu können?

7.10 Berechnung der Laufzeiten
(zum Beispiel je 100 oder 1000 Bewegungssätze)?

7.11 Arbeitsvorbereitungs- beziehungsweise Operator-Anweisungen mit

- Generierungsanweisungen?
- Angaben über notwendige Peripherie?
- Anweisungen zum Systemstart?
- Anweisungen für den Systembetrieb (Ablaufplan und verbale Beschreibungen)?
- Anweisungen für Bereitstellung von Dateien und Zuordnung auf periphere Geräte?
- Anweisungen zur Systemüberwachung (Liste aller möglichen Fehlermeldungen mit deren Bedeutung und den jeweils einzuleitenden Maßnahmen)?
- Anweisungen für den Fall des Systemabbruchs und für Restart?

**8. Verfügbarkeit**

8.1 Welcher früheste Verfügbarkeitstermin ergibt sich, wenn die üblichen Anlauf- und Schulungszeiten berücksichtigt werden?

8.2 Welche Zeitzuschläge empfiehlt der Software-Anbieter als Sicherheitspuffer?

8.3 Übernimmt der Software-Anbieter eine Termingarantie?

**9. Einführungsunterstützung**

9.1 Welche Unterstützungsleistungen werden angeboten?
Ist man beispielsweise bereit, notwendige Anpassungen (inklusive Umprogrammierung) vorzunehmen?

9.2 Beratungs- und Schulungsleistungen?

9.3 Wer ist für die Durchführung der Installation verantwortlich?

9.4 Wie lange dauert die Installation?

9.5 Können Probeläufe auf Anlagen des Softwareanbieters (beziehungsweise auf Anlagen seiner bisherigen Kunden oder Anlagen von ihm benannter Rechenzentren) durchgeführt werden?

9.6 Ist der Softwareanbieter bereit, bei späteren Änderungen der organisatorischen oder computertechnischen Ausgangsbedingungen beim Anwender notwendige Anpassungsmaßnahmen vorzunehmen und in welchem Umfang?

**10. Softwarepflegeleistungen**

10.1 Übernimmt der Softwarelieferant die vertragliche Verpflichtung, alle während der Benutzung des Systems auftretenden Fehler schnellstmöglichst zu korrigieren (Hotline-Service)?
Für wie lange übernimmt der Softwarelieferant die Verpflichtung (Zeitdauer oder Zeitpunkt der Freigabe eines neuen Release)?

10.2 Werden bestimmte funktionale Verbesserungen beziehungsweise Erweiterungen des Systems vom Softwarelieferant bereits vertraglich zugesagt?

10.3 Wie oft werden neue Programmversionen ausgeliefert und wie schwierig ist ihr Einspielen?
Wird man dazu gezwungen oder kann man auch zuwarten beziehungsweise Korrekturbänder kumulieren?
Wie weit darf man hinter dem aktuellen Programmstand zurückfallen, bis der Softwarelieferant die Unterstützung verweigert?

10.4 Beziehen sich die Softwarepflegeleistungen auch auf notwendige Änderungen, die aus
- Hardware-/Betriebssystem-Modifikationen der Computerhersteller,
- neuen gesetzlichen Bestimmungen

resultieren?

10.5 Welche Relation besteht zwischen Größe des Softwarepflegedienstes und Größe des Kundenstammes?

**11. Softwarelieferant beziehungsweise -hersteller**

11.1 Ist der Softwarelieferant auch der Softwarehersteller, oder vertreibt er die Software nur als Agent?

11.2 Welche Erfahrungen in fachlicher, branchenbezogener und länderbezogener Hinsicht hat der Softwarehersteller und wie ist seine Stellung im Markt (auch Seriosität und Qualifikation des Anbieters)?

11.3 Welche Qualifikation haben die zum Einsatz kommenden Mitarbeiter des Softwarelieferanten?

11.4 Ist vertraglich sichergestellt, daß im Falle eines Konkurses des Softwarelieferanten die komplette Verfahrensdokumentation – besonders der Source-Code – gegebenenfalls über einen Anwalt herausgegeben wird?

**12. Gesamtkosten**

Wie hoch werden für den Softwareeinsatz sein die
- Anschaffungskosten?
- Implementierungskosten inklusive gegebenenfalls Beratungskosten, Kosten der Anpassung der Anwender-Organisation und Mehrkosten für höher qualifiziertes Anwender-Personal?
- Hardware-Erweiterungskosten?
- Pflegekosten?

Diese Checkliste stellt selbst eine standardisierte Prüfmethode dar und kann deshalb nur Ausgangslage für eine unternehmensspezifische maßgeschneiderte Prüfliste sein.

## 8. BEDEUTUNG DES PHASENKONZEPTS BEI DER EINFÜHRUNG VON STANDARDSOFTWARE

Als Phasenkonzept wird das Modell von SIEMENS[1] mit sechs Phasen zugrundegelegt:

| | Zeitanteil |
|---|---|
| **1. Projektvorschlag** | |
| ■ Bearbeitung Projektantrag<br>■ Voruntersuchung | 3% |
| ■ Erstellung erste Wirtschaftlichkeitsbetrachtung (WB) anhand FPV 1<br>■ Festlegung Projekt- und Phasenorganisation | 2% |
| **2. Planungsphase I** | |
| ■ Erstellung Idealkonzept | 15% |
| ■ Ist-Aufnahme und -Analyse | |
| ■ Fachliche Grobkonzeption und anschließend verbesserte WB anhand FPV 2 | |
| **3. Planungsphase II** | |
| ■ Fachliche Feinkonzeption | 35% |
| ■ DV-Grobkonzeption und anschließend verbesserte WB anhand FPV 3 | |
| ■ Abstimmung Leistungsbeschreibung | |
| ■ Testplan | |
| ■ Schulungsplan | |
| **4. Realisierungsphase I** | |
| ■ DV-Feinkonzeption und anschließend verbesserte WB anhand FPV 4 | 40% |
| ■ Softwareanpassung | |
| ■ Programmierung | |
| ■ Stammdatenübernahme | |
| ■ Test | |
| ■ Arbeitsanweisungen | |
| **5. Realisierungsphase II** | |
| ■ Einweisung Anwender- und RZ-Personal | 5% |
| ■ Organisationsanpassung | |
| ■ Probebetrieb | |
| ■ Übergabe | |
| Projektende: | 100% |

**6. Einsatzphase**

- Verfahrensabwicklung (Produktiveinsatz)
- Softwarepflege
- Erfolgskontrolle des realisierten DV-Projektes (Verfahrensanalyse)

Anmerkung: FPV = Function-Point-Verfahren (siehe Kapitel 10.8)

1Quelle: W. End, H. Gotthardt und R. Winkelmann, Softwareentwicklung – Leitfaden für Planung, Realisierung und Einführung von DV-Verfahren, 1990.

In Abbildung 31 ist der „Phasenmäßige Vergleich des Projektaufwandes bei Eigenentwicklung, Standardsoftware und andere Alternativen" dargestellt.
Bei Einsatz von Standardsoftware mit 0 Prozent und 30 Prozent Anpassung ist bei jeder der sechs Phasen angegeben, welche Aufgaben fortfallen und welche zusätzlich anfallen können.

**Zu Phase 1, Projektvorschlag:**
Auch bei dem Einsatz von Standardsoftware werden die einzelnen Schritte der 1. Phase wie bei einer Eigenentwicklung ablaufen müssen. Will man in diesem Stadium des Projektes bereits entscheiden, daß eine Standardsoftware eingesetzt werden soll, so müßte eine Schätzung der Kosten für eine eventuelle Eigenerstellung und die Ermittlung eines durchschnittlichen Kaufpreises für die Standardsoftware vorgenommen werden.

Der Einsatz einer Standardsoftware wird in der 1. Phase keine Einsparung gegenüber einer Eigenerstellung bringen.

**Zu Phase 2, Planungsphase I:**
In dieser Phase müssen die Angebote für eine Standardsoftware eingeholt werden. Dies kann nach zwei verschiedenen Methoden erfolgen:

- Der Anwender erstellt wie bei einer Eigenentwicklung eine fachliche Grobkonzeption und fordert mit diesem Anforderungsprofil (Pflichtenheft) Softwarehäuser zu einem Angebot auf. Die eingehenden Angebote prüft er später gegen seine Ausschreibung, um das Softwareprodukt zu finden, das seiner Ausschreibung am nächsten kommt.
- Der Anwender schreibt Softwarehäuser an, von denen er vermutet, daß sie eine für ihn zutreffende Software anbieten können. Auch in diesem Fall muß der Anwender die eingehenden Angebote gegen seine Softwarevorstellungen abgleichen, um zu einer Entscheidung für ein bestimmtes Produkt zu kommen.

In beiden Fällen wird der Aufwand für die Planungsphase I mindestens genau so groß sein wie bei einer Eigenerstellung. Bei einer sorgfältigen Produktauswahl wird der Aufwand sogar noch größer sein als bei der Eigenerstellung.

**Zu Phase 3, Planungsphase II:**
In dieser Phase könnte die größte Einsparung liegen, sofern der Anwender sich entschließt, das ausgesuchte Produkt unverändert einzusetzen. In diesem Fall geht der Aufwand schnell auf Null zurück.

Die meisten Softwareprodukte bieten heute eine Flexibilität, die es erlaubt, in einem vorgesehenen Rahmen Anpassungen vorzunehmen. Ein typisches Beispiel ist dafür die Länge von Ordnungsbegriffen, zum Beispiel Kontonummern oder die Zuordnung von Größen, zum Beispiel FIBU-Konten zu Bilanzpositionen. Derartige Anpassungen werden in der Regel keinen großen zusätzlichen Aufwand verlangen. Den Preis für diese Flexibilität hat der Anwender durch einen erhöhten Hardware-Bedarf zu zahlen.

Werden dagegen Funktionen oder Änderungen verlangt, die nicht in der Standardsoftware vom Anbieter vorgesehen waren, so hat jetzt in dieser Phase die organisatorische und DV-mäßige Planung zu beginnen. Da jedoch feste Rahmen im Standard realisiert sind, werden diese Planung und die folgenden Arbeiten aufwendiger sein, als wenn diese in einer Eigenerstellung hätten realisiert werden müssen. Es sind nämlich dafür dann nicht nur die neuen gewünschten, zusätzlichen Aufgaben zu definieren und zu analysieren, sondern auch das im Standard vorhandene, vorgegebene Umfeld. Der Aufwand für Programmänderungen beziehungsweise -ergänzungen wächst überproportional mit der Aufgabe. Wenn zum Beispiel 50 Prozent des vorhandenen Standardprogrammes geändert werden sollen, so kann der Aufwand dann bereits 100 Prozent der Eigenerstellung, auf Phase 3 bis 5 bezogen, betragen.

Die Gefahr des unterschätzten Änderungsaufwandes wird immer dann vorhanden sein, wenn vor dem Kauf der Standardsoftware kein Abgleich zwischen dem Anforderungsprofil des Anwenders und dem Angebotsprofil des später zu ändernden Produktes, spätestens jedoch in der Planungsphase II, gemacht wurde.

**Zu Phase 4, Realisierungsphase I:**
Der Aufwand, der hier für die DV-Feinkonzeption und die Programmierung zu erbringen ist, ist unter dem gleichen Gesichtspunkt zu bewerten wie bei der Planungsphase II. Was dort gesagt wurde, gilt an dieser Stelle entsprechend.

Änderungen in bestehende Programmstrukturen und -codes einzubauen ist erheblich aufwendiger und im Hinblick auf die Fehlerwahrscheinlichkeit ungünstiger als ein neues Programm zu schreiben. Dies erklärt sich auch daraus, daß der Hersteller der Standardsoftware sicherlich mit einer anderen Methodik arbeitet als der Anwender. Der Aufwand hängt letztlich auch davon ab, welche Dokumentation der Hersteller der Standardsoftware dem Anwender für die Programmänderungen zur Verfügung stellt.

Zu beachten ist, daß bei Änderungen auch der Aufwand für die DV-Feinkonzeption und ebenfalls die Programmierung überproportional zum Umfang der Aufgabe steigen wird. Das gleiche gilt auch für die Programmeinzeltests. Anstelle des Systemtests wird bei dem Einsatz der Standardsoftware der Abnahmetest stehen. Der

Aufwand für diese Tests dürfte im Normalfall gleich groß sein. Die Standardsoftware bringt hier kaum Ersparnisse.

**Zu Phase 5, Realisierungsphase II:**
Der Aufwand für die Einweisung der Anwender und des Rechenzentrumspersonals sowie für Organisationsanpassungen wird bei der Anwendung einer unveränderten Standardsoftware unter Umständen größer sein als bei einer Eigenerstellung. Dies resultiert daraus, daß die neue Software nicht das vorhandene Umfeld berücksichtigt. Da die Programme nicht angepaßt wurden, muß das Umfeld, das heißt die Organisation des Unternehmens, angepaßt werden.

Wurden starke Anpassungsänderungen in der Software vorgenommen, so wird der Aufwand für die Realisierungsphase II mindestens so hoch sein wie bei einer Eigenerstellung. Auf keinen Fall wird er jedoch geringer sein.

**Zu Phase 6, Einsatzphase**
In der Einsatzphase sind vor allem die Kosten für die Softwarepflege zu betrachten.

Bei unveränderter Standardsoftware werden die Kosten für die Softwarepflege im Rahmen eines Pflegevertrages geleistet. Diese liegen im Durchschnitt bei 15 Prozent des Produktpreises. Mit diesen Kosten läßt sich fest kalkulieren. Ob sie jedoch gerechtfertigt sind, ist eine andere Frage. Geprüft werden muß jedoch, welche Leistungen im Rahmen eines Vertrages erbracht werden. In vielen Fällen kann ein Pflegevertrag Nachteile für den Anwender bringen. Dies ist dann der Fall, wenn er gezwungen ist, alle Release-Änderungen mitzumachen, auch wenn diese für ihn keinen Vorteil bringen. Individuelle Wünsche sind in keinem Pflegevertrag abgedeckt. Solche Änderungen sind nur zu den normalen Kosten der Softwarehäuser zu realiseren.

Wurde die Standardsoftware angepaßt, so wird der Softwarelieferant die Pflege nur in den wenigsten Fällen im Rahmen eines Pflegevertrages übernehmen. Hier wird die Pflege gegen Aufwand, das heißt nicht im voraus kalkulierbar, durchgeführt.

Sehr aufwendig wird die Softwarepflege, wenn sie von eigenen Mitarbeitern erbracht wird, wenn gleichzeitig ein Pflegevertrag läuft, der den jeweils neuesten Stand des Release garantiert oder fordert. In diesem Fall muß bei jeder neuen Release-Lieferung das Pflegepersonal aktiv werden. Es ist nämlich bei jedem Releasewechsel zu prüfen, ob die bestehenden Änderungen mit dem neuesten Release kompatibel sind.

Bei der Entscheidung für oder gegen eine Eigenerstellung von Software sollte man in keinem Fall eine Ersparnis bei der Softwarepflege ansetzen.

Im modellmäßigen Beispiel ist ersichtlich, daß bei über 30 Prozent Anpassung der Standardsoftware an die Anwender-Organisation der Fall eintritt, daß Eigenerstellung günstiger ist, wenn nicht einer der drei Sonderfälle Softwareübernahme, Konzeptübernahme oder Kooperative Entwicklung in Frage kommt (siehe Kapitel 10.6).

## 9. SPEZIELLE AUFGABEN DES DV-CONTROLLING BEIM EINSATZ VON STANDARDSOFTWARE

Zunächst ist nochmals festzuhalten: Falls bereits ein DV-Controlling vorhanden ist, so liegt hier der Schwerpunkt bei den Kontrollkriterien Funktionsfähigkeit beziehungsweise organisatorische Zweckmäßigkeit inklusive Qualitätssicherung und vor allem der Wirtschaftlichkeit.

Falls es noch kein DV-Controlling gibt, so ist die DV-Revision zuständig für alle vier Kontroll- beziehungsweise Prüfungskriterien Funktionsfähigkeit, Ordnungsmäßigkeit, Sicherheit und Wirtschaftlichkeit.

Zu den Aufgaben des DV-Controlling beim Einsatz von Standardsoftware gehören generell die Kontrolle und Beratung bezüglich aller in den vorstehenden acht genannten Punkten.

Zunächst also betrifft dies die Gesamtkosten-Vergleiche der Softwareerstellung zwischen Eigen- und Fremdrealisierung auf sachliche Richtigkeit. Auch die Möglichkeit der Sonderfälle Softwareübernahme, Konzeptübernahme und Kooperative Entwicklung von Software zählt dazu (siehe Kapitel 10.6).

Sehr wichtig ist dabei als Voraussetzung ein komplettes Pflichtenheft (Anforderungsprofil).

Beim Entscheid für Standardsoftware ist besonders auf deren Auswahlkriterien, Anpassungsbereitschaft bei der Anwender-Organisation und Akzeptanz der künftigen Anwender sowie schließlich auf die richtige Vertragsgestaltung und Vertragseinhaltung zu achten.

Die DV-Revisions-Enquête 1989 der ECU hat ergeben, daß die Anschaffung von Fremd- beziehungsweise Standardsoftware im Hinblick auf

- Funktionsfähigkeit zu ca. 17 %
- Ordnungsmäßigkeit und Sicherheit zu ca. 27 %

und

- Wirtschaftlichkeit zu ca. 11 %

durch die DV-Revision erst regelmäßig geprüft werden.

Auf den Kontrollgebieten Funktionsfähigkeit und Wirtschaftlichkeit liegt also ein besonders großer Nachholbedarf für das DV-Controlling.

Die vorliegende DV-Controlling-Enquête 1993 bestätigt, daß das DV-Controlling generell beim Einsatz von Standardsoftware in der Zukunft noch ein großes, wichtiges Tätigkeitsgebiet hat (siehe Fragen E14 bis E16 sowie E24 beziehungsweise Abbildung 60 im Kapitel 13).

Die Fachliteratur nennt zum Beispiel folgende *Problemfelder bei der Einführung von Standardsoftware*, auf die auch das DV-Controlling beziehungsweise die DV-Revision künftig vielmehr als bisher achten sollte:[1]

„Analysiert man Einführungsprojekte von Standardsoftware, die wegen Schwierigkeiten ins Stocken geraten sind oder gar abgebrochen wurden, erkennt man im wesentlichen drei große Problembereiche mit unterschiedlichen Ursachen.

**1. Die Anwendungssoftware erfüllt nicht die gesetzten Erwartungen.**
Die Gründe hierfür sind meist zu suchen in:
- einer unzureichend durchgeführten Softwareauswahl, sei es, daß man die eigenen Anforderungen und Ziele zu oberflächlich formuliert hat, oder daß der Softwareanbieter die „Schwächen" seiner Software bei den Systemtests überdecken konnte,
- eine Änderung von Zielen und Rahmenbedingungen, ohne diese konsequent verfolgt und fortgeschrieben zu haben.

**2. Die organisatorischen und personellen Voraussetzungen sind nicht gegeben.**
Dies ist auf nachstehende Umstände zurückzuführen:
- geeignetes Personal steht nicht im benötigten Umfang zur Verfügung,
- notwendige organisatorische Veränderungen wurden nicht vorgenommen,
- erforderliche Stellen wurden nicht beziehungsweise zu spät besetzt.

**3. Der geplante Zeit- und/oder Kostenrahmen wurde weit überschritten.**
Selbst wenn der ursprüngliche Zeit- und Kostenrahmen mit realistischen Werten versehen wurde, kommt es häufig zu gravierenden Abweichungen (50 bis 100 Prozent).

Die Ursachen liegen in:
- der nicht konsequent geplanten und durchgeführten Personalbereitstellung; das Tagesgeschäft dominiert die Software-Einführung,

---

[1] Quelle: J. Kölle, Projektmanagement bei der Einführung von Standardsoftware, dargestellt am Beispiel PPS (Produktplanung und -steuerung) in „Integrierte Standardsoftware: Entscheidungshilfen für den Einsatz von Softwarepaketen, Band 2: Auswahl, Einsatz und Betrieb von Standardsoftware, Herausgeber: Prof. Dr. Hubert Österle, 1990.

- dem fehlenden beziehungsweise nicht konsequent betriebenen Projektmanagement; zuviel wird auf den Systemlieferanten und auf Externe verlagert; eigene Kapazitäten werden häufig nicht bereitgestellt,
- die Komplexität und Leistungsfähigkeit der Software wurde unterschätzt,
- der Aufwand, die erforderlichen organisatorischen Voraussetzungen zu schaffen, wurde nicht beziehungsweise zu wenig berücksichtigt, oder aber der gewählte „Software-Anzug" wurde viel zu groß gewählt,
- vertraglich vereinbarte Leistungen des Softwarelieferanten stehen nicht termingerecht zur Verfügung (zum Beispiel fehlende Standardmodule oder Anpassungen),
- mangelnde Qualifikation der Benutzer bezüglich PPS-Grundlagen, Systemwissen und Systemhandling.

## 10.8 Bedeutung des Function-Point-Verfahrens für die Zeitaufwandschätzung und das Projektmanagement der Softwareerstellung

### 1. SITUATION UND PROBLEME DER ZEITAUFWANDSCHÄTZUNG

Die Enquête hat ergeben, daß sich schwerpunktmäßig die Gesamtkosten der Informationsverarbeitung zu etwa 30 Prozent aus Hardwarekosten, 25 Prozent Softwarekosten (vorwiegend für Fremdbezug) und zu 40 Prozent aus Personalkosten zusammensetzen (siehe Abbildung 21 im Kapitel 9).

Von den 40 Prozent Personalkosten dürften erfahrungsgemäß gut zwei Drittel auf die Softwarekosten für die Eigenerstellung entfallen. Diese teilen sich schwerpunktmäßig auf in 60 Prozent Softwarepflegekosten und 40 Prozent Softwareneuerstellungskosten (siehe Frage A6b im Kapitel 9).

Die Softwarepflegekosten haben sich im Verhältnis zu den Softwareneuerstellungskosten in den letzten 20 Jahren ständig erhöht (siehe Abbildung 33). Auch ist der Anteil der Softwarekosten insgesamt an den Gesamtkosten der Informationsverarbeitung vorwiegend ohne Standardsoftwarekosten (Fremdbezug) zu Lasten der Hardwarekosten inklusive zentrale Datenerfassungskosten über die Jahre gestiegen. Das bedeutet, daß der Zeitaufwandschätzung für die Software-Eigenerstellung im Hinblick auf den Investitionsentscheid des DV-Lenkungsausschusses sowie auf die Termin- und Personalplanung eine große Bedeutung zukommt. In der Regel entscheidet nämlich der DV-Lenkungsausschuß anhand von Wirtschaftlichkeitsbetrachtungen (siehe Kapitel 10.9), für die das Function-Point-Verfahren (FPV) die einmaligen Softwareneuerstellungskosten aus Zeit x Verrechnungspreis liefert.

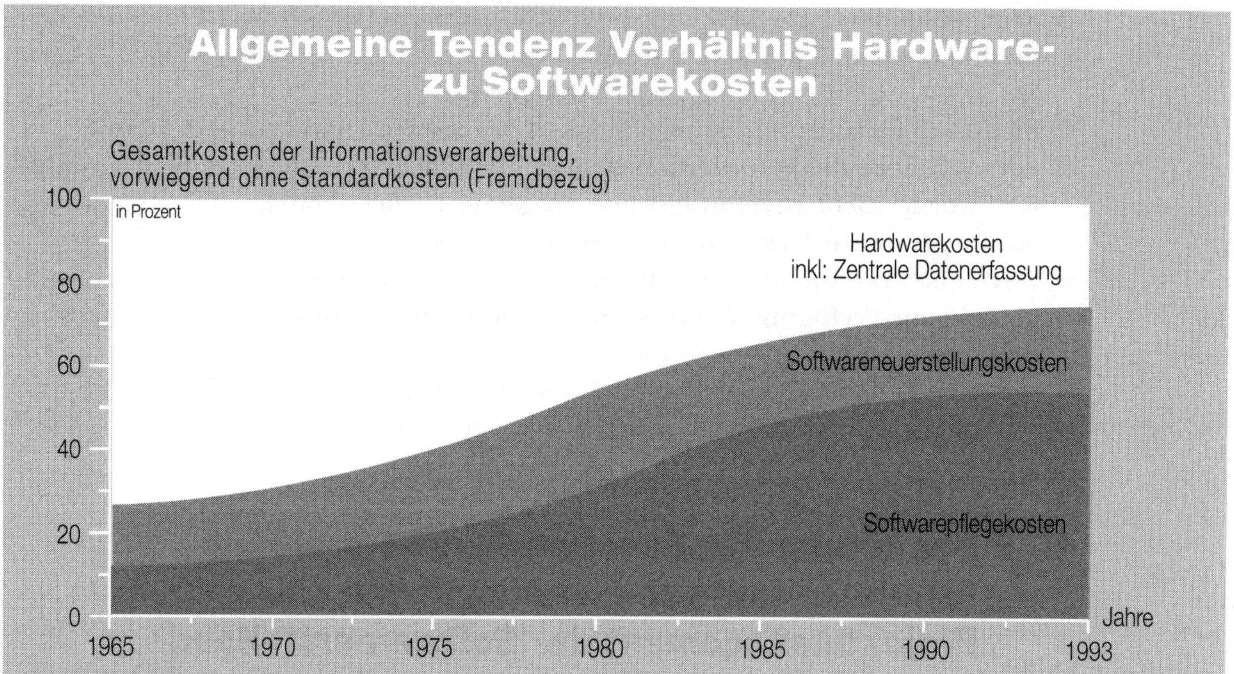

Abbildung 33

Der größte Block Softwarepflegekosten ist zu einem nicht geringen Teil auf schlechte Planung mit Folge von Softwareerstellung unter Zeitdruck und zu kurzen und oberflächlichen Tests (Abbildung 81 im Kapitel 16 zeigt, daß schwerpunktmäßig 10 bis 20 Prozent die Kategorie „Fehlerbeseitigung bei der Software" betreffen) zurückzuführen.

Die Mängelbeseitigung wird um so aufwendiger, je später sie erfolgt. Ebenso leidet unter schlechter Softwareerstellungsplanung die Pflegefreundlichkeit, wodurch notwendige Änderungen erheblich verteuert werden. Mit einer guten Projektplanung kann also ein großer Teil des Softwarepflegeaufwandes reduziert werden. Dafür ist aber als wichtigste Grundlage eine realistische und brauchbare Zeitaufwandschätzung der Softwareerstellung erforderlich.

Die Schwierigkeiten und Mängel auf dem Gebiet der Zeitaufwandschätzung für die Projektplanung sowie die Projektsteuerung und Projektkontrolle zeigt Abbildung 67 im Kapitel 13. Schwerpunktmäßig werden nämlich nur 22 Prozent der DV-Projekte bei einem Personalaufwand von mehr als fünf Mannjahren mit einer maximalen Überschreitung von 25 Prozent der Soll-Zeiten fertiggestellt.
Bei ein bis fünf Mannjahren Personalaufwand sind es 37 Prozent und erst bei einem Mannjahr Personalaufwand sind es wenigstens 47 Prozent der DV-Projekte,

die innerhalb der geforderten Fertigstellungs-Spannweite lagen. Mit zunehmender Projektdauer nimmt also die Termineinhaltung ab.

Die Probleme bei der Zeitaufwandschätzung liegen hautpsächlich darin, daß

- oft nur eine geringe Bereitschaft besteht, in die Vorstudie sowie in die Zeitaufwandschätzung Zeit und Geld zu investieren,
- zum Zeitpunkt der Schätzung über das Projekt zu wenig bekannt ist (auch von Seiten der Anwender); es fehlt ein verbindliches Pflichtenheft,
- wegen der erwarteten Änderungshäufigkeit während der Durchführung auf eine detaillierte Schätzung ohnehin verzichtet wird,
- bei einem hohen Innovationsgrad, wie er bei Softwareprodukten meist vorliegt, ein Vergleich mit abgeschlossenen Projekten schwer möglich ist

und

- oft eine generelle Abneigung gegen formalisierte Schätzverfahren vorliegt.

Die Enquête hat gezeigt, daß das FPV als unbestreitbar bestes Zeitaufwandschätzverfahren für die Softwareerstellung bei 53 Prozent leider noch nie, bei über 20 Prozent selten, 10 Prozent vorwiegend und erst bei 2 Prozent immer eingesetzt wird (siehe Abbildung 57 im Kapitel 13).

Im Falle der insgesamt 34 Prozent FPV-Anwender wird bei über 80 Prozent im ersten Jahr und bei über 10 Prozent schon seit zwei bis vier Jahren das FPV benutzt (Frage E 18a im Kapitel 13).

Als Entscheidungsunterlage für den DV-Lenkungsausschuß (Prioritätsvergabe anhand der Wirtschaftlichkeitsbetrachtungen) ist es am besten, wenn das FPV bereits nach abgeschlossener Vorstudie angewandt wird. Die Enquête hat aber ergeben, daß dies nur bei knapp 30 Prozent der Fall ist. Erst nach Erstellung der fachlichen Grobkonzeption setzen über 70 Prozent das FPV ein (Frage E 19 im Kapitel 13). Damit sind schon zirka 20 Pozent der gesamten Software-Erstellungszeit verbraucht (siehe Abbildung 31).

## 2. KURZ-BESCHREIBUNG DER ARBEITSWEISE DES FUNCTION-POINT-VERFAHRENS

Das FPV wurde bei der IBM Corporation in den USA entwickelt und wird seit Oktober 1981 in Deutschland eingesetzt.

Die Grundidee des Verfahrens besteht darin, daß der Aufwand für ein DV-Projekt vom Schwierigkeitsgrad und vom Umfang in der Realisierung abhängt. Diese werden durch die Summe von sogenannten *Function-Points (FP)* dargestellt, welche man gewinnt, indem das zu realisierende Projekt anhand eines *Funktionsbaumes*

(Pflichtenheft) vom Fachbereich nach verschiedenen Kriterien auf bestimmte Merkmale hin untersucht wird. Letztere kann man weitgehend als *„Geschäftsvorfälle" oder „Funktionen"*, die in der Anwendung verarbeitet werden sollen, bezeichnen (zum Beispiel das Neuanlegen eines Datensatzes). Sie sind bei jedem Auftreten nach den Kriterien „leicht", „mittel" oder „komplex" zu klassifizieren.

Den drei Klassen sind für jede Funktion Zahlen zwischen 3 und 15 zugeordnet. Für alle auftretenden Funktionen sind die zugehörigen Zahlen (= FP) zur addieren. Die nun erhaltene Summe E1 von FP ist allerdings noch nicht der endgültige Wert. Dieser wird erreicht, indem man sieben Faktoren, die auf die Anwendungsentwicklung wesentlichen Einfluß besitzen, entsprechend ihrer Einwirkung nach vorgegebenen Richtlinien mit prozentualen Zu- oder Abschlägen bewertet:

- Verflechtung mit anderen Anwendungsverfahren,
- DDP-Konzept, auch Client-Server-Architektur,
- Transaktionsrate,
- Verarbeitungslogik (Rechenoperationen, Kontrollverfahren, Ausnahmeregelungen und Logik),
- Wiederverwendung in anderen Anwendungsverfahren,
- Datenbestandskonvertierung

und

- Benutzerbedienung.

Die Summe der Zu- und Abschläge in Prozent ergibt den *Einflußfaktor E2* auf Projektebene.
Mit diesem wird die Summe E1 korrigiert, woraus sich als endgültiges Ergebnis die *Summe Bewertete FP* ergibt.

Die Beziehung zwischen Bewerteten FP und dem zu erwartenden Entwicklungsaufwand wird durch eine Art „Erfahrungsdatensatz" wiedergegeben, der unternehmensspezifisch festzulegen ist:

Für eine größere Anzahl in letzter Zeit abgeschlossener Projekte aus der gleichen Entwicklungsumgebung werden die Bewerteten FP ermittelt. So erhält man eine Menge von Relationen von Bewerteten FP zu angefallenem Entwicklungsaufwand (zum Beispiel in Mannmonaten).

Aus diesen Beziehungen ist mit Hilfe statistischer Verfahren eine *Produktivitätskurve* zu entwickeln, die den Zusammenhang zwischen Bewerteten FP und dem Entwicklungsaufwand darstellt. Für jedes zu kalkulierende Projekt werden nun die bewerteten FP ermittelt und auf der Produktivitätskurve der wahrscheinliche Aufwand für die Softwareerstellung abgelesen.

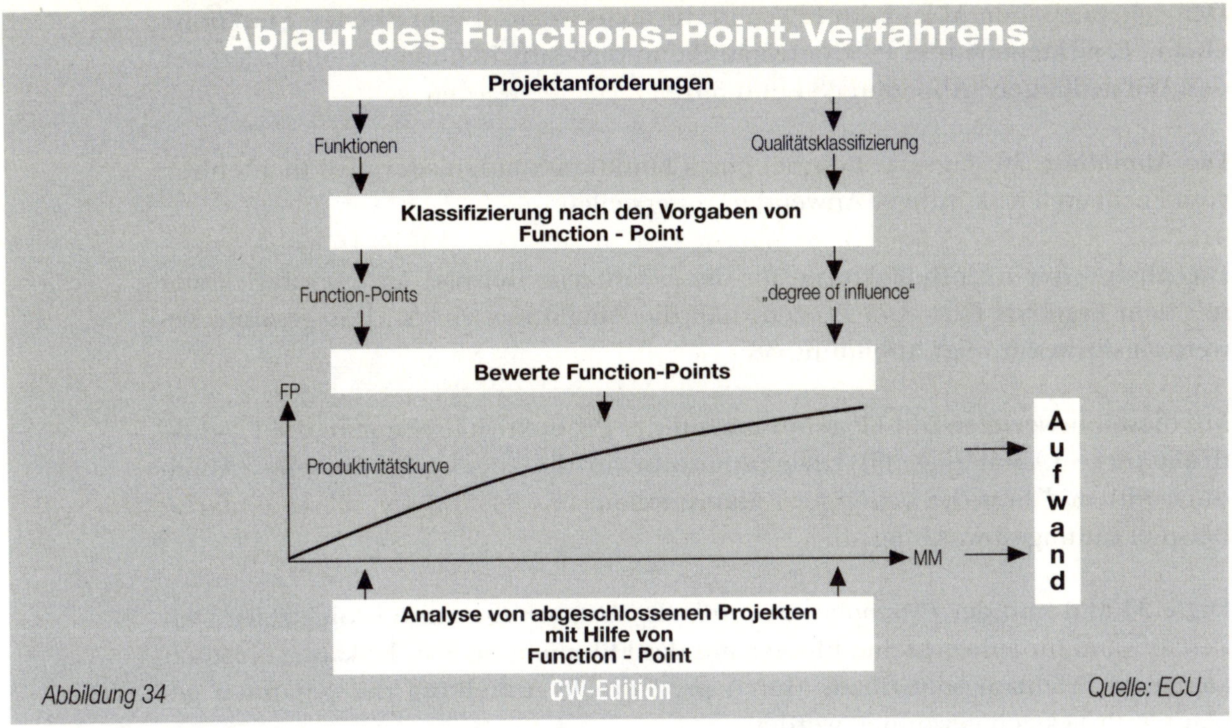


*Abbildung 34*

*Quelle: ECU*

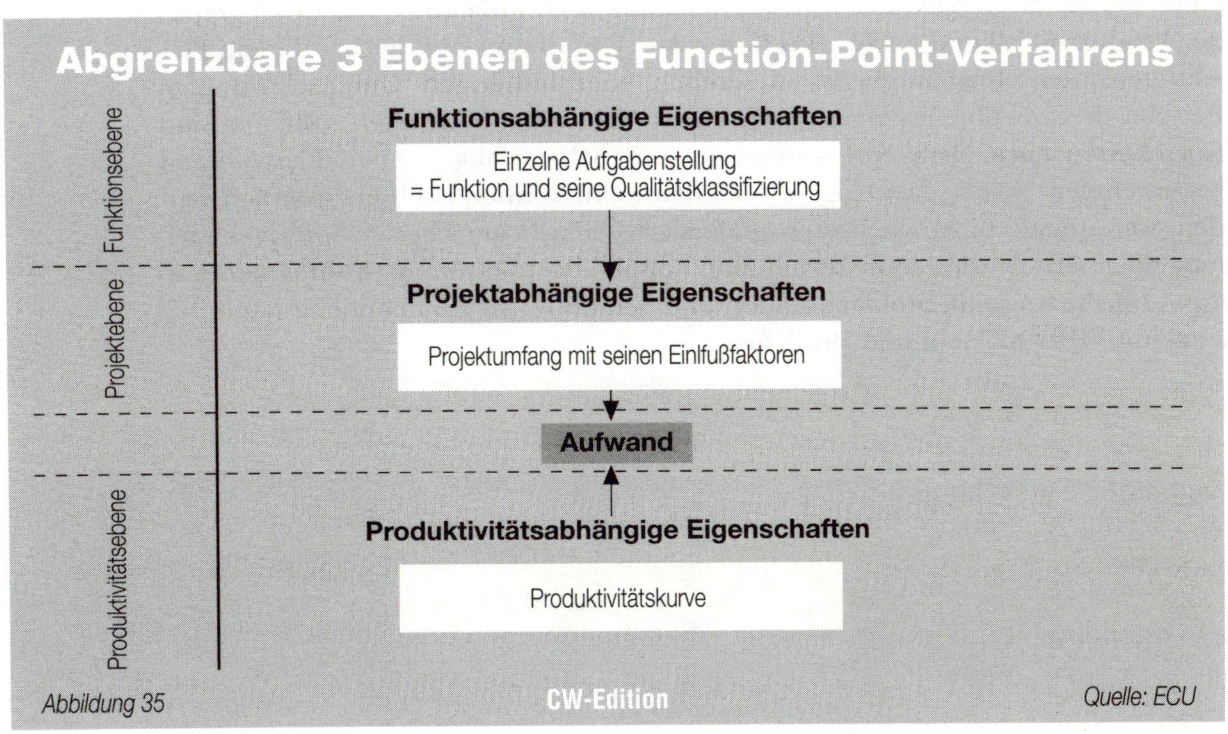


*Abbildung 35*

*Quelle: ECU*

Den schematischen Ablauf des FPV und die abgrenzbaren drei Ebenen Funktionsebene, Projektebene und Produktivitätsebene verdeutlichen die vorstehenden beiden Darstellungen (Abbildung 34 und 35).

Die Abbildung 36 zeigt das Beispiel eines Funktionsbaumes, der als Pflichtenheft vom Fachbereich (künftiger Anwender) zu erstellen ist.

Die Analyse der 7 Einflußfaktoren für dieses einfache Beispiel Auftragsabwicklung mit dem Ergebnis E2 = 8,75 Prozent hält die Abbildung 37 fest. Das gesamte Bewertungsformular zeigt Abbildung 38.

Mit diesen bewerteten 514 FP geht man auf der Produktivitätsebene in die Produktivitätskurve (Abbildung 39) beziehungsweise in die zugehörige Tabelle (Abbildung 40) und liest die benötigten Mannmonate mit 34 MM für dieses einfache Beispiel Auftragsabwicklung ab.

Diese 34 MM sind der *Planaufwand für alle Projektphasen* (gesamte Projektzeit). Den Zeitaufwand für jede einzelne Phase kann das FPV nicht liefern. Er kann statistisch aus einer Erfahrungsdatenbank durch prozentuale Aufteilung der gesamten geplanten Projektzeit gewonnen werden.

Wenn bei diesem Projekt die bisher erzielte durchschnittliche Produktivität gemäß der Produktivitätskurve nicht zutreffen sollte, weil die Anzahl der bei diesem Projekt geplanten Teammitglieder wesentlich vom bisherigen Durchschnitt zum Beispiel drei bis fünf Personen nach oben oder unten abweichen sollte, so sind Korrekturen nach oben beziehungsweise unten beim abgelesenen Planaufwand vorzunehmen. Solche Zuschläge am Planaufwand können auch erforderlich werden, wenn neue, nicht wie bisher qualifizierte Mitarbeiter bei der Softwareerstellung eingesetzt würden sowie ferner zum Beispiel bei überdurchschnittlichem Aufwand für die Anwenderdokumentation und Schulung der Fachbereiche (zum Beispiel mit VIDEO-Filmen und ähnlichem).

## Funktionsbaum für das Beispiel Auftragsabwicklung

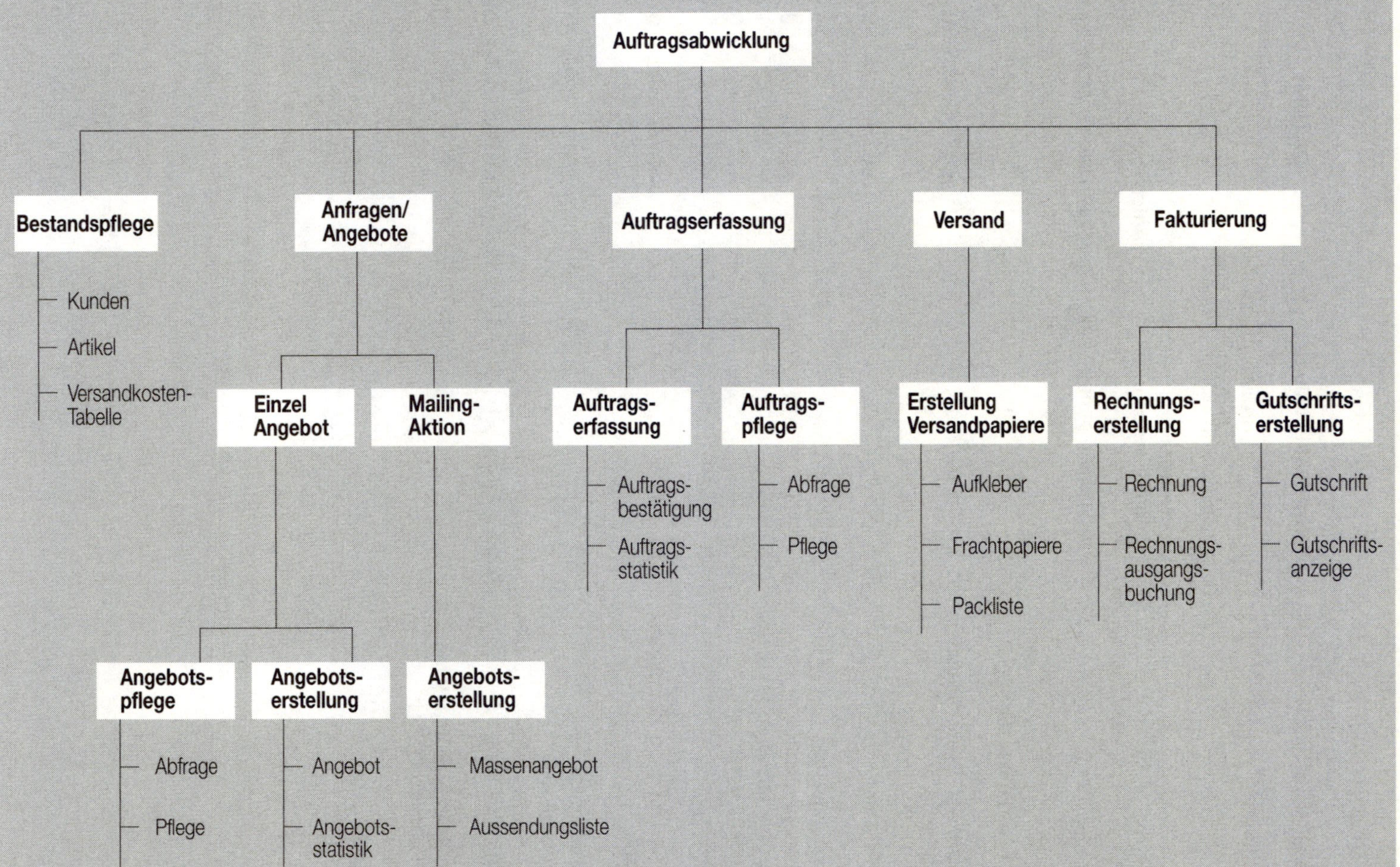


*Abbildung 36* CW-Edition *Quelle: ECU*

## Analyse der Einflußfaktoren

**ANWENDUNGSGEBIET:** **Auftragsabwicklung** **DATUM:**

| Einflußfaktoren | Abweichungen vom Firmenstandard | | | | | | | Zu- bzw. Abschläge in % der FP |
|---|---|---|---|---|---|---|---|---|
| | weniger Anforderungen | | | KEINE | mehr Anforderungen | | | |
| | stark | merklich | gering | | gering | merklich | stark | |
| 1. Verflechtung mit anderen Verfahren | -2,5 | -1,75 | -1 | 0 | +1 | +1,75 | +2,5 | 1,75 |
| 2. DDP-Konzept, Client-Server-Architektur | -2,5 | -1,75 | -1 | 0 | +1 | +1,75 | +2,5 | 0 |
| 3. Transaktionsrate | -2,5 | -1,75 | -1 | 0 | +1 | +1,75 | +2,5 | 2,50 |
| 4. Verarbeitungslogik | | | | | | | | |
| – Rechenoperationen | -5 | -3 | -1,25 | 0 | +1,25 | +3 | +5 | 0 |
| – Kontrollverfahren | -2,5 | -1,75 | -1 | 0 | +1 | +1,75 | +2,5 | 1,00 |
| – Ausnahmeregelungen | -5 | -3 | -1,25 | 0 | +1,25 | +3 | +5 | 0 |
| – Logik | -2,5 | -1,75 | -1 | 0 | +1 | +1,75 | +2,5 | 1,75 |
| 5. Wiederverwendung in anderen Verfahren | -2,5 | -1,75 | -1 | 0 | +1 | +1,75 | +2,5 | 0 |
| 6. Datenbestands-Konvertierungen | -2,5 | -1,75 | -1 | 0 | +1 | +1,75 | +2,5 | 0 |
| 7. Benutzerbedienung | -2,5 | -1,75 | -1 | 0 | +1 | +1,75 | +2,5 | 1,75 |
| Auswirkung der Einflußfaktoren in % der Function-Points | | | | | | | | E2 = 8,75 |

*Abbildung 37* CW-Edition *Quelle: ECU*

## Bewertungsformular

| **ANWENDUNGSGEBIET:** | | **Auftragsabwicklung** | **DATUM:** | | |
|---|---|---|---|---|---|
| Funktionen | Anzahl | Qualitäts-Klassifizierg. | Bewertung in FP | | Summe FP |
| Eingabedaten | 11 | einfach | x 3 | = | 33 |
| | 13 | mittel | x 4 | = | 52 |
| | 4 | komplex | x 6 | = | 24 |
| Ausgabedaten | 35 | einfach | x 4 | = | 140 |
| | 13 | mittel | x 5 | = | 65 |
| | 3 | komplex | x 7 | = | 21 |
| Datenbestände | – | einfach | x 7 | = | – |
| | 7 | mittel | x 10 | = | 70 |
| | 4 | komplex | x 15 | = | 60 |
| Referenzdaten | | einfach | x 5 | = | |
| | | mittel | x 7 | = | |
| | | komplex | x 10 | = | |
| Abfragen | | einfach | x 3 | = | |
| | 2 | mittel | x 4 | = | 8 |
| | | komplex | x 6 | = | |
| Summe | | | E1 | = | 473 |
| Auswirkung der Einflußfaktoren in % der Function-Points | | | E2 | = | 8,75 |
| Function-Points unter Berücksichtigung der Einflußfaktoren | | | $E1x(1+\frac{E2}{100})$ | = | 514 |
| Benötigte Mannmonate laut FP/MM-Tabelle | | | | = | 34 |

*Abbildung 38* CW-Edition *Quelle: ECU*

## Produktivitätskurve der IBM aus 54 abgeschlossenen Projekten

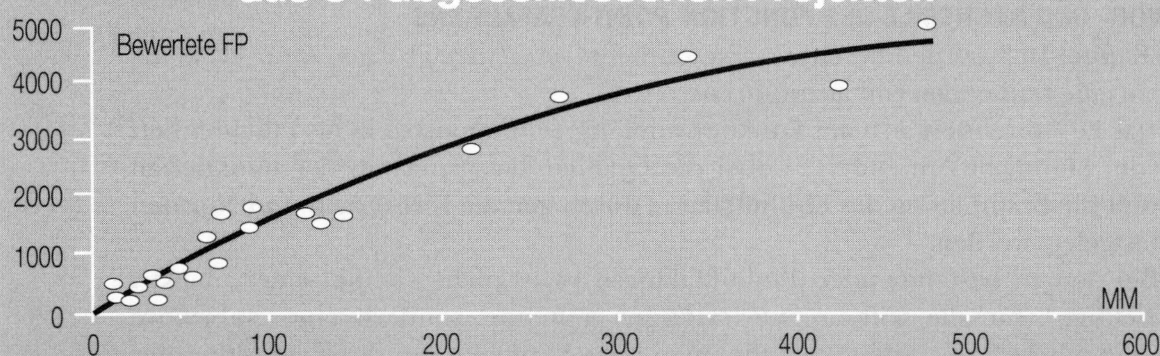


*Abbildung 39* CW-Edition *Quelle: IBM*

**Bewertete FP zu MM aus der IBM-Produktivitätskurve**

| Bewertete Function Points | MM | Bewertete Function Point | MM |
|---|---|---|---|
| 150 | 5 | 1600 | 131 |
| 200 | 9 | 1700 | 141 |
| 250 | 13 | 1800 | 151 |
| 300 | 17 | 1900 | 161 |
| 350 | 21 | 2000 | 171 |
| 400 | 25 | 2100 | 182 |
| 450 | 29 | 2200 | 193 |
| 500 | 33 | 2300 | 205 |
| 550 | 37 | 2400 | 217 |
| 600 | 41 | 2500 | 229 |
| 650 | 45 | 2600 | 242 |
| 700 | 49 | 2700 | 255 |
| 750 | 53 | 2800 | 269 |
| 800 | 57 | 2900 | 284 |
| 850 | 61 | 3000 | 299 |
| 900 | 65 | 3100 | 315 |
| 950 | 70 | 3200 | 331 |
| 1000 | 75 | 3300 | 350 |
| 1100 | 84 | 3400 | 369 |
| 1200 | 93 | 3500 | 390 |
| 1300 | 102 | 3600 | 415 |
| 1400 | 111 | 3700 | 441 |
| 1500 | 121 | | |

*Abbildung 40* CW-Edition *Quelle: IBM*

### 3. VOR- UND NACHTEILE DES FUNCTION-POINT-VERFAHRENS

Im Kapitel 10.3 wurden bereits vier wesentliche *Vorteile* des FPV genannt. Als weitere Vorteile sind ergänzend anzuführen:

- Das FPV orientiert sich am Funktionsumfang (Funktionsbaum als Pflichtenheft vom künftigen Anwender), wobei die Qualitätsklassifizierung der Funktionen und die Bestimmung des Einflußfaktors durch genaue Richtlinien und Normen festgelegt werden.
- Bei den zu bestimmenden Einflußfaktoren ist es nicht wichtig, eine „objektiv richtige“, für alle Softwareentwicklungen geltende, sondern eine „subjektive einheitliche“ Bewertung vorzunehmen. Das Vorgehen bei der Ermittlung der bewerteten FP muß also absolut einheitlich sein, sowohl bei der Bestimmung der Produktivitätskurve als auch bei den zu kalkulierenden Projekten. Es ist

aber auch möglich, unternehmensspezifische Gegebenheiten bei der Erarbeitung der Richtlinien für die Qualitätsklassifizierung der Funktionen zu berücksichtigen, genauso können die sieben Einflußfaktoren noch modifiziert werden.

Der einzige *Nachteil* des Verfahrens liegt in der nicht möglichen Strukturierung des zu schätzenden Projektes, also Ermittlung von Mannmonaten pro Projektphase.
Mit dem FPV kann nur der Aufwand für alle Projektphasen insgesamt geschätzt werden.

Dieser Nachteil kann mit der Einrichtung einer Erfahrensdatenbank über die Zeitaufwandsanteile pro Projektphase gemildert werden.

Die Seite 97 zeigt das SIEMENS-Phasenkonzept, und pro Phase sind der prozentuale Zeitanteil nach ECU-Erfahrung angegeben.

Im Rahmen einer von der ECU unterstützten Diplomarbeit wurde für vier abgeschlossene DV-Projekte aus der Praxis im nachhinein der Zeitaufwand mit zwölf Schätzverfahren ermittelt. Das FPV brachte das beste Ergebnis.
(siehe T. Noth und M. Kretzschmar, Aufwandschätzung von DV-Projekten, 1984)

Erfahrungen der ECU bei der FPV-Beratung haben nie eine Zeitabweichung zwischen Soll- und Ist-Aufwand von mehr als ± 15 Prozent ergeben, was kein anderes Verfahren liefern kann.

## 4. PROJEKT-INHALTSKONTROLLE MIT DEM FUNCTION-POINT-VERFAHREN

Die Dokumentation der iterativen (viermaligen) FPV-Schätzungen für ein DV-Projekt kann Anstoß geben, den Ursachen der während des Projektablaufs erfolgten Veränderungen

- des Projektinhalts (Pflichtenheft und damit der Funktionsbaum waren bei der 1. FPV-Schätzung nach der Voruntersuchung in der Phase 1 noch nicht komplett),
- der Qualität an die geplante Software (mehr Aufwand für die Projektrealisierung als ursprünglich angenommen)

  und/oder

- der Produktivität bei der Projektrealisierung im Rahmen des Projekt-Controlling nachzugehen, um bei künftigen Projektplanungen nicht die gleichen Fehler wieder zu machen.

Die Abbildung 41 zeigt hierzu ein Beispiel:
Bei der 2. FPV-Schätzung mußten die FP von 665 auf 740 FP = 52 MM, bei der

**Beispiel Auswertung FP mit Plan-/Ist-Aufwand in MM während der Projektentwicklung über 5 Phasen bei iterativer (viermaliger) FPV-Schätzung**

| Ende Phase | Bewertete FP Plan | Phase 2 Plan MM | Phase 2 Ist MM | Phase 3 Plan MM | Phase 3 Ist MM | Phase 4 Plan MM | Phase 4 Ist MM | Phase 5 Plan MM | Phase 5 Ist MM | Gesamt Plan MM | Gesamt Ist MM |
|---|---|---|---|---|---|---|---|---|---|---|---|
| 1 | 665 | 7 | – | 17 | – | 19 | – | 3 | – | 46 | |
| 2 | 740 | – | 8 | 19 | – | 21 | – | 4 | – | 52 | |
| 3 | 760 | – | 8 | – | 19 | 22 | – | 5 | – | 54 | |
| 4 | 770 | – | 8 | – | 19 | – | 23 | 5 | – | 55 | |
| 5 | 770 | – | 8 | – | 19 | – | 23 | – | 5 | 55 | 55 |

1. FPV-Schätzung in Phase 1 nach der Voruntersuchung mit 665 FP = 46 MM gesamte Projektzeit
2. FPV-Schätzung am Ende Phase 2 (Fachliche Grobkonzeption) mit 740 FP = 52 MM gesamte Projektzeit
3. FPV-Schätzung bei Phase 3 (DV-Grobkonzeption) mit 760 FP = 54 MM gesamte Projektzeit
4. FPV-Schätzung bei Phase 4 (DV-Feinkonzeption) mit 770 FP = 55 MM gesamte Projektzeit

*Abbildung 41* CW-Edition *Quelle: ECU*

3. FPV-Schätzung um weitere 20 FP auf 760 FP = 54 MM und bei der 4. und letzten FPV-Schätzung nochmals um 10 FP auf nunmehr 770 FP = 55 MM erhöht werden.

Der Grund könnte gewesen sein, daß erst nach Erstellung der fachlichen Grobkonzeption das Pflichtenheft – also die funktionalen Anforderungen seitens des Fachbereiches – vollständig vorlagen.

Bei den letzten beiden FP-Erhöhungen um 20 FP auf 760 FP = 54 MM beziehungsweise 10 FP auf 770 FP = 55 MM der 3. und 4. FPV-Schätzung könnte der Grund gewesen sein, jetzt erst bei der DV-Grobkonzeption beziehungsweise DV-Feinkonzeption ersichtlich gewordenen höheren Qualitätsanforderungen zum Beispiel bei der Klassifizierung der Datenbestände (einige Geschäftsvorfälle beziehungsweise Funktionen sind mit „komplex“ statt mit bisher „einfach“, also 15 statt 7 FP zu bewerten) berücksichtigt zu haben.

## 5. KONTROLLE DER ANWENDUNGEN DES FUNCTION-POINT-VERFAHRENS UND DER TÄTIGKEITSNACHWEISE DER SOFTWAREERSTELLER

Die DV-Stabsstelle Planung und Kontrolle hat darauf zu achten, daß das FPV entsprechend der Organisationsanweisung angewandt wird (siehe Kapitel 10.2). Die Kontrolle hat sich nicht nur darauf zu beschränken, daß die Schätzungen entsprechend den Regeln in der FPV-Organisationsanweisung durchgeführt wurden. Es muß auf alle Fälle vermieden werden, daß die Qualitätsklassifizierung und die Ermittlung der Einflußfaktoren unterschiedlich gehandhabt werden. Aber auch die wahrheitsgetreue, verursachungsgerechte Kontierung der geleisteten Zeiten der Softwareersteller in den Tätigkeitsnachweisen ist immer wieder zu überprüfen.

## 10.9 Wirtschaftlichkeitsbetrachtungen bei DV-Projekten

### 1. WIRTSCHAFTLICHKEIT BEI DER INFORMATIONSVERARBEITUNG

Wirtschaftlichkeit ist das Verhältnis von Aufwand (Kosten) zu Ertrag. Infolge der schwierigen Ermittlung des Ertrages bei DV-Anwendungen kann als Ersatz hierfür der Nutzen verwendet werden.

Zusammenhänge zwischen Leistung, Kosten, Nutzen und Wirtschaftlichkeit bei der Informationsverarbeitung:

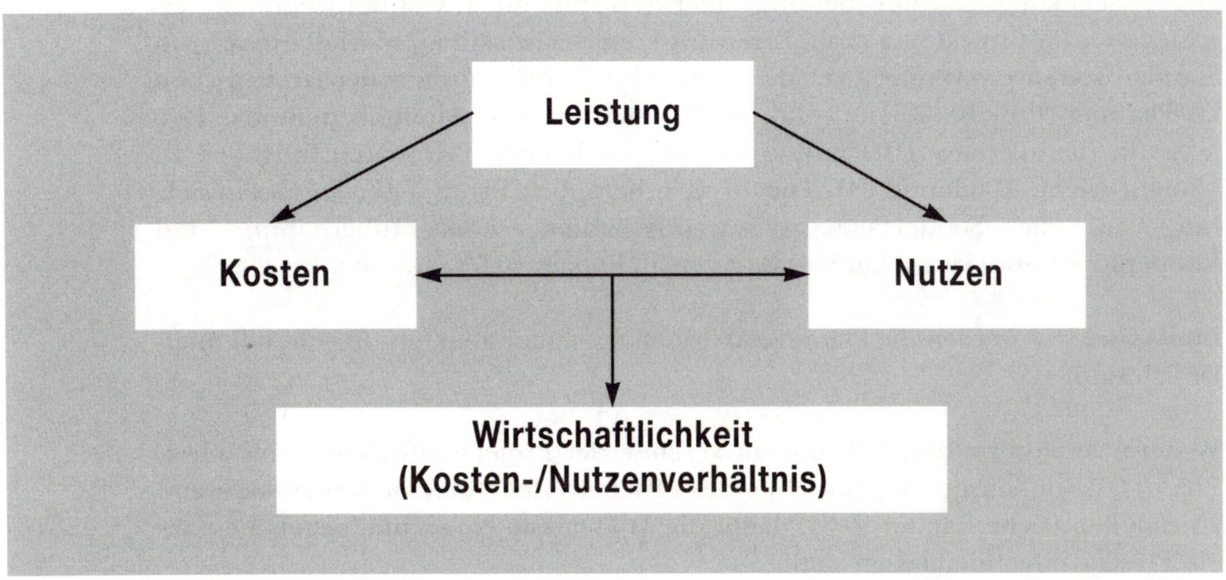


Ausgangspunkt für Wirtschaftlichkeitsüberlegungen in der Informationsverarbeitung ist deren Leistung. Diese Leistung ist zu bewerten. Je nach Betrachtungssichtungspunkt werden die bewerteten Leistungen zu Kosten oder zu Nutzen. Die optimale Beziehung zwischen Kosten und Nutzen ergibt schließlich die *Wirtschaftlichkeit.*

Der Nutzen stellt dabei eine subjektive Wertschätzung dar. Bei strenger Betrachtung des Begriffs „Wirtschaftlichkeit“ können die meisten durchgeführten Wirtschaftlichkeitsrechnungen nicht als solche bezeichnet werden. Die Kosten lassen sich zwar noch am genauesten ermitteln, aber der Nutzen kann nicht immer in konkreten Zahlen ausgedrückt werden. Deshalb sollte man besser nur von *Wirtschaftlichkeitsbetrachtungen (WB)* sprechen.

## 2. GRÜNDE FÜR WIRTSCHAFTLICHKEITSBETRACHTUNGEN BEI DV-PROJEKTEN

In der Praxis ist es nicht selten so, daß bei der DV-Projektplanung zwar die technische Durchführbarkeit geprüft und auch die Frage nach der reellen Chance zur Einführung der geplanten DV-Anwendung gründlich abgeklärt wird. Eine WB unterbleibt aber leider meistens mit der Begründung, daß die wesentlichen Vorteile – der ideelle Nutzen – nicht zu bewerten sind.

Die Entscheidungen über ein neues DV-Projekt werden noch viel zu oft nur aufgrund der geschätzten Entwicklungs- und Betriebskosten gefällt. Auf der Kostenseite wird somit ausreichend geplant. WB als Entscheidungsmittel und zur Kostenbeeinflussung unterbleiben jedoch.

Der DV-Lenkungsausschuß benötigt aber WB, um die Investitionsrenditen verschiedener DV-Projekte – sowohl Eigen- als Fremdentwicklung, speziell Einsatz von Standardsoftware – vergleichen, die lohnendsten Vorhaben aus der strategischen DV-Planung (Projektstudien-Controlling) auswählen und damit als definitive Projekte für die operative DV-Planung mit entsprechenden Prioritäten freigeben zu können (siehe Abbildung 24). Hierzu wird bezüglich Eigen- oder Fremdentwicklung auf die Sonderfälle Softwareübernahme, Konzeptübernahme und Kooperative Entwicklung von Software gemäß Kapitel 10.6 verwiesen.

Im Kapitel 10.3 werden die Planungsaktivitäten genauer genannt, für die WB unerläßlich sind.

Weitere, verbesserte drei WB sind im Verlaufe der Projektentwicklung (bis zur 4. Phase, DV-Feinkonzeption) mit Hilfe des FPV betreffend genauerem Zeitaufwand zu erstellen (siehe Kapitel 10.8), damit der DV-Lenkungsausschuß gegebenenfalls ein Projekt abrechnen lassen kann.

Der DV-Lenkungsausschuß als integrierter Teil des DV-Controllings mit seiner Planungs-, Entscheidungs-, Steuerungs- und Kontrollfunktion ist also an aussagefähigen Methoden für WB interessiert.

## 3. GRÜNDE FÜR KEINE WIRTSCHAFTLICHKEITSBETRACHTUNGEN BEI DV-PROJEKTEN

Trotz der vorstehenden Begründungen für eine WB gibt es Fälle, in denen es nicht erforderlich zu sein scheint, eine WB zu erstellen. Die Formulierung „... nicht möglich ist ...“ wurde absichtlich vermieden, denn oftmals wären auch Imponderabilien bewertbar, nur wäre der Aufwand für eine WB zu hoch und die Ergebnisse zu unsicher.

Zu Vorhaben ohne notwendige WB seien einige Beispiele genannt:

- Umstellungen aufgrund von gesetzlichen Anforderungen, wie zum Beispiel vor vielen Jahren die Einführung der Mehrwertsteuer.
- Umstellungen zur Schaffung einer höheren Sicherheit, wie zum Beispiel bei der Einführung des Bundesdatenschutzgesetzes (BDSG), speziell wegen des damaligen § 6 „Technische und organisatorische Maßnahmen“. Ausgelöst durch das Gesetz wurde in vielen Unternehmen der gesamte Aspekt der Sicherheit überdacht und wurden Maßnahmen getroffen, um nicht nur dem BDSG Genüge zu leisten, sondern um auch allgemein Absicherungen gegen Mißbrauch bei der Datenverarbeitung zu schaffen.
- Sachliche Zwänge können ein Unternehmen veranlassen, DV-Projekte durchzuführen, um zum Beispiel schneller und besser liefern zu können (Logistik-Systeme).
- Erzielung strategischer Wettbewerbsvorteile durch Verbesserung strategischer Erfolgspositionen.

Aufgrund der Enquête-Frage „Können außer Wirtschaftlichkeitsbetrachtungen für den gesamtunternehmerischen Prioritätenentscheid zur Softwareerstellung auch strategische Wettbewerbsvorteile ausschlaggebend sein?“ haben mit Ja 80 Prozent geantwortet.

Als weitere Kriterien für Prioritätenentscheide wurden noch Gesetzesentscheide und Verordnungen, Stand der Technik und Synergieeffekte im Konzern genannt (siehe Frage E 9 im Kapitel 13).

## 4. VORAUSSETZUNGEN FÜR WIRTSCHAFTLICHKEITSBETRACHTUNGEN BEI DV-PROJEKTEN

Sofern eine WB nur erstellt und dann in der Systemdokumentation abgelegt wird, ist ihr Zweck erst teilweise erfüllt. Das heißt, wenn bei DV-Projekten WB nicht durch das DV-Controlling beziehungsweise die DV-Revision während der Projektabwicklung und vor allem nach Projektabschluß im Sinne einer „Nachkalkulation“ kontrolliert werden (siehe Kapitel 10.12), ist ihr Wert recht zweifelhaft, da dann von den Softwareerstellern alles mögliche behauptet werden kann, wie „die Werte werden ja doch nicht nachgeprüft“.

Zur Durchführung einer Nachkalkulation ist aber die stundenweise Erfassung der erbrachten Leistungen erforderlich, allerdings auch die wertmäßige Erfassung der Reisekosten, Telefonkosten, Materialkosten und sonstiger, direkt dem Projekt zuordbarer Kosten. Rein buchungstechnisch ist das kein Problem, wenn die Buchung auf eine für das Projekt eröffnete Auftragsnummer erfolgt.

Es ist zwar bekannt, daß die stundenmäßigen Aufschreibungen nicht immer ganz der Wahrheit entsprechen, dennoch sind Zeitaufschreibungen im Rahmen der Tätigkeitsnachweise und auftragsweisen Kostenerfassung für eine saubere Projektabrechnung unerläßlich. Außerdem werden ja die Werte benötigt zur eventuellen Weiterbelastung auf die Kostenstelle (Leistungsempfänger), die das betreffende DV-Verfahren in Auftrag gegeben hat.

Die Vorhersage von Kosten und Nutzen (Einsparungen) ist nicht einfach, das ist allgemein bekannt. Die Sachmittelkosten lassen sich noch ziemlich genau vorhersagen. Oft werden aber folgende Fragen nicht gestellt:

Reicht die gegenwärtige Anlagenkapazität aus, um auch das neue (geplante) Verfahren abwickeln zu können. Oder muß eventuell Anlagenkapazität wegen dieses Verfahrens erweitert werden? Kann diese Erweiterung vermieden werden, wenn man unrentable Verfahren „abschießt"? Treten eventuell durch eine notwendige Erweiterung sprungfixe Kosten auf, die in der WB auszuweisen sind?

Die Schätzungen der Personalkosten waren bisher recht ungenau. Mit dem FPV wird aber ein brauchbares Instrument zur Zeitaufwandschätzung für die Softwareerstellung zur Verfügung gestellt (siehe Kapitel 10.8). Damit läßt sich der zeitliche Personalaufwand recht gut und sehr frühzeitig vorhersagen.

Nutzen durch Einsparungen können resultieren aus:

- Personalreduzierung oder vermiedene Neueinstellung von Personal,
- Raumkostenreduzierung,
- Mobiliarkostenreduzierung,
- DV-Kostenreduzierung,
- Transportkostenreduzierung,
- projektabhängige Kostensenkungen

  und
- projektbezogene Umsatzsteigerungen.

Es sollen hier nur einige Beispiele angeführt werden für Einsparungen beziehungsweise Vorteile, die zum Teil durchaus quantifizierbar sind.

Beispiele:

- Vermeidung finanzieller Verluste durch maschinelle Terminverfolgung (zum Beispiel Akkreditive, Garantien, Bürgschaften usw.),
- Zinseinsparungen durch Dialogverfahren,
- Umsatzerhöhung durch Verkürzung der Angebotszeiten um ...Prozent,
- vermiedene Neueinstellung von Personal,
- Verbesserung der Produktqualität, dadurch weniger Reklamationen, und so weiter.

## 5. ERSTELLUNG VON WIRTSCHAFTLICHKEITSBETRACHTUNGEN BEI DV-PROJEKTEN

In der Enquête wurde gefragt „Werden für DV-Projekte WB (Kosten-/Nutzenanalysen) auch mehrmals innerhalb eines Phasenkonzeptes durchgeführt?"

Wie die Abbildung 51 (beziehungsweise 51a) im Kapitel 13 zeigt, bejahen die Frage über 15 Prozent (25 Prozent) mit „vorwiegend" und 10 Prozent (15 Prozent) mit „immer".

Um statische Investitionsverfahren handelt es sich bei knapp 40 Prozent (55 Prozent) und um dynamische Investitionsverfahren nur bei knapp 20 Prozent (siehe Frage E 12 im Kapitel 13).

Die Prozentzahlen in Klammern betreffen Unternehmen mit einem mehr als 500 Millionen DM Umsatz.

Nachstehend wird ein einfaches Beispiel für eine WB nach dem statischen Investitionsverfahren angeführt.

**Beispiel einer Wirtschaftlichkeitsbetrachtung anhand einer einfachen statischen Investitionsrechnung**

Es handelt sich hierbei um das Projekt „Reorganisation des Wareneingangs" bei einer Warenhauseinkaufsgenossenschaft aus der ECU-Beratungspraxis bewußt älteren Datums zur Wahrung der Diskretion.

Eingesetzt werden fünf Bildschirme/Druckterminals in den Warenannahme-/Vereinnahmungszonen und zwei Bildschirme im Wareneingangsbüro.

Projektziele sind:
Rationellere Bearbeitung sämtlicher Wareneingangsvorgänge durch Computerleistung am Arbeitsplatz mit

- Ablösung manueller Karteien und Statistiken,
- maschineller Erstellung von Mängelberichten,
- Datenerfassung am Entstehungsort,
- maschineller Prüfung der Lieferkonditionen

und

- Erfassung von vereinnahmter, jedoch noch nicht am Arbeitsplatz befindlicher Ware.

Das Kosten-/Nutzenverhältnis der Soll-Konzeption sah in diesem praktischen Fall vereinfacht folgendermaßen aus:

| **1. Kosten** | **DM** |
|---|---|
| 1.1 Einmalkosten | |
| ■ 5 Druckerweiterungen | 1 000,– |
| ■ 12 DFÜ-Leitungen | 18 000,– |
| ■ 7 Bildschirmtische | 7 000,– |
| ■ Systementwicklungskosten, Programmierung und Organisation inkl. 1 MT System-Programmierung 26 MT x DM 8 200, | ca. 213 000,– |
| ■ Arbeitsplatzgestaltung für die Bildschirmplätze | 5 000,– |
| ■ Lagerorganisation 5 MT x DM 8 200, | 41 000,– |
| Gesamt | 285 000,– |
| | DM/MT |
| umgerechnet auf 48 Monate angenommene Lebensdauer der DV-Anwendung | ca. 6 000,– |
| 1.2 Laufende Kosten | DM/MT |
| ■ Im Rechenzentrum für 5 Drucker, 7 Bildschirme und 1 Steuereinheit sowie Verarbeitung und Drucken der Auswertungen inkl. Erstellen von TP-Dateien | 11 000,– |
| ■ Im Wareneingang für Feststellen Anlieferungsberechtigung, Erfassen Anlieferungsdaten, Erfassen Lieferscheindaten, Erfassen Vereinnahmungen und Festlegen lagerspezifische Daten | 7 000,– |
| Gesamt | 18 000,– |
| **Kosten insgesamt des neuen Verfahrens** | **24 000,–** |

| **2. Minderkosten** | |
|---|---|
| 2.1 Rechenzentrum | 2 000,– |
| 2.2 Wareneingang | 26 000,– |
| 2.3 Papierkosten | 3 000,– |
| **Minderkosten durch Wegfall des bisherigen Batch-Verfahrens** | **31 000,–** |
| ./. 1. Kosten insgesamt des neuen Verfahrens | 24 000,– |
| **Gesamtnutzen** | **DM/MT 7 000,–** |

Der somit ermittelte Nutzen des neuen Verfahrens von DM 7000,–/Mt kann noch ergänzt werden durch den nicht-quantifizierbaren Nutzen, wertmäßig ermittelbar als durchschnittlicher Erfüllungsgrad beziehungsweise Wirtschaftlichkeitskoeffizient bei der Multifaktorenmethode nach SIEMENS mit Hilfe der Nutzwertanalysemethode (siehe Abbildung 42).

**3. Nicht-quantifizierbarer (ideeller) Nutzen:**

- Korrektere lagerspezifische Daten sowohl bei der Vereinnahmung als auch im Artikelstamm und dadurch in allen weiteren DV-Auswertungen.
- Schnellere Fehlerbehebung durch Wegfall der Belegnachbearbeitung.
- Computer am Arbeitsplatz, dadurch aktuelle Informationen sowie Bearbeitung eines Vorgangs in einem Arbeitsschritt.
- Erster Schritt zur dynamischen Lagerung (Random-Lagerung).
- Verbindung zwischen Wareneingang und der zentralen Rechnungsbearbeitung möglich.
- Komprimierung der Information in den Listen und bessere Lesbarkeit.

Bei der umfassenden *dynamischen Investitionsrechnung* wird die Rückflußdauer der eingesetzten finanziellen Mittel festgestellt und gegebenenfalls der interne Zinsfuß berücksichtigt.

Dabei werden für die Jahre der Entwicklung und Nutzung ermittelt die

- Entwicklungskosten neues System,
- laufende Kosten neues System,
- Nachentwicklungskosten altes System,
- Kostenvorteile durch das neue System,
- Deckungsbeiträge aus Mehrumsatz

und als Gliederung jeweils unterteilt in

- Personalkosten

und

- Sachkosten.

Die *Rückflußdauer* (RD) ist die Zeitspanne in Jahren, nach deren Ablauf die gesamten Entwicklungskosten durch Mittelrückfluß wiedergewonnen sind.

Die Rentabilität im Sinne des *internen Zinsfußes* (auch rate of return, RDR, genannt) ist derjenige Zinsfuß, bei dem der abgezinste Mittelrückfluß gleich Null wird. Dieser Wert kann entweder manuell durch Probieren oder mit Hilfe eines Rechenprogrammes ermittelt werden. Im allgemeinen reicht für eine Wirtschaftlichkeitsrechnung jedoch lediglich die Ermittlung der Rückflußdauer.

**Beispiel für eine Multifaktorenrechnung**
Bisher begnügte man sich mit dem verbalen Festhalten der nicht-quantifizierbaren Vor- und Nachteile (nur subjektiv festzustellender Nutzen) „unter dem Strich" bei Wirtschaftlichkeitsbetrachtungen.

Zu ihrer übersichtlichen Aufbereitung bietet sich als Hilfsmittel die sogenannte Multifaktoren- oder Gewichtsfaktorenmethode (auch Nutzwertanalysemethode genannt) an, bei der die in Frage kommenden Beurteilungskriterien zusammenfassend betrachtet und bewertet werden.

Bei dieser Methode wird das neue DV-unterstützte Verfahren mit dem derzeitigen manuellen (oder auch erst teilweise DV-unterstützten) Verfahren verglichen. Hierbei lautet die Fragestellung, ob sich in den verschiedenen Punkten des Kataloges der nicht-quantifizierbaren Kriterien Verbesserungen oder Verschlechterungen erwarten lassen, wobei die einzelnen Kriterien mit Hilfe eines Punktesystems bewertet werden.

Zusätzlich kann durch Gewichtungsfaktoren zum Ausdruck gebracht werden, daß die relative Bedeutung im Rahmen der Gesamtbetrachtung der geplanten neuen DV-Anwendungen unterschiedlich beurteilt wird.

In dem nachstehenden Beispiel (Abbildung 42) können die Gewichtungsfaktoren folgende Werte annehmen:

+ 3 = erhebliche
+ 2 = deutliche
+ 1 = geringe
0 = keine

} Veränderung (Verbesserung bzw. Verschlechterung)

Es ist zu beachten, daß die Punkte-Bewertung (Spalte A) des geplanten Verfahrens im Vergleich zu dem derzeitigen Verfahren und die verfahrensspezifische Gewichtung der Faktoren (Kriterien) des neuen Verfahrens (Spalte B) von verschiedenen Personen(-gruppen) vorgenommen werden, wobei insbesondere die Punkte-Bewertung durch den betroffenen Fachbereich erfolgen sollte.

Die Festlegung der Gewichtungsfaktoren erfolgt unter gesamtunternehmerischen Gesichtspunkten, am zweckmäßigsten durch kompetente vom DV-Lenkungsausschusses bestimmte Personen (zum Beispiel die DV-Koordinatoren aller Fachbereiche; Null- und Minus-Werte dürfen allerdings nicht verwendet werden).

Die Bewertung und Gewichtung der einzelnen Kriterien wird zusammenfassend durch den Wirtschaftlichkeitskoeffizienten ausgedrückt, indem man die Summe der

## Beispiel einer Multifaktorenrechnung für nicht-quantifizierbare Kriterien

**Wirtschaftlichkeitsprüfung**
**des DV-Verfahrens**
**Auftragsbearbeitung**

Datum:

| | **Beschreibung** | **A** | **B** | **C** |
|---|---|---|---|---|
| 0 | Bewertung des geplanten Verfahrens im Vergleich zum derzeitigenVerfahren/Vergleichsverfahren im Hinblick auf die Erfüllung der genannten Kriterien anhand folgender Punkteskala:<br>+ 3 = erhebliche<br>+ 2 = deutliche Veränderung (Verbesserung, Verschlechterung)<br>+ 1 = geringfügige<br>0 = keine Veränderung | Punkte | Gewichtungs-faktoren | Punkte x Gewichtungs-faktoren |
| | **Nicht-quantifizierbare Kriterien** | | | |
| 1 | Schnelligkeit der Informationsauslieferung (rasches Zurverfügungstellen) | 3 | 1 | 3 |
| 2 | Aktualität der gewonnenen Informationen | 3 | 3 | 9 |
| 3 | Rechtzeitiges Zurverfügungstellen der Informationen | 0 | 2 | 0 |
| 4 | Zusätzliche Informationen (z. B. durch statistische Auswertungsmöglichkeiten, Erweiterung des Berichtswesens) | 3 | 3 | 9 |
| 5 | Genauigkeit der Informationen (z. B. Rechengenauigkeit) | 2 | 2 | 4 |
| 6 | Relevanz (Qualität) der Informationen (Aussagekraft und Übersichtlichkeit der Informationen, Auswahl und Aufbereitung der Informationen) | 1 | 1 | 1 |
| 7 | Sicherheit (Ablaufsicherheit, Fehlerwahrscheinlichkeit, Datenfehleranfälligkeit) | 1 | 3 | 3 |
| 8 | Möglichkeit von Terminverkürzungen im Anwenderbereich | 2 | 1 | 2 |
| 9 | Anwenderfreundlichkeit (z. B. Vereinfachung durch Datenabbau) | 1 | 2 | 2 |
| 10 | Bedienungs- und Pflegefreundlichkeit | 1 | 2 | 2 |
| 11 | Flexibilität (z. B. Änderungsfreundlichkeit gegenüber Veränderung von Organisation, Datenvolumen, Datenstruktur; Sonderfälle) | -1 | 1 | –1 |
| 12 | Kontroll-, Abstimm- und Überwachungsmöglichkeiten | 3 | 3 | 9 |
| 13 | Korrekturmöglichkeiten und -aufwand | -1 | 3 | –3 |
| 14 | Transparenz des Verfahrensablaufs (Übersichtlichkeit) | 2 | 2 | 4 |
| 15 | Transparenz und Straffheit der Organisation | 2 | 1 | 2 |
| 16 | Kapazitätsreserven (Auffangbereitschaft bei Arbeitsspitzen oder Beschäftigungszunahme) | 3 | 3 | 9 |
| 17 | Abhängigkeit von Fachpersonal | –1 | 2 | –2 |
| 18 | Umstellungsrisiko (langfristige Bindung an das Verfahren, Starrheit der Organisation) | –2 | 2 | –4 |
| 19 | | | | |
| 20 | | | | |
| 21 | Summen | | 37 | 49 |

**Koeffizient für nicht-quantifizierbare Faktoren (Wirtschaftlichkeitskoeffizient)**

| | | |
|---|---|---|
| 22 | Koeffizient der nicht-quantifizierbaren Vor- und Nachteile des geplanten DV-Verfahrens<br>(Pos. 21, Summe C: Summe B) | 1,32 |
| 23 | Verbale Bedeutung des Koeffizienten gemäß Punkteskala (Pos. 0; ggfs. Interpolation)<br>**(geringfügige bis deutliche Verbesserung)** | |

Quelle: W. End, H. Gotthardt und R. Winkelmann, Software-Entwicklung – Leitfaden für Planung, Realisierung und Einführung von DV Verfahren, 1990.

*Abbildung 42* CW-Edition *Quelle: SIEMENS*

Produkte aus Punkte-Bewertung und Gewichtungsfaktoren durch die Summe der Gewichtungsfaktoren dividiert (im Beispiel Summe C: Summe B = 49 : 37 = 1,32).
Die ungefähre verbale Bedeutung des Wirtschaftlichkeitskoeffizienten (Erfüllungsgrad, Wirksamkeit) kann aus der Punkteskala abgelesen werden (im Beispiel 1,32 = geringfügige bis deutliche Verbesserung ist mit dem geplanten neuen Verfahren zu erwarten).

Die Problematik dieser Methode liegt hauptsächlich in der Tatsache begründet, daß die Subjektivität der Bewertung und Gewichtung nie ganz ausgeschaltet werden kann. Dennoch ist die Multifaktoren-Methode ein wertvolles Hilfsmittel zur gedanklichen Durchdringung und Aufbereitung des Problems „Imponderabilien" eines DV-Verfahrens.

Die Enquête hat ergeben, daß die Multifaktoren-(Nutzwert-)Methode bei knapp 40 Prozent selten, 20 Prozent vorwiegend und knapp 10 Prozent immer angewandt wird. Bei Unternehmen mit mehr als 500 Millionen DM Umsatz sind es schon 25 Prozent bei vorwiegend und 10 Prozent bei immer (siehe Abbildung 52 und 52a im Kapitel 13).

## 10.10 Software-Engineering bei DV-Projekten

Neben der zunehmenden wirtschaftlichen Bedeutung der Software und ihrer Pflege kommen noch die großen Probleme mit der Unsicherheit über die Qualität, die Zeit und die Kosten für ihre Erstellung hinzu.

Die nachstehenden drei tabellarischen Übersichten zeigen die Symptome und deren Ursachen bei der Qualität, der Zeit und den Kosten für die Software.

In der Enquête wurde die Frage gestellt:
„Wird mit Methoden des Software-Engineering (strukturierte Analyse und Programmierung, standardisierte Planungsprozesse, CASE, Qualitätskontrolle und ähnliche) gearbeitet?"

Die Abbildung 63 im Kapitel 13 zeigt das noch magere Ergebnis: Erst ein Drittel setzen Methoden des Software-Engineering vorwiegend und nur 3 Prozent immer ein.

Die industrielle Größenordnung des Arbeitsgebietes Software in Verbindung mit den großen Problemen und Schwierigkeiten der Erstellung und Pflege qualitativ hochwertiger Softwareprodukte in angemessener Zeit zu tragbaren Kosten haben in den letzten Jahren zur Herausbildung einer technischen Disziplin, dem Software-Engineering, geführt.

### BEGRIFFSBESTIMMUNG SOFTWARE-ENGINEERING

Kenntnis und gezielte Anwendung von Prinzipien, Methoden und Werkzeugen für die Technik und das Management der Softwareerstellung und -pflege auf der Basis wissenschaftlicher Erkenntnisse und praktischer Erfahrungen sowie unter Berücksichtigung des jeweiligen wirtschaftlich-technischen Zielsystems.

Unter dem *wirtschaftlich-technischen Zielsystem der Softwareerstellung und -pflege* werden die folgenden drei Kriterien verstanden:[1]

**1. Qualität**

1.1 Funktionserfüllung

Realisierung des geplanten Verwendungszweckes, Bedienungs- und Benutzungskomfort für Arbeitsvorbereiter, Operator und Fachbereich.

1.2 Effiziente Nutzung der Hardware

Ausmaß der Inanspruchnahme der DV-Anlage durch das Softwareprodukt bei gegebener Funktionserfüllung (Geschwindigkeit und Speicherbedarf; Verbesserung durch Tuning).

1.3 Zuverlässigkeit

Unzuverlässige Software kann versteckte Schwierigkeiten in sich bergen, die das System oder die Daten des Anwenders ohne Warnung beeinträchtigen können. Die Folgen des Fehlers werden oft viel später entdeckt.

1.4 Änderbarkeit (Flexibilität)

Kostengünstige Ergänzungen und Erweiterungen infolge Änderungen in der organisatorischen Umwelt, den zugrunde liegenden betriebswirtschaftlichen und technischen Verfahren, der Gesetzgebung und den sich wandelnden Anwenderbedürfnissen.

1.5 Portabilität (Kompatibilität)

Einfache Übertragbarkeit eines Programmes von einem Betriebssystem auf ein anderes, von einer Konfiguration eines Computers auf eine andere;
Verlängerung der Nutzungszeit von Programmen bei schnellem technischen Fortschritt auf der Hardwareseite.

---

[1] In Anlehnung an Gewalt, Haake und Pfladler, Software Engineering, 1982; siehe auch die zusammenfassenden Tabellen „Symptome und deren Ursachen bei der Software-Erstellung inkl. -pflege und dem Softwareeinsatz" auf Seite 127.

**2. Zeit**

2.1 Erstellungsdauer

Realistische Zeitaufwandschätzungen (siehe Kapitel 10.8) verhindern nachträgliche Erhöhung der Software-Erstellungskapazität.
Zieht sich die Entwicklungszeit zu lange hin, kann es im Extremfall so weit kommen, daß die gerade freigegebenen Programme schon wieder in großen Teilen geändert werden müssen, um den neuen Anforderungen gerecht zu werden.
Überwachung der Softwareentwicklungszeit und -kosten durch – gegebenenfalls computergestützte – Projektplanungs- und -steuerungssysteme.

2.2 Einsatzdauer

Softwareerstellung entspricht einer Investition.
Der Ertrag, den diese Investetion bringt = „return on investment" (Rückflußdauer), ist wesentlich von der Einsatz- beziehungsweise Nutzungsdauer der Programme abhängig.

**3. Kosten**

3.1 Erstellungskosten

Diese Kosten bestehen vorwiegend aus Personalkosten und zusätzlichen Kosten für die Computerzeit zum Testen.
Als Maßstab für die Produktivität bei der Softwareerstellung kann die Zahl der Anweisungen pro Programmierer und Zeiteinheit verwendet werden, jedoch beeinflußt von der Programmiersprache, dem Arbeitsumfang der Anweisungen und den Qualitätsanforderungen an die Software. Zu den Softwareerstellungskosten zählt auch der Testaufwand.

3.2 Pflegekosten

Aufwendungen zur Beseitigung von aufgetretenen Fehlern und für die Umstellung beziehungsweise Anpassung an veränderte oder neue Hardware und/oder Systemsoftware.
In der Regel steigen die Pflegekosten für Programme mit deren Lebensdauer und zunehmender Anzahl der Programmanwender, weil im letzteren Fall mehr Anwender mehr Fehler finden, deren Beseitigung dann auch höhere Kosten verursacht.
Die erste Gesetzmäßigkeit hat ihren Grund darin, daß die Beseitigung eines Fehlers mit einer nicht zu unterschätzenden Wahrscheinlichkeit einen anderen Fehler hervorruft. Deshalb sollte ein berichtigter Programmteil wesentlich intensiver ausgetestet werden als ein ursprünglich geschriebener.
Hinzu kommt generell, daß höhere Funktionserfüllung und höhere effiziente Nutzung der Hardware in der Tendenz zu höheren Softwarepflegekosten führen kann.

## Symptome und deren Ursachen bei der Softwareerstellung inkl. -pflege und dem Softwareeinsatz

| Problem | Symptome | Ursachen |
|---|---|---|
| 1. Qualität | ● unzuverlässig<br>● benutzerunfreundlich<br>● inkompatibel<br>● nicht anpaßbar<br>● nicht übertragbar<br>● keine Gewährleistung | ● unzulängliche Formulierung der Anforderungen durch den Benutzer<br>● unzureichende Test- und Abnahmepraktiken<br>● Mangel an Maßstäben für die Effizienzmessung<br>● unzulängliche Dokumentation<br>● fehlende Aufmerksamkeit durch das Management und fehlende Kontrolle<br>● ungeeignete Verwendung der vorhandenen Technologie<br>● unzulänglicher Kenntnisstand der Programmierer<br>● falsches Verhältnis von Software- zu Hardware-Investitionen<br>● Mangel an geeigneter Support-Software |
| 2. Zeit | ● Überschreitung des Auslieferungstermins<br>● lange Entwicklungszeit<br>● verspätete Fertigstellung der Dokumentation | ● schlechte Schätzpraktiken<br>● unzureichende Definition und/oder falsche Auffassung der Aufgabe<br>● stark streuende Fähigkeiten, Kenntnisse und Produktivität der Programmierer<br>● mangelhafte Steuerung und Kontrolle durch das Management<br>● unrealistische Zwischentermine<br>● ungeeignete Nutzung vorhandener Entwicklungen<br>● zu lange Beschaffungszeiten<br>● ungenügende Support-Software<br>● Mangel an automatisierter Entwurfstechnik<br>● ungenügende Aufmerksamkeit im Hinblick auf die Dokumentation |
| 3. Kosten | ● hohe Entwicklungskosten<br>● hohe Einsatz- und Wartungskosten<br>● schlechte Ausnutzung der Maschinenkapazität<br>● hohe Änderungskosten<br>● hohe Kosten für die Dokumentation | ● schlechte Schätzung der Herstellungskosten<br>● schlechte Beschaffungspraktiken<br>● schlechte Entwicklungspraktiken<br>● mangelnde Automatisierung der Entwicklung<br>● ungeeignete oder keine Verwendung vorhandener Entwicklungen<br>● mangelhafte Hardware<br>● unzureichender Kenntnisstand der Programmierer<br>● mangelhafte Systemanforderungen und Spezifikationen<br>● keine Managementkontrolle über die Kosten<br>● hohes Gehaltsniveau für Programmierer<br>● Unsicherheit in der Kostenerfassung und -zuordnung<br>● unzureichende Aufmerksamkeit im Hinblick auf Systemintegration und Test<br>● schlechte Dokumentationspraktiken |

*Quelle: Gewald, Haake und Pfadler, Software Engineering, 1982*

Umgekehrt vermindern größere Zuverlässigkeit, leichte Änderbarkeit und Portabilität die Pflegekosten der Programme.

3.3 Einsatzkosten

Hierzu zählen vorwiegend Kosten der Rechenzentrumsinanspruchnahme bei produktivem Programmeinsatz, aber auch Kosten der Datenerfassung und -übertragung.

Die Einsatzkosten sind umso höher, je größer die Funktionserfüllung und umso niedriger, je größer die Zuverlässigkeit der Programme ist.

Indirekte Einsatzkosten fallen an bei Ausfall beziehungsweise zu starker Verspätung der Datenverarbeitung (Terminverschiebungen), wie zum Beispiel Kosten durch Fertigungsverzögerung oder -ausfall, die Unmöglichkeit der Auszahlung von Lohn und Gehalt, den Wegfall von Lieferscheinen und Rechnungen.

Besonders nachteilig wirken sich solche indirekten Einsatzkosten bei Online-Systemen aus, da hier eine enge zeitliche Kopplung zwischen Anwender und Computer gegeben ist, so daß jede Verzögerung und jeder Ausfall der entsprechenden Datenverarbeitung durch fehlerhafte Software gleichzeitig Ausfall wertvoller Arbeitszeit bedeutet.

Weitere indirekte Einsatzkosten können entstehen durch:

- Nicht erkannte fehlerhafte Berechnungen und Ergebnisse. Beispiel dafür sind Kosten durch Fehldispositionen, Fehlbuchungen, Ausschußfertigung, falsche Führungsinformationen, irreführende Forschungsergebnisse und dergleichen.
- Notwendige Wiederholungen schon geleisteter Arbeit aufgrund verfälschter oder zerstörter Daten. Hierbei sind nicht so sehr die Kosten durch Wiederholungsläufe im Rechenzentrum gemeint, sondern vor allem der zusätzliche Aufwand zur Korrektur oder Wiederherstellung verfälschter oder zerstörter Daten.
- Verhinderte Rationalisierungsmöglichkeiten.
  Beispiel hierfür sind softwarebedingte Bindungen an beziehungsweise Abhängigkeit von einem speziellen Computerlieferanten und ungenutzte Hardwarekapazitäten infolge ungeeigneter Systemsoftware.

## 10.11 Planung, Steuerung und Kontrolle von DV-Projekten

**Definition Projekt:**

Ein Projekt stellt eine einmalige zeitlich begrenzte Aufgabe dar, für deren Problemlösung eine klar definierte Zielsetzung vorgegeben ist. Damit unterscheidet sich das Projekt vom Produkt, welches aus einem sich ständig wiederholenden, also zyklischen Prozeß hervorgeht.

Die *Projektplanung* hat die Aufgabe, eine ordnungsgemäße und wirtschaftliche Realisierung des Projekts zu gewährleisten und den gesamten Ablauf im Sinne vorgegebener Ziele zu optimieren.

Der Projektablauf wird oft von wechselnden und nicht voraussehbaren Störfaktoren begleitet, die entsprechende Planänderungen erfordern, das heißt, die Projektplanung ist nicht auf den Beginn des Projekts beschränkt, sondern sie ist projektbegleitend bis zum Abschluß des Projektes.

Projektplanung kann in allen Unternehmensbereichen erforderlich sein, zum Beispiel bei der Erschließung eines neuen Absatzmarktes, bei der Entwicklung eines Produktes, bei der Erstellung einer Werkshalle, bei einer Personalumschulungsaktion, bei der Einführung einer Deckungsbeitragsrechnung und so weiter.

Die DV-Projektplanung steht im Unternehmen nicht allein da, sondern sie ist als Teil der DV-Planung aus der Unternehmensplanung abgeleitet und sollte deshalb mit ihr abgestimmt sein (siehe Kapitel 10.1 mit Abbildung 24).

Ein DV-Projekt muß, wie jedes andere Projekt auch,
- sachlich,
- wirtschaftlich,
- terminlich

und

- personell

geplant werden.

Um die vier Gesichtspunkte bei der Abwicklung von DV-Projekten berücksichtigen zu können, bedarf es einer straffen Projektorganisation, bestehend aus den Elementen Planung, Steuerung und Kontrolle.
Ein *Projektmanagementsystem* dient als Instrument zur Organisation und Planung von Projekten.

Es unterstützt Steuerung, Kontrolle und Dokumentation der Projekte durch
- die Sicherstellung eines einheitlichen Vorgehens bei allen Projekten von Seiten aller Beteiligten (Softwareerstellung und Fachbereiche sowie DV-Controlling beziehungsweise DV-Revision),
- die Gewährleistung einer zielgerechten Arbeits- und Vorgehensweise,
- die Sicherstellung der Transparenz der Projekte bezogen auf
  - Termin- und Kapazitätssituation,
  - Stand der Arbeiten inklusive Qualität sowie
  - Einsatz und Auslastung der Projekt-Mitarbeiter,

- ein standardisiertes Berichtswesen mit Offenlegung aller aufgetauchter Probleme und gegebenenfalls Auslösung von Reaktionen bei den Berichtsempfängern,
- die komplette Erfassung aller aufgewendeten Zeiten und Kosten im Vergleich zu den geplanten Soll-Werten sowie gegebenenfalls Weiterbelastung der zu verrechnenden Projekterstellungskosten (vor allem bei Softwarepflege, siehe Kapitel 15)

und

- die Sicherstellung einer – möglichst projektbegleitend computerunterstützt zu erstellenden – kompletten System-, Programm-, Anwender- und programmspezifischen Rechenzentrumsdokumentation.

Zur Unterstützung des Projektmanagements kann auch die DV selbst herangezogen werden (siehe Abbildung 58 im Kapitel 13 betreffend Termine, Kosten, Leistungsinhalte (Wirtschaftlichkeit) und Qualität).

Das Kernstück eines Projektmanagementsystems bildet das *Vorgehensmodell.* Es zergliedert ein Projekt in überschaubare Teilschritte. Grundidee eines Vorgehensmodells ist daher eine Unterteilung in *Projektphasen.*

Sieht man ein Projekt als zeitlich begrenzte Aufgabe zur Lösung klar definierter Zielsetzungen, so sind die *Projektphasen* zeitlich und funktionell abgegrenzte Teile innerhalb des Projektverlaufes (siehe SIEMENS-Phasenkonzepte Seite 97).

Das Projektmanagementsystem umfaßt neben dem Vorgehensmodell noch die Projektorganisation und das Projekt-Controlling.

Grundlage für die *Projektorganisation* ist ein schriftlicher *Arbeitsauftrag* (siehe Abbildung 25), der insbesondere die Aufgabenstellung (Pflichtenheft) und Begründung inklusive Nutzenschätzung des Auftraggebers, den gewünschten und geplanten Übergabetermin, den geschätzten Zeitaufwand möglichst mit Hilfe des FPV ermittelt (siehe Kapitel 10.8), die Kosten und den Nutzen für eine Wirtschaftlichkeitsbetrachtung (siehe Kapitel 10.9) sowie die danach vergebene Priorität des DV-Lenkungsausschusses enthalten sollte (siehe Kapitel 10.3).

Das *Projektteam* besteht aus einem Projektleiter und seinen Mitarbeitern aus den betroffenen Fachbereichen (siehe Abbildung 62 im Kapitel 13 betreffend Mitarbeit der Fachbereiche in den Projektteams) und der Softwareerstellung.

In der Praxis hat sich am besten bewährt, wenn der *Projektleiter* aus dem Fachbereich kommt. Er ist verantwortlich für den Projekterfolg und muß dazu neben gutem Fachwissen auch entsprechende Führungsqualitäten besitzen.

Der Projektleiter hat ein Arbeitsprogramm mit spezifizierten Aktivitäten anhand des projektunabhängigen Vorgehensmodells zu erstellen.

Dieser *projektindividuelle Aktivitätenplan* berücksichtigt die Eckdaten des Arbeitsauftrages und sollte folgenden Inhalt haben:
- Kurzbeschreibung der einzelnen Aktivitäten,
- zuständiger Mitarbeiter für die Erledigung der einzelnen Aktivitäten

und
- Endtermin jeder Aktivität.

Wichtig ist, daß der Aktivitätenplan stets vom Projektleiter aktualisiert wird, weil sich während der Projektlaufzeit immer wieder Änderungen ergeben (neue Aktivitäten kommen hinzu, sind gegebenenfalls zu verfeinern und Aktivitäten werden abgeschlossen).

Die Aktivitäten werden entsprechend dem Planungszeitraum zunächst sehr grob geplant. Für die jeweils nächsten vier Wochen muß er aber so detailliert sein, daß die Inhalte der Aktivitäten der Projektmitarbeiter vollständig definiert sind.

Damit der Aktivitätenplan kontrolliert werden kann, muß für jede Aktivität ein klares und damit meßbares Ergebnis herauskommen. Eine Aktivität muß also zum vorgegebenen Zeitpunkt nicht nur beendet sein, sondern es muß auch ein bestimmtes Ergebnis vorliegen. Der Projektleiter muß Termine und Ergebnisse der einzelnen Aktivitäten mit den zuständigen Mitarbeitern abstimmen, damit diese auch dazu stehen können.

Das *kurzfristige Projekt-Controlling* bezieht sich auf eine Termin- und Ergebniskontrolle der geplanten Aktivitäten, was als *regelmäßiges wöchentliches Projektmeeting mit allen Teammitgliedern* erfolgen sollte. Alle bis zu diesem Zeitpunkt zu bearbeitenden Aktivitäten werden besprochen und gegebenenfalls unter Berücksichtigung von Abhängigkeiten zu anderen Aktivitäten neu terminiert. Damit erhält der Projektleiter ein wirkungsvolles Steuerungsinstrument auf Aktivitäten-Ebene.

Ein weiteres Instrument des Projekt-Controllings sind die *Tätigkeitsberichte der Teammitglieder* mit den Angaben über verbrauchte Zeiten und wofür.

Sie dienen der Aufwandskontrolle, gegebenenfalls als Basis für die Kostenverrechnung der Softwareerstellung und zur Aktualisierung der Produktivitätskurve für das FPV (siehe Kapitel 15 beziehungsweise 10.8).

Als *mittelfristiges Projekt-Controlling* dienen die meistens *vierteljährlichen Berichte der*

*Projektgruppenleiter über Projektfortschritte beziehungsweise -verzögerungen und deren Ursachen nach Abschluß jeder Projektphase vor dem DV-Lenkungsausschuß.*

Die Aufgaben der ORG/DV-Stabsstelle Planung und Kontrolle und des DV-Lenkungsausschusses zur Projektorganisation und zum Projekt-Controlling sind im Kapitel 10.2 beziehungsweise 10.3 ausführlich beschrieben.

Die Abbildung 74 im Kapitel 14 nennt die beim Projekt-Controlling eingesetzten Methoden und ihre Bedeutung.

## 10.12 Erfolgskontrolle der realisierten DV-Projekte

Wenn nach Abschluß eines Projektes die vorher geplanten Vorteile (Nutzen) und Kosten immer auch überprüft werden, so kann das die künftige Arbeitsweise der Projektbeteiligten sehr positiv beeinflussen.

Nach Einführung einer DV-Anwendung sollte deshalb durch das DV-Controlling beziehungsweise ersatzweise durch die DV-Revision überprüft werden, inwieweit die ursprünglich gesetzten Zielsetzungen erreicht wurden, und zwar:
- Vergleich von geplanten Aufgaben mit effektiv wahrgenommenen Aufgaben des eingeführten Systems, einschließlich Beurteilung, ob ausreichende Informationsbereitstellung durch das neue System erfolgt.
- Vergleich der geplanten Wirtschaftlichkeit mit der erzielten Wirtschaftlichkeit.

Dies erfordert:
  - Ermittlung der Gesamtentwicklungskosten,
  - Ermittlung der laufenden Betriebskosten,
  - Feststellung des effektiven (monitär bewertbaren) Nutzens.
- Vergleich der sonstigen Begründungen für das DV-Projekt (zum Beispiel nicht-quantifizierbare Kriterien beziehungsweise Nutzen) mit der Wirklichkeit.
- Angaben über nicht vorgesehene Nebenwirkungen (zum Beispiel personeller oder organisatorischer Art).
- Feststellungen zu größeren Fehlleistungen bei der Systementwicklung.

Das Ergebnis der Erfolgskontrolle sollte dem DV-Lenkungsausschuß vorgelegt werden und gleichzeitig die Gründe von gegebenenfalls gewichtigen Abweichungen zwischen der DV-Projektplanung und dem Ist-Zustand der neuen DV-Anwendung angegeben werden.

Diese negativen oder auch positiven Erfahrungen sollten bei der Planung künftiger DV-Projekte – im Sinne eines Lernprozesses – unbedingt berücksichtigt werden (siehe Kapitel 10.3).

Die Enquête hat zur Frage Erfolgskontrolle beziehungsweise Nachkalkulation abgeschlossener DV-Projekte ergeben:
Knapp 40 Prozent selten, knapp 20 Prozent vorwiegend und leider erst 14 Prozent immer.
Bei Unternehmen mit mehr als 500 Millionen DM Umsatz ist es mit 20 Prozent immer schon etwas günstiger (siehe Abbildung 64 und 64a im Kapitel 13).

# 11. Ergebnis der DV-Controlling-Enquête 1993 zu „Planung und Kontrolle im ORG/DV-Bereich (Fragen-Block D)

**FRAGE D1: HAT DER ORG/DV-BEREICH EINE STABSSTELLE PLANUNG UND KONTROLLE FÜR DIE KOORDINIERUNG DER VORSCHLÄGE FÜR DEN KÜNFTIGEN DV-EINSATZ BEI DEN FACHBEREICHEN UND WEITERGABE DER ANFORDERUNGEN AN SOFTWARE, HARDWARE UND PERSONAL AN DAS DV-CONTROLLING?**

Nur ein Drittel haben eine Stabsstelle Planung und Kontrolle beim ORG/DV-Bereich.

Bei Unternehmen mit mehr als 500 Millionen DM Umsatz sind es schon über 40 Prozent.

Wenn nein (bei zwei Drittel), dann machen diese Planungsvorbereitungstätigkeiten vorwiegend die ORG/DV-Leiter selbst oder diese zusammen mit den Fachbereichen beziehungsweise deren DV-Koordinatoren.

**FRAGE D2: WERDEN DER STABSSTELLE PLANUNG UND KONTROLLE RICHTLINIEN FÜR INVESTITIONSANTRÄGE ZUR HARDWARE UND SYSTEMSOFTWARE SOWIE ZUR KOSTEN- UND LEISTUNGSVERRECHNUNG INKLUSIVE BERICHTSWESEN DES ORG/DV-BEREICHS VORGEGEBEN?**

Bei knapp 60 Prozent erhält die ORG/DV-Stabsstelle Planung und Kontrolle solche Richtlinien vorgegeben.

Bei Unternehmen mit mehr als 500 Millionen DM Umsatz sind es schon fast 70 Prozent.

**FRAGE D3: LIEFERT DIE STABSSTELLE PLANUNG UND KONTROLLE AUCH VORSCHLÄGE AN DAS DV-CONTROLLING FÜR DIE SOFTWAREPFLEGE-AUFTRÄGE?**

Nur bei 40 Prozent liefert die ORG/DV-Stabsstelle Planung und Kontrolle solche Vorschläge an das DV-Controlling.

Wenn nein (bei 60 Prozent), dann machen diese Planungsvorbereitungstätigkeiten vorwiegend die ORG/DV-Leiter selbst oder ihre Softwareerstellungsleiter, gegebenenfalls zusammen mit den Fachbereichen.

**FRAGE D4: IST DIE STABSSTELLE PLANUNG UND KONTROLLE AUCH ZUSTÄNDIG FÜR DIE KONTROLLE EINER VERURSACHUNGSGERECHTEN KOSTEN- UND LEISTUNGSVERRECHNUNG SOWIE FÜR EIN AUSSAGEFÄHIGES BERICHTSWESEN DES ORG/DV-BEREICHS?**

Nur bei knapp 40 Prozent ist die ORG/DV-Stabsstelle Planung und Kontrolle hierfür zuständig.
Wenn nein, (bei 60 Prozent), dann ist für diese Kontrolltätigkeit vorwiegend das DV-Controlling, die Betriebswirtschaft/Kostenrechnung oder der ORG/DV-Leiter selbst zuständig.

**FRAGE D5: IST DIE STABSSTELLE PLANUNG UND KONTROLLE VERANTWORTLICH FÜR DIE GEGEBENENFALLS RICHTIGE ANWENDUNG DES FUNCTION-POINT-VERFAHRENS ZUR ZEITAUFWANDSCHÄTZUNG DER DV-PROJEKTE ALS WICHTIGSTE VORAUSSETZUNG FÜR DEREN WIRTSCHAFTLICHKEITSBETRACHTUNGEN?**

Nur bei knapp 30 Prozent ist die ORG/DV-Stabsstelle Planung und Kontrolle verantwortlich für die richtige Anwendung des FPV.
Wenn nein (bei 70 Prozent), dann ist dafür vorwiegend das DV-Controlling, der ORG/DV-Leiter oder sein Softwareerstellungsleiter selbst verantwortlich.

**FRAGE D6: WIE IST DIE ZUSAMMENARBEIT DER STABSSTELLE PLANUNG UND KONTROLLE MIT DEM BENUTZERSERVICE FÜR DIE INDIVIDUELLE DATENVERARBEITUNG?**

Bei 45 Prozent ist die Zusammenarbeit erst gering ausgeprägt, aber bei über 50 Prozent bereits intensiv.

# 12. Das Ergebnis der DV-Controlling-Enquête 1993 zu „Kennzahlensysteme des DV-Controlling" (Fragen-Block H)

**FRAGE H1: WELCHE KENNZAHLENSYSTEME ZUR PLANUNG, STEUERUNG UND KONTROLLE DES DV-EINSATZES GIBT ES, UND WELCHE VON DIESEN KENNZAHLEN HABEN SICH BEIM ZWISCHENBETRIEBLICHEN VERGLEICH BEWÄHRT?**

Abbildung 43 zeigt:

Kosten-Kennzahlen und Leistungs-Kennzahlen gibt es wesentlich mehr als Nutzen-Kennzahlen, auch ihre Bewährung beim zwischenbetrieblichen Vergleich ist größer. Bei Unternehmen mit mehr als 500 Millionen DM Umsatz ist ihre Anwendung noch größer (70 Prozent beziehungsweise 65 Prozent gegenüber nur 25 Prozent bei den Nutzen-Kennzahlen).

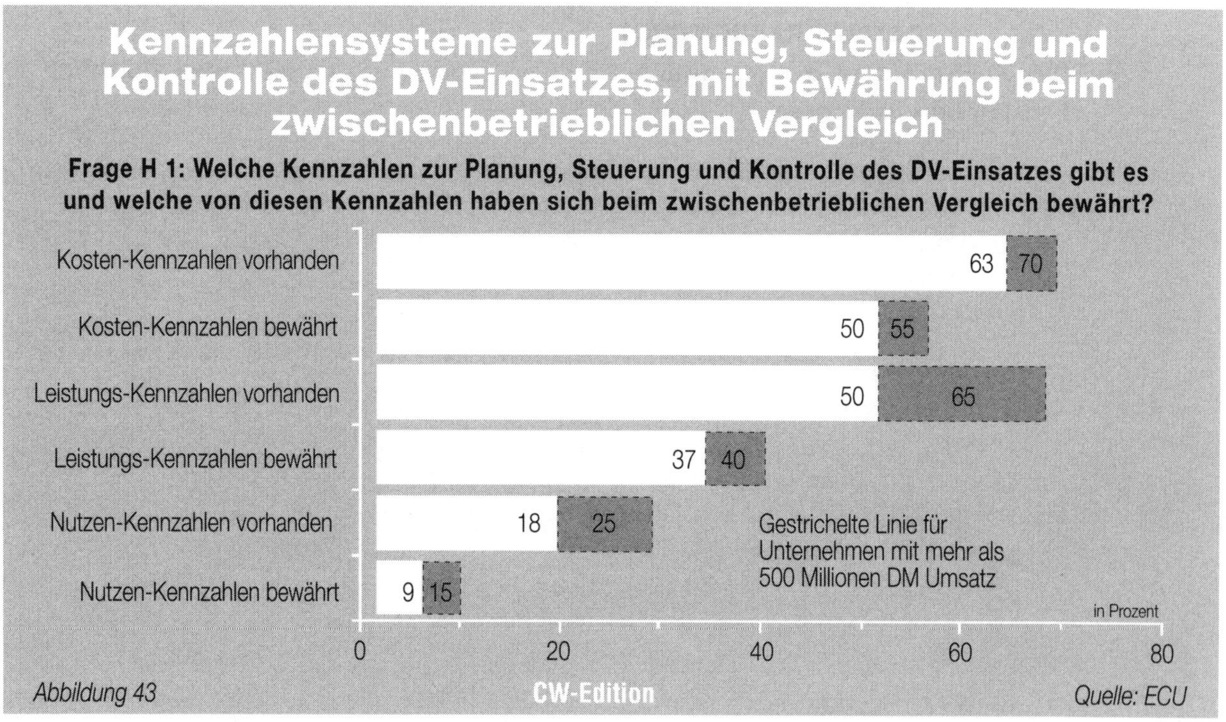

Abbildung 43

**FRAGE H2: ERMÖGLICHEN NACH IHREN ERFAHRUNGEN KENNZAHLENSYSTEME SOLL/IST-VERGLEICHE UND ABWEICHUNGSANALYSEN FÜR PLANUNGS- UND MASSNAHMEKORREKTUREN?**

Fast 80 Prozent bejahen die Frage.

# 13. Ergebnis der DV-Controlling-Enquête 1993 zu „Arbeitsweise des DV-Controlling" (Fragen-Block E)

**FRAGE E1: WELCHE ZIELE SOLL DAS DV-CONTROLLING ANSTREBEN?**

Die Abbildung 44 zeigt:

Bei den 7 Prioritäten der anzustrebenden Ziele für das DV-Controlling stehen mit Abstand die

- Wirtschaftlichkeit und Wirksamkeit der Informationsverarbeitung

und

- Strategische Unternehmensziele

an der Spitze, gefolgt von

- Nutzensteigerung mit Hilfe der Informationsverarbeitung

und

- Kostenkontrolle der Informationsverarbeitung.

Besonders auffallend ist, daß die Termineinhaltung der Informationsverarbeitung erst an vorletzter Stelle rangiert.

Bei Unternehmen mit einem Umsatz von mehr als 500 Millionen Mark ist keine Verschiebung der Prioritätenreihenfolge festzustellen.

**Anzustrebende Ziele für das DV-Controlling**

**Frage E1: Welche Ziele soll das DV-Controlling anstreben?**

| Priorität | Anzustrebende Ziele für das DV-Controlling | %-Anteil der Schätzung |
|---|---|---|
| 1. | Wirtschaftlichkeit und Wirksamkeit der Informationsverarbeitung | 35 |
| 2. | Strategische Unternehmensziele | 30 |
| 3. | Nutzensteigerung mit Hilfe der Informationsverarbeitung | 20 |
| 4. | Kostenkontrolle der Informationsverarbeitung | 10 |
| 5. | Software-Funktionalität (organisatorische Zweckmäßigkeit der DV-Anwendungen) | 2 |
| 6. | Termineinhaltung der Informationsverarbeitung | 2 |
| 7. | Qualitätssicherung der Informationsverarbeitung | 1 |
| | | **100%** |

Anmerkung: Bereinigung und Abrundung der %-Angaben der Schätzungen ohne „keine Angaben (k.A.)"

*Abbildung 44* — CW-Edition — *Quelle: ECU*

**FRAGE E2: ERFOLGT EIN STRATEGISCHES DV-CONTROLLING (LANGFRISTIGES DV-RESSOURCEN-CONTROLLING), ABGELEITET AUS DER UNTERNEHMENS-PLANUNG ENTSPRECHEND DEN UNTERNEHMENSZIELEN?**

Die Abbildung 45 zeigt:
Ein strategisches DV-Controlling erfolgt bei über 15 Prozent nie, bei knapp 40 Prozent noch selten, bei über 30 Prozent schon vorwiegend und erst bei 5 Prozent immer.

**FRAGE E3: ERFOLGT EIN TAKTISCHES DV-CONTROLLING (PROJEKTSTUDIEN-CONTROLLING, PROJEKT-PORTFOLIO-CONTROLLING UND PROJEKT-CONTROLLING)?**

Die Abbildung 46 zeigt:
Ein taktisches DV-Controlling erfolgt bei knapp 10 Prozent nie, bei über 30 Prozent selten, bei knapp 30 Prozent vorwiegend und bei knapp 20 Prozent immer.
Allerdings wird bei 10 Prozent nur unterschieden nach strategischem und operativem DV-Controlling.

**FRAGE E4: ERFOLGT EIN OPERATIVES DV-CONTROLLING (PRODUKT- DAS HEISST SOFTWAREPFLEGE-CONTROLLING UND RECHENZENTRUMS- DAS HEISST PRODUKTIONS-CONTROLLING) MIT BUDGETIERUNG, VERRECHNUNGSPREISEN UND KENNZAHLEN?**

Die Abbildung 47 zeigt:
Ein operatives DV-Controlling erfolgt bei über 20 Prozent nie, bei knapp 15 Prozent selten, bei knapp 30 Prozent vorwiegend und bei knapp 30 Prozent bereits immer.
Bei Unternehmen mit mehr als 500 Millionen DM Umsatz sind es bei immer sogar schon 45 Prozent (siehe Abbildung 47a).

**FRAGE E5: AN WELCHER STELLE STEHEN BEI DER STRATEGISCHEN INFORMATIONSVERARBEITUNG FOLGENDE NUTZENKATEGORIEN ALS UNTERNEHMENSZIELE?**

Abbildung 48 zeigt:
Die Prioritätenreihenfolge bei den Nutzenkategorien ist:
1. Kostenreduzierung,
2. Produktivitätsverbesserungen

und

3. Strategische Wettbewerbsvorteile.

Bei Unternehmen mit mehr als 500 Millionen DM Umsatz ist hingegen die Prioritätenreihenfolge:
1. Strategische Wettbewerbsvorteile,
2. Kostenreduzierung
} beide mit 43 Prozent

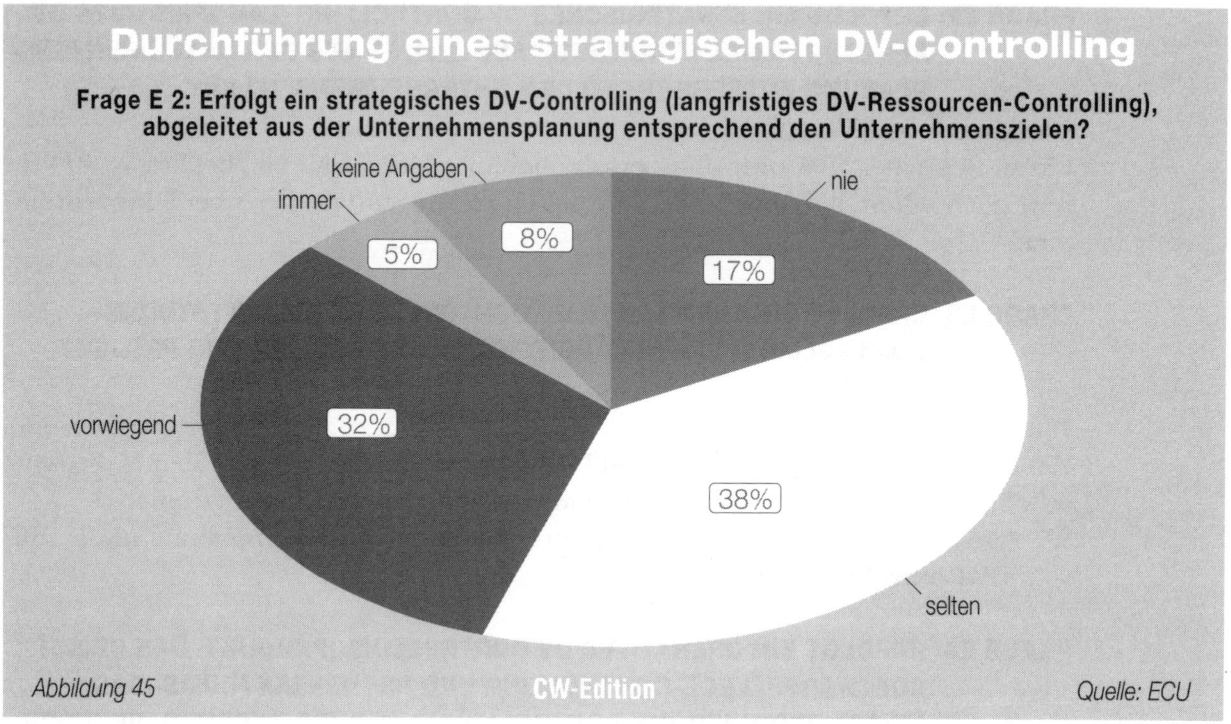

Abbildung 45

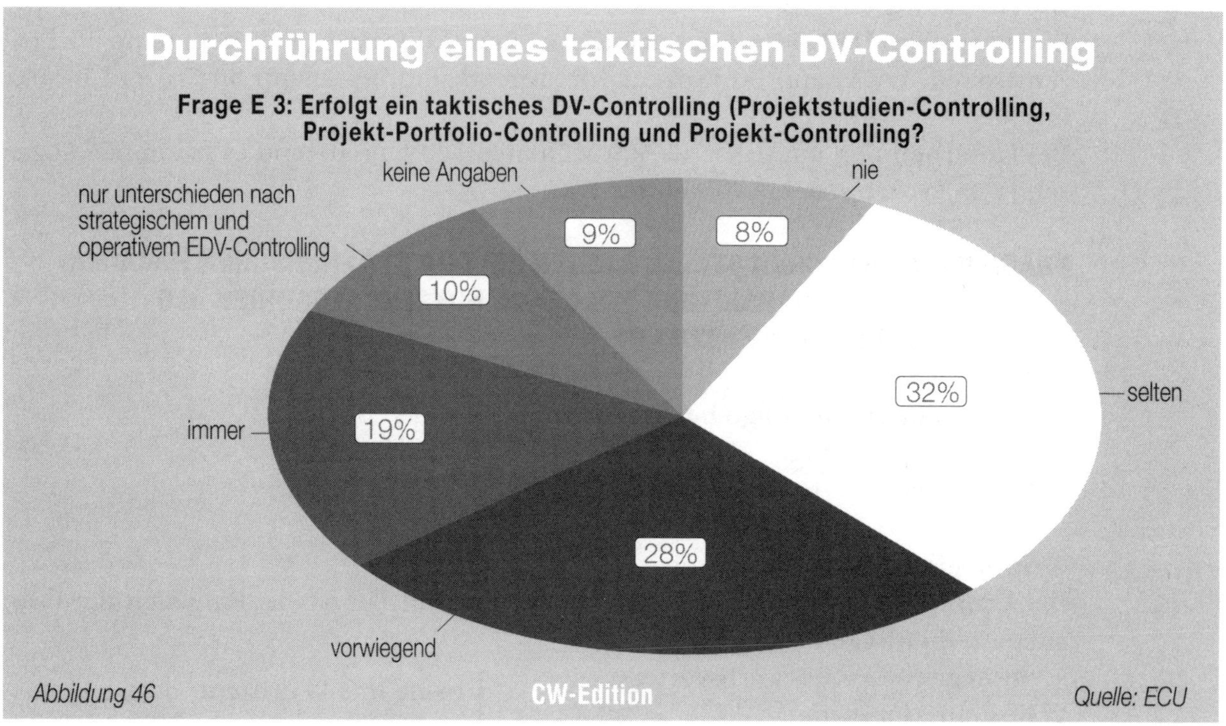

Abbildung 46

## Durchführung eines operativen DV-Controlling

**Frage E 4: Erfolgt ein operatives DV-Controlling (Produkt - das heißt Softwarepflege-Controlling und Rechenzentrums- das heißt Produktions-Controlling) mit Budgetierung, Verrechnungspreisen und Kennzahlen?**

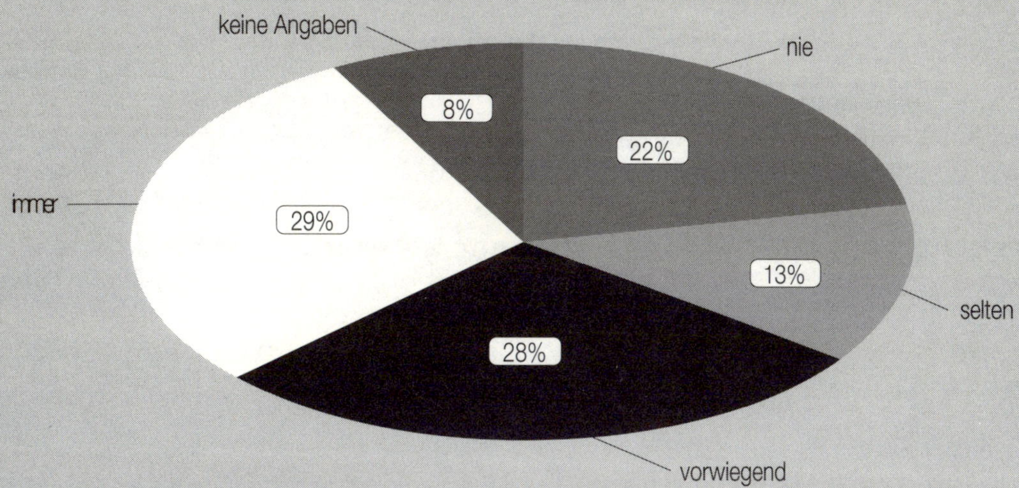


*Abbildung 47* **CW-Edition** *Quelle: ECU*

## Durchführung eines operativen DV-Controlling nur bei Unternehmen mit mehr als 500 Mio. DM Umsatz

**Frage E 4: Erfolgt ein operatives DV-Controlling (Produkt- das heißt Softwarepflege-Controlling und Rechenzentrums- das heißt Produktions-Controlling) mit Budgetierung, Verechnungspreisen und Kennzahlen?**

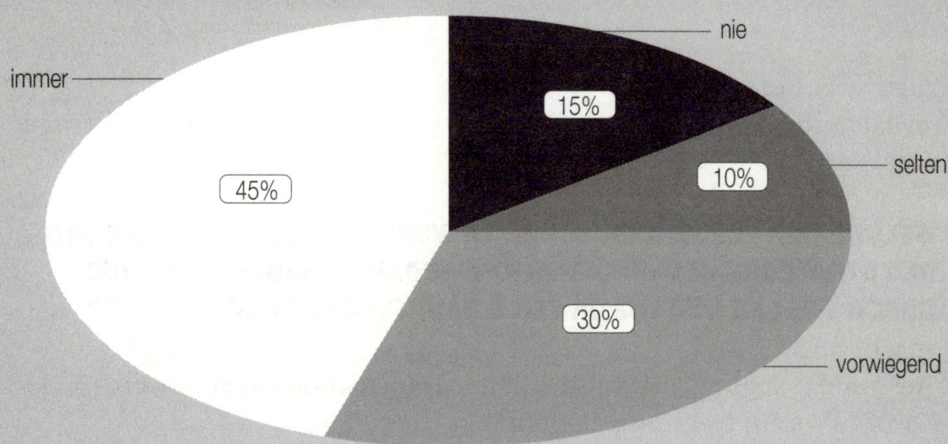


*Abbildung 47a* **CW-Edition** *Quelle: ECU*

## Nutzenkategorien als Unternehmensziele bei der strategischen Informationsplanung

**Frage E 5: An Welcher Stelle stehen bei der strategischen Informationsplanung folgende Nutzenkategorien als Unternehmensziele**

| Priorität | Nutzenkategorien als Unternehmensziele bei der strategischen Informationsplanung | %-Anteil der Schätzung |
|---|---|---|
| 1. | Kostenreduzierungen | 36 |
| 2. | Produktivitätsverbesserungen | 35 |
| 3. | Strategische Wettbewerbsvorteile | 29 |
| | | **100%** |

Anmerkung: Bereinigung und Abrundung der %-Angaben der Schätzungen ohne „keine Angaben (k.A.)“

*Abbildung 48* CW-Edition *Quelle: ECU*

## Nutzenkategorien als Unternehmensziele bei der strategischen Informationsplanung nur bei Unternehmen mit mehr als 500Millionen DM Umsatz

**Frage E 5: An Welcher Stelle stehen bei der strategischen Informationsplanung folgende Nutzenkategorien als Unternehmensziele**

| Priorität | Nutzenkategorien als Unternehmensziele bei der strategischen Informationsplanung | %-Anteil der Schätzung |
|---|---|---|
| 1. | Strategische Wettbewerbsvorteile | 43 |
| 2. | Kostenreduzierungen | 43 |
| 3. | Produktivitätsverbesserungen | 14 |
| | | **100%** |

Anmerkung: Bereinigung und Abrundung der %-Angaben der Schätzungen ohne „keine Angaben (k.A.)“

*Abbildung 48a* CW-Edition *Quelle: ECU*

und

3. Produktivitätsverbesserungen.

Die Produktivitätsverbesserungen sind mit 14 Prozent stark zurückgefallen (siehe Abbildung 48a).

### FRAGE E6: WELCHE DER FOLGENDEN SCHRITTE WERDEN BEI DER FESTLEGUNG DES STRATEGISCHEN INFORMATIONSBEDARFS EINGEHALTEN UND DURCH WELCHE INSTANZ JEWEILS HAUPTSÄCHLICH REALISIERT?

Die Abbildung 49 zeigt:

Alle 8 Schritte zur Festlegung des strategischen Informationsbedarfs werden mit zwischen 60 bis 77 Prozent Nennung eingehalten.

Dabei sind die realisierenden Instanzen hauptsächlich die Unternehmensleitung selbst, der DV-Lenkungsausschuß oder auch nur der ORG/DV-Leiter.

## Festlegungsschritte des strategischen Informationsbedarfs mit hauptsächlich duchführenden Instanzen

**Frage E 6: Welche der folgenden Schritte werden bei der Festlegung des strategischen Informationsbedarfs eingehalten und durch welche Instanz jeweils hauptsächlich realisiert?**

| Lfd. Nr. | Festlegungsschritte strategischer Informationsbedarf | Realisierende Instanzen hauptsächlich | Nennung |
|---|---|---|---|
| 1. | Formulierung Unternehmensziele | Unternehmensleitung | 70% |
| 2. | Aufstellung strategischer Unternehmensplan | vorwiegend Unternehmensleitung oder auch zusammen mit dem Controlling/Unternehmungsplanung | 68% |
| 3. | Formulierung funktionaler Anforderungen an die Informationssysteme | Fachbereich zum Teil zusammen mit ORG/DV-Leiter oder auch DV-Lenkungsausschuß | 75% |
| 4. | Formulierung Strategie der Informationsverarbeitung | Unternehmensleitung, DV-Lenkungsausschuss oder ORG/DV-Leiter | 77% |
| 5. | Bewertung strategischer Projekte der Informationsverarbeitung | Unternehmensleitung, DV-Lenkungsausschuss oder ORG/DV-Leiter | 60% |
| 6. | Priorisierung strategischer Projekte Informationsverarbeitung | Unternehmensleitung, DV-Lenkungsausschuss oder ORG/DV-Leiter | 70% |
| 7. | Aufstellung strategischer Pläne für die Informationsverarbeitung | Unternehmensleitung, DV-Lenkungsausschuss oder ORG/DV-Leiter | 77% |
| 8. | Verabschiedung strategischer Pläne der Informationsverarbeitung | Unternehmensleitung, DV-Lenkungsausschuss oder ORG/DV-Leiter | 77% |

*Abbildung 49* CW-Edition *Quelle: ECU*

**FRAGE E7: GIBT ES EINEN DV-LENKUNGSAUSSCHUSS ALS PLANUNGS-, ENTSCHEIDUNGS-, STEUERUNGS- UND KONTROLLGREMIUM FÜR DIE INFORMATIONSVERARBEITUNG?**

Erst knapp die Hälfte hat einen DV-Lenkungsausschuß, und zwar vorwiegend bestehend aus einem Mitglied der Unternehmensleitung, dem (DV-)Controller, dem ORG/DV-Leiter und den (Fach-)Bereichsleitern.

**FRAGE E8: WELCHE PRIORITÄTEN LEGT DIESER DV-LENKUNGSAUSSCHUSS IM EINZELNEN FÜR DIE JAHRESPLANUNG DER INFORMATIONSVERARBEITUNG FEST?**

Die Abbildung 50 zeigt: Die Prioritätenfestlegung des DV-Lenkungsausschusses für Anwendungssoftware, Hardware, Systemsoftware, ORG/DV-Personal und externe Dienstleistungen mit 5 bis über 40 Prozent.

**FRAGE E9: KÖNNEN AUSSER WIRTSCHAFTLICHKEITSBETRACHTUNGEN FÜR DEN GESAMTUNTERNEHMERISCHEN PRIORITÄTENENTSCHEID ZUR SOFTWAREERSTELLUNG AUCH STRATEGISCHE WETTBEWERBSVORTEILE AUSSCHLAGGEBEND SEIN?**

Über 80 Prozent nennen auch strategische Wettbewerbsvorteile für den gesamtunternehmerischen Prioritätenentscheid und als weitere Kriterien noch

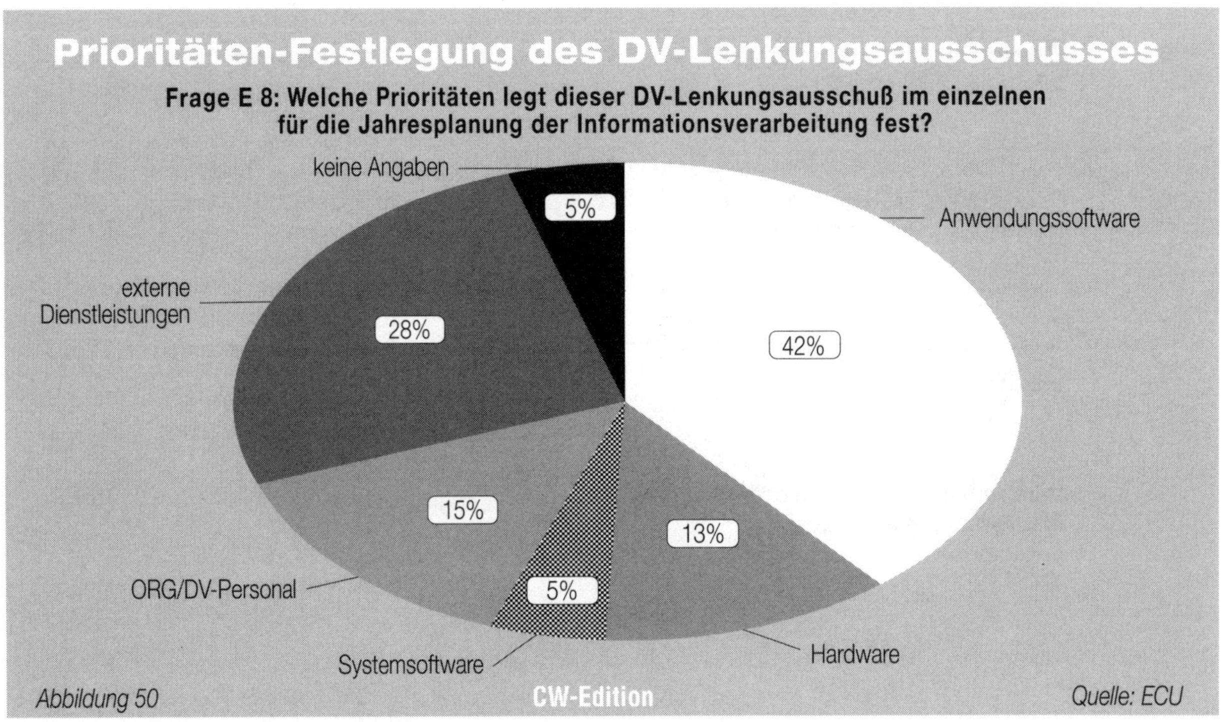


Abbildung 50

- Gesetzesentscheide und Verordnungen,
- Stand der Technik

und

- Synergieeffekte im Konzern.

**FRAGE E10: WENN ES KEINEN DV-LENKUNGSAUSSCHUSS GIBT, WER ÜBERNIMMT DANN DIESE STRATEGISCHEN UND OPERATIVEN PLANUNGS- UND WEITEREN AKTIVITÄTEN FÜR DIE INFORMATIONSVERARBEITUNG?**

Von der Hälfte wurden vorwiegend die Unternehmensleitung und der ORG/DV-Leiter als Ersatz für einen DV-Lenkungsausschuß genannt.

**FRAGE E11: BEZIEHT SICH DAS DV-CONTROLLING AUCH AUF DEN EINSATZ VON KOMMUNIKATIONSSYSTEMEN?**

Bei fast 70 Prozent bezieht sich das DV-Controlling auch auf den Einsatz von Kommunikationssystemen.

**FRAGE E12: WERDEN FÜR DV-PROJEKTE WIRTSCHAFTLICHKEITSBETRACHTUNGEN (KOSTEN-/NUTZENANALYSEN) AUCH MEHRMALS INNERHALB EINES PHASENKONZEPTES DURCHGEFÜHRT?**

Die Abbildung 51 zeigt:

Bei über 10 Prozent wurden Wirtschaftlichkeitsbetrachtungen für DV-Projekte

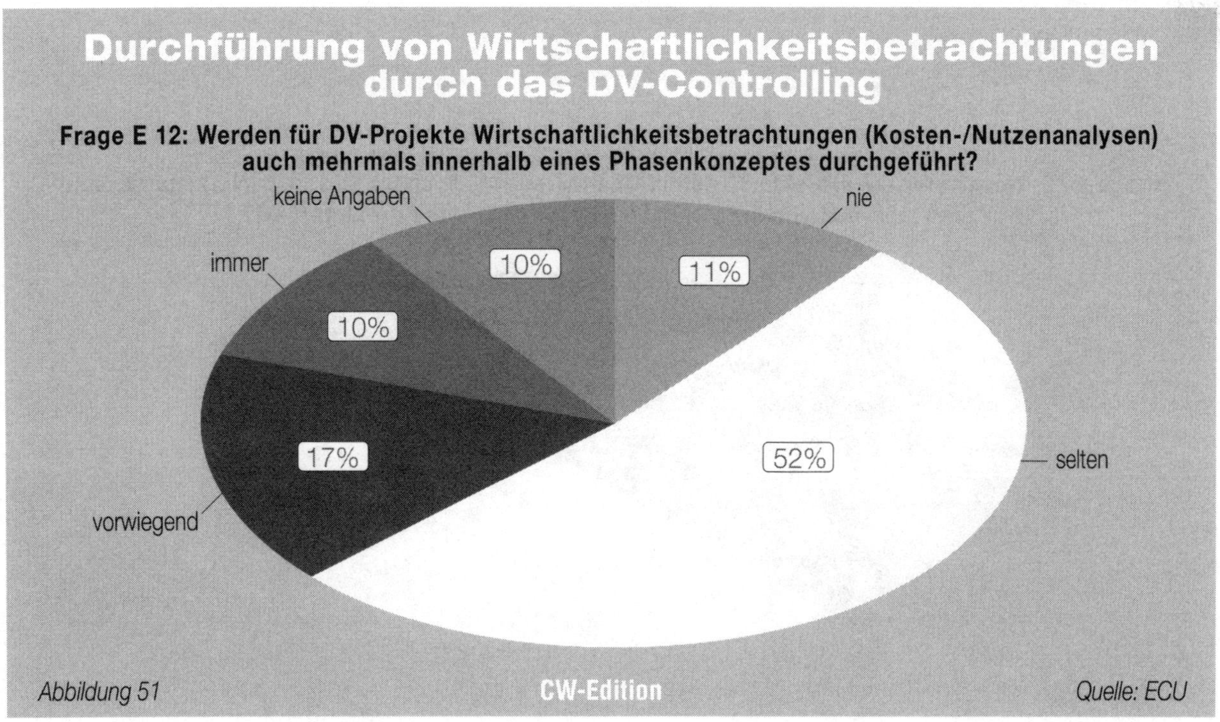


Abbildung 51

noch nie, bei über 50 Prozent selten, bei über 15 Prozent schon vorwiegend und erst bei 10 Prozent immer auch mehrmals innerhalb eines Phasenkonzeptes durchgeführt.
Bei Unternehmen mit mehr als 500 Millionen DM Umsatz sind es bei vorwiegend schon 25 Prozent und bei immer 15 Prozent (siehe Abbildung 51a).
Um statische Investitionsverfahren handelt es sich bei knapp 40 Prozent (bei Unternehmen mit mehr als 500 Millionen DM Umsatz 55 Prozent) und um dynamische Investitionsverfahren nur bei knapp 20 Prozent.

**FRAGE E13: WERDEN BEI WIRTSCHAFTLICHKEITSBETRACHTUNGEN AUCH DIE NICHT-MONETÄR QUANTIFIZIERBAREN WERTE NACH DER MULTIFAKTOREN (NUTZWERT)- METHODE ALS WIRKSAMKEIT BERÜCKSICHTIGT?**

Die Abbildung 52 zeigt:
Der Einsatz der Multifaktoren(Nutzwert)-Methode erfolgt zu 25 Prozent nie, zu knapp 40 Prozent selten, zu 20 Prozent vorwiegend und zu knapp 10 Prozent immer.
Bei Unternehmen mit mehr als 500 Millionen DM Umsatz sind es schon 25 Prozent vorwiegend und 10 Prozent immer (siehe Abbildung 52a).

**Durchführung von Wirtschaftlichkeitsbetrachtungen durch das DV-Controlling nur bei Unternehmen mit mehr als 500 Millionen DM Umsatz**

**Frage E 12: Werden für DV-Projekte Wirtschaftlichkeitsbetrachtungen (Kosten-/Nutzenanalysen) auch mehrmals innerhalb eines Phasenkonzeptes durchgeführt?**

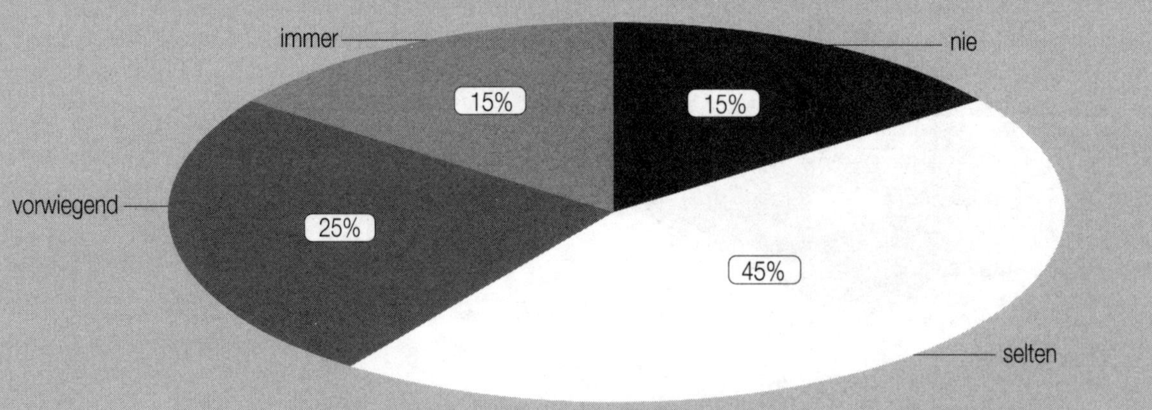


Abbildung 51a — CW-Edition — Quelle: ECU

## Einsatz der Multifaktoren (Nutzwert)-Methode

**Frage E 13: Werden bei Wirtschaftlichkeitsbetrachtungen auch die nicht-monetär quantifizierbaren Werte nach der Multifaktoren (Nutzwert)-Methode als Wirksamkeit berücksichtigt?**

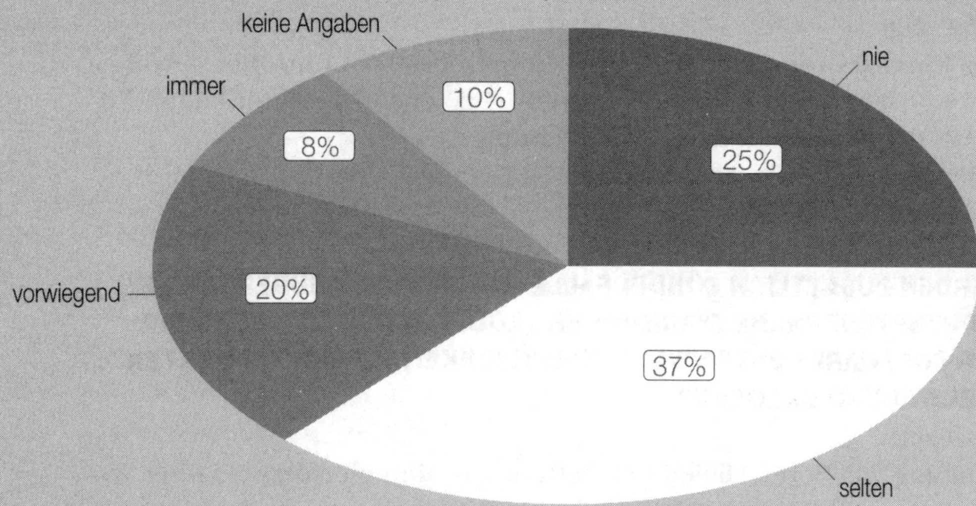


*Abbildung 52* CW-Edition *Quelle: ECU*

## Einsatz der Multifaktoren (Nutzwert)-Methode nur bei Unternehmen mit mehr als 500 Millionen DM Umsatz

**Frage E 13: Werden bei Wirtschaftlichkeitsbetrachtungen auch die nicht-monetär quantifizierbaren Werte nach der Multifaktoren (Nutzwert)-Methode als Wirksamkeit berücksichtigt?**

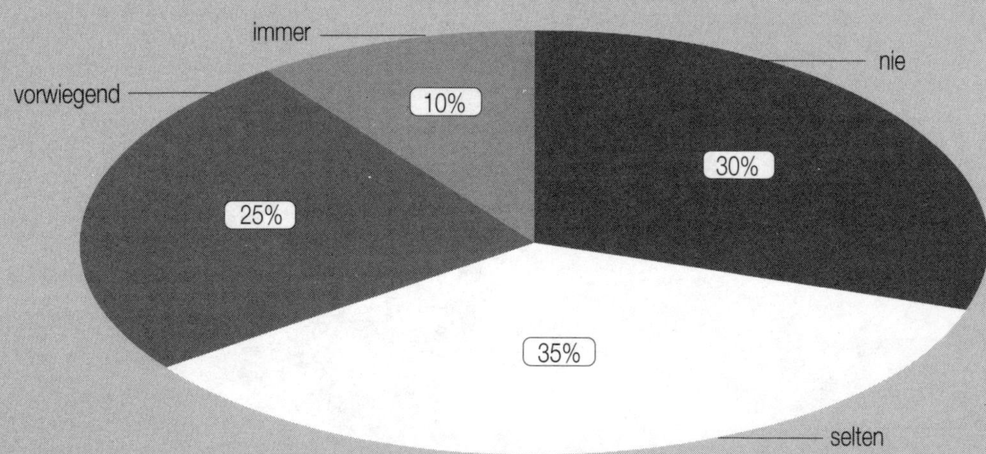


*Abbildung 52a* CW-Edition *Quelle: ECU*

**FRAGE E14: WIRD BEI WIRTSCHAFTLICHKEITSBETRACHTUNGEN AUCH GEPRÜFT, OB DER EINSATZ UND GEGEBENENFALLS DIE ANPASSUNG VON STANDARDSOFTWARE AN DIE BESTEHENDE ABLAUFORGANISATION GÜNSTIGER IST ALS DIE ERSTELLUNG VON INDIVIDUALSOFTWARE?**

Die Abbildung 53 zeigt:
Die Prüfung des Einsatzes von Standardsoftware durch das DV-Controlling erfolgt mit über 15 Prozent selten, mit knapp 30 Prozent vorwiegend und mit knapp 50 Prozent immer bei den Wirtschaftlichkeitsbetrachtungen.
Bei Unternehmen mit mehr als 500 Millionen DM Umsatz sind es schon 65 Prozent immer (siehe Abbildung 53a).

**FRAGE E15: WERDEN ZUSÄTZLICH SONDERFÄLLE WIE „SOFTWAREÜBERNAHME", „KONZEPTÜBERNAHME" UND/ODER „KOOPERATIVE ENTWICKLUNG DER SOFTWARE" UNTER WIRTSCHAFTLICHKEITSGESICHTSPUNKTEN IN ERWÄGUNG GEZOGEN?**

Die Abbildung 54 zeigt:
Die Berücksichtigung von Sonderfällen der Softwareerstellung erfolgt bei über 20 Prozent nie, bei knapp 30 Prozent selten, bei über 30 Prozent schon vorwiegend und erst bei knapp 10 Prozent immer.

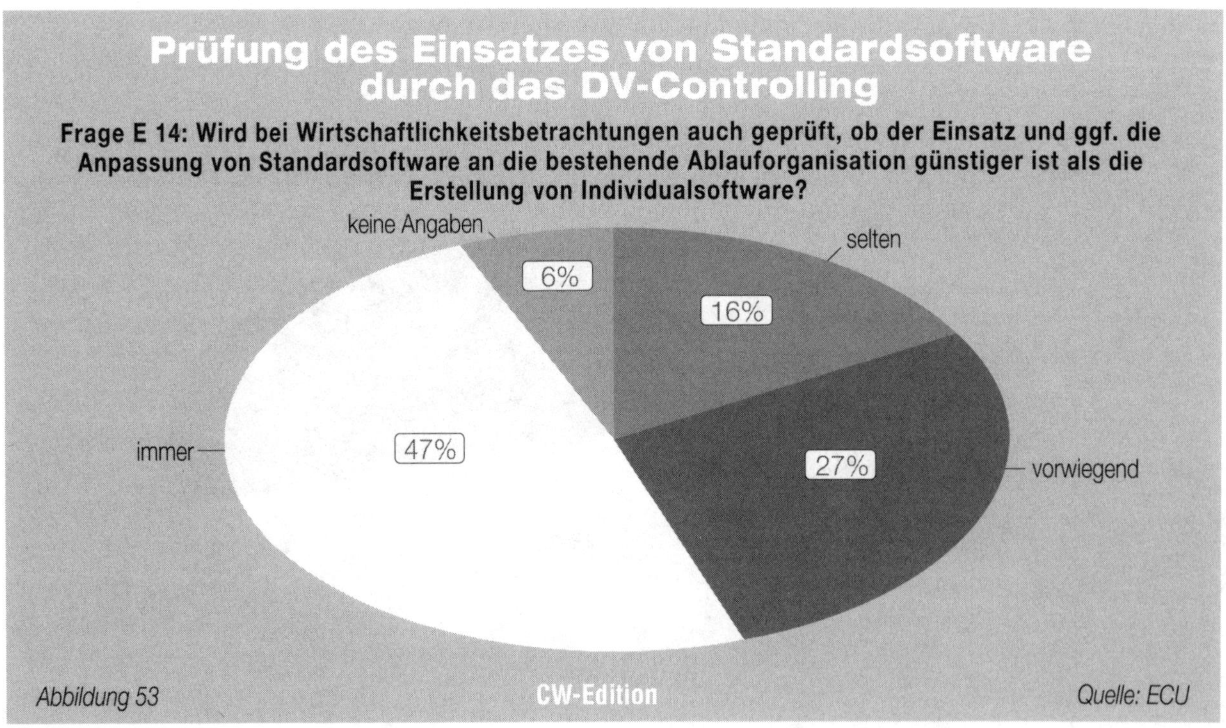

Abbildung 53

## Prüfung des Einsatzes von Standardsoftware durch das DV-Controlling nur bei Unternehmen mit mehr als 500 Millionen DM

**Frage E 14: Wird bei Wirtschaftlichkeitsbetrachtungen auch geprüft, ob der Einsatz und ggf. die Anpassung von Standardsoftware an die bestehende Ablauforganisation günstiger ist als die Erstellung von Individualsoftware?**

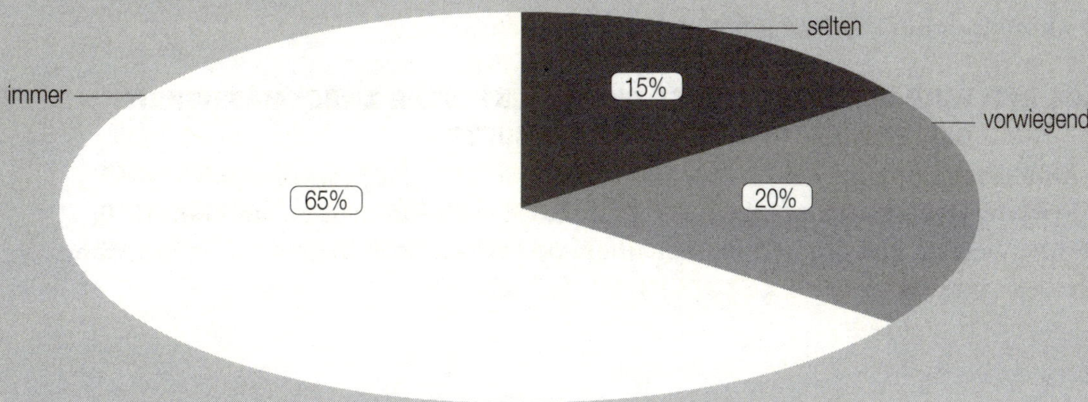


*Abbildung 53a* CW-Edition *Quelle: ECU*

## Berücksichtigung von Sonderfällen der Softwareerstellung

**Frage E 15: Werden zusätzlich Sonderfälle wie „Softwareübernahme", „Konzeptübernahme" und/oder „Kooperative Entwicklung der Software" unter Wirtschaftlichkeitsgesichtspunkten in Erwägung gezogen?**

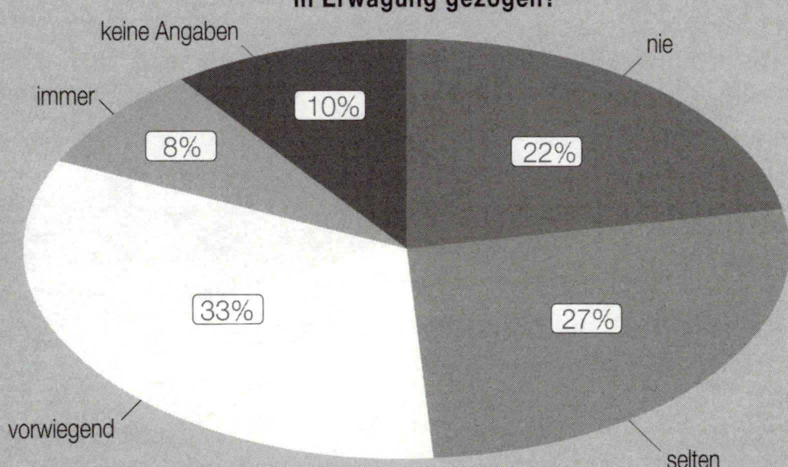


*Abbildung 54* CW-Edition *Quelle: ECU*

**FRAGE E16: IST DAS DV-CONTROLLING BEI DEN VORGENANNTEN SOFTWARE-ENTSCHEIDUNGEN (FRAGEN 12–15) MASSGEBLICH BETEILIGT?**

Die Abbildung 55 zeigt:

Die Beteiligung des DV-Controlling an den Software-Entscheidungen erfolgt bei knapp 10 Prozent nie, bei 25 Prozent selten, bei über 30 Prozent vorwiegend und bei knapp 20 Prozent bereits immer.

Bei Unternehmen mit mehr als 500 Millionen DM Umsatz sind es schon 25 Prozent immer (siehe Abbildung 55a).

**FRAGE E17: WIRD VOR BEGINN EINES DV-PROJEKTES DIE ZWECKMÄSSIGKEIT DER PROJEKTORGANISATION GEPRÜFT?**

Die Abbildung 56 zeigt:

Die Prüfung der Zweckmäßigkeit der Projektorganisation erfolgt bei über 10 Prozent nie, bei 25 Prozent selten, bei über 20 Prozent vorwiegend und bei über 30 Prozent bereits immer.

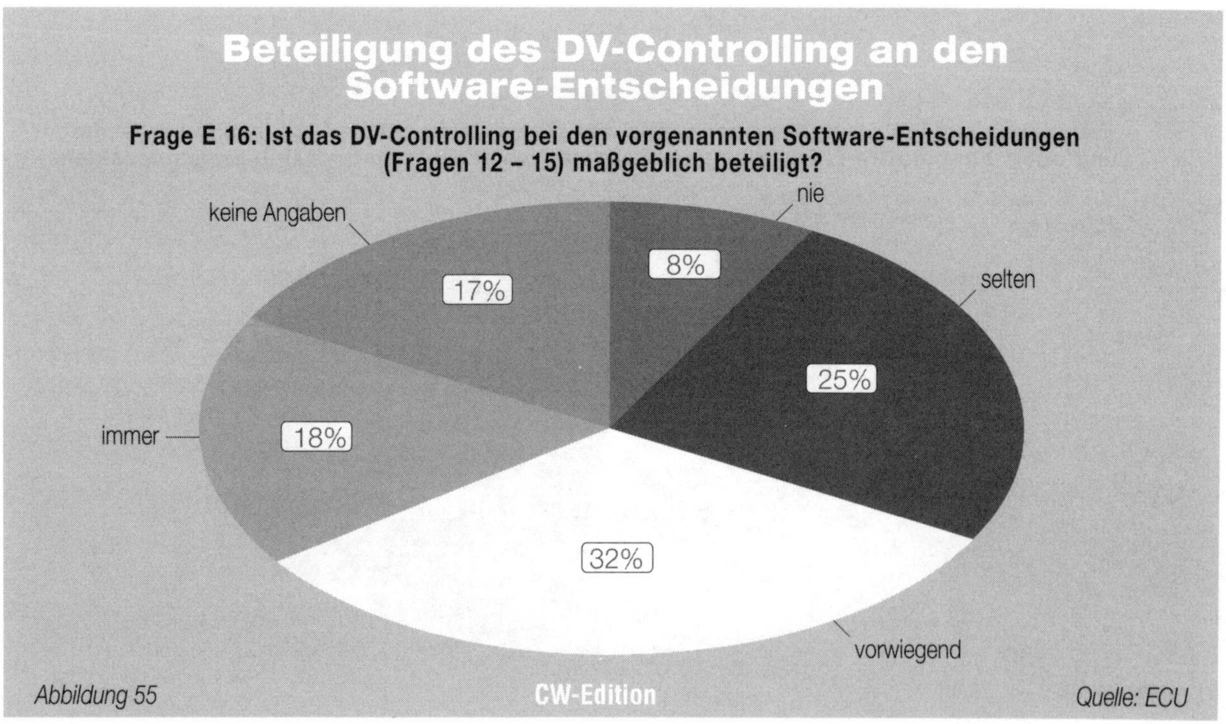


Abbildung 55

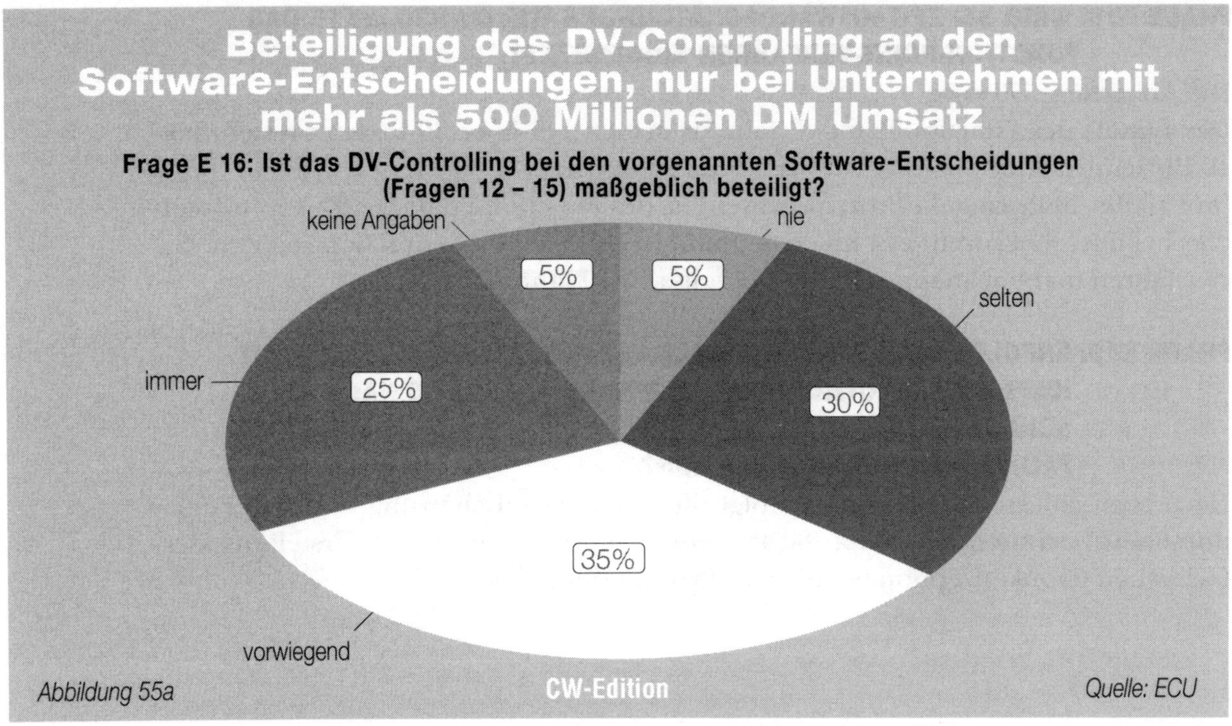


Abbildung 55a

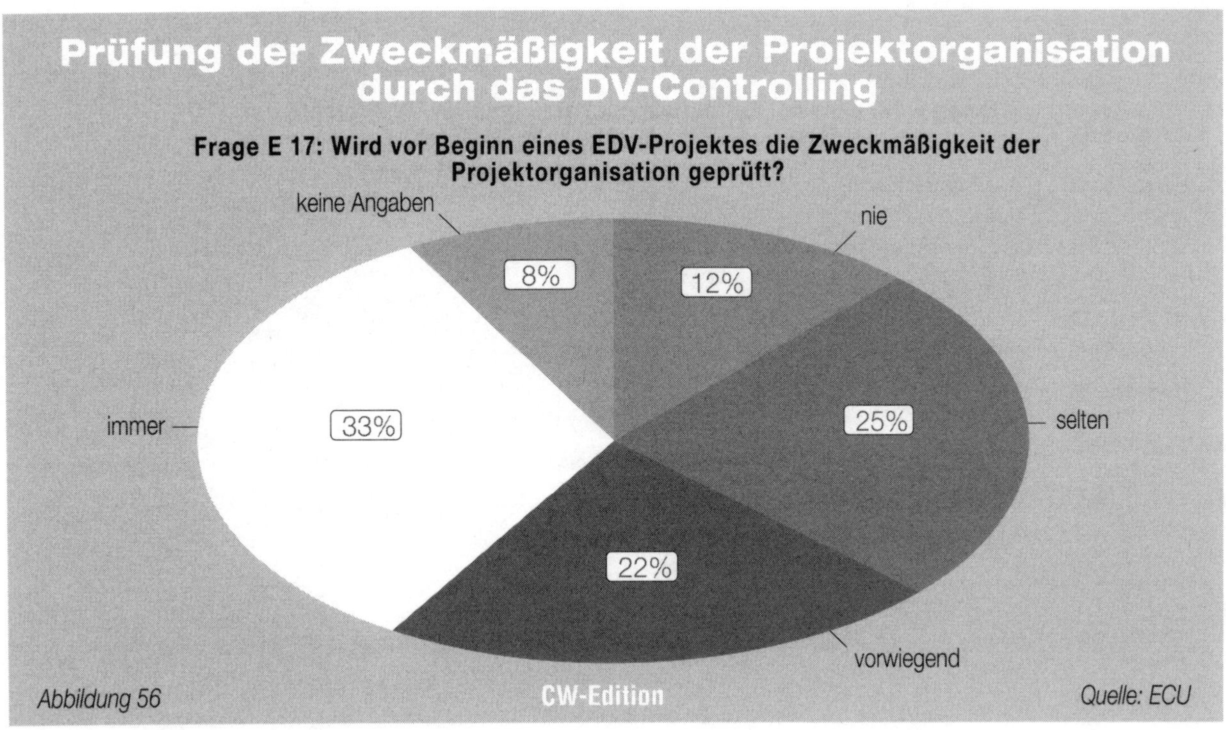


Abbildung 56

**FRAGE E18: WIRD BEI ZEITAUFWANDSCHÄTZUNGEN FÜR DV-PROJEKTE DAS FUNCTION-POINT-VERFAHREN EINGESETZT?**

Die Abbildung 57 zeigt:
Der Einsatz des Function-Point-Verfahrens erfolgt bei über 20 Prozent selten, bei 10 Prozent vorwiegend und erst bei 2 Prozent immer.
Im Fall der insgesamt 34 Prozent Anwender des Function-Point-Verfahrens erfolgt dies bei über 80 Prozent erst im ersten Jahr, bei über 10 Prozent schon seit zwei bis vier Jahren und bei knapp 2 Prozent bereits seit 10 Jahren.

**FRAGE E19: ERFOLGT DIE ZEITAUFWANDSCHÄTZUNG FÜR DV-PROJEKTE MIT HILFE DES FUNCTION-POINT-VERFAHRENS BEREITS NACH ABGESCHLOSSENER VORSTUDIE ODER ERST NACH ERSTELLUNG DER FACHLICHEN GROBKONZEPTION?**

Nach abgeschlossener Vorstudie erfolgt die Zeitaufwandschätzung mit dem Function-Point-Verfahren bei knapp 30 Prozent, während es erst nach Erstellung der fachlichen Grobkonzeption bei über 70 Prozent der Fall ist.

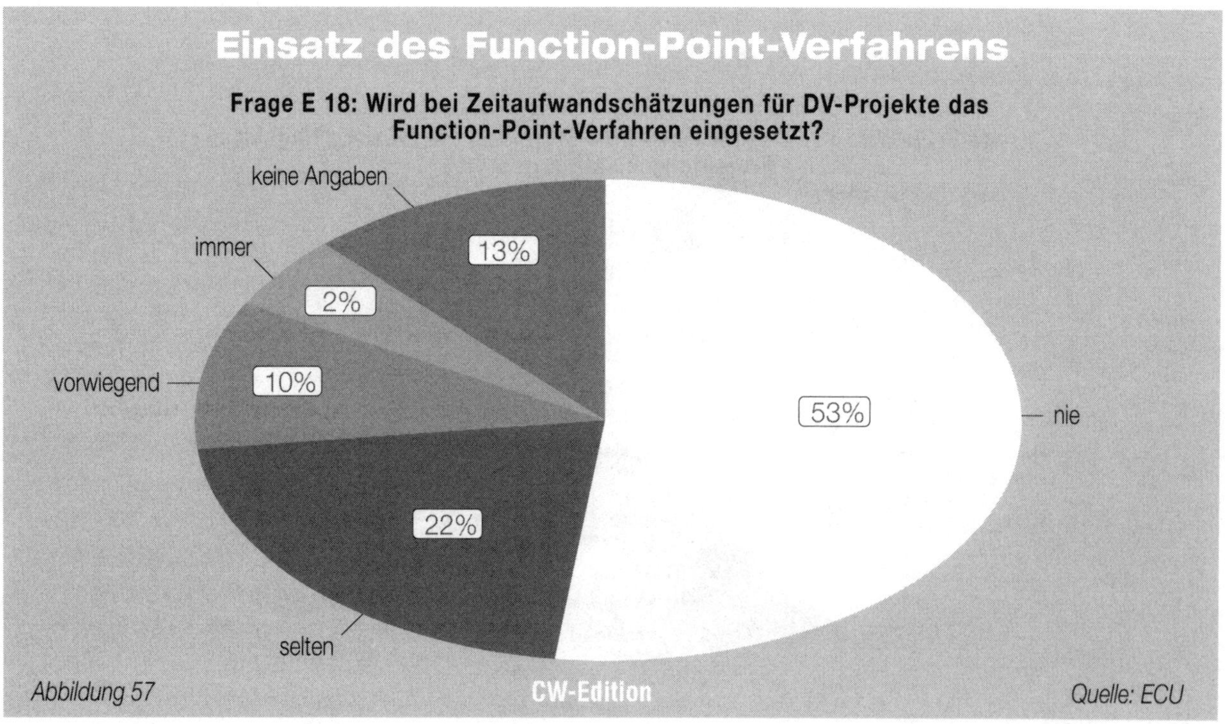

### FRAGE E20: WELCHE ANDEREN VERFAHREN ZUR ZEITAUFWANDSCHÄTZUNG DER DV-PROJEKTE WERDEN EINGESETZT?

Zusätzlich werden vorwiegend Zeitaufwandschätzungen nach Erfahrungswerten mit früheren DV-Projekten genannt, nur vereinzelt noch das Data-Point-Verfahren.

### FRAGE E21: WAS WIRD BEIM PROJEKT-CONTROLLING MIT HILFE EINES COMPUTERGESTÜTZTEN PROJEKTMANAGEMENTSYSTEMS (BERICHTSWESEN) UNTERSTÜTZT UND ÜBERWACHT?

Die Abbildung 58 zeigt:
Die Unterstützung und Überwachung beim Projekt-Controlling betrifft vorwiegend die Termine mit 62 Prozent (bei Unternehmen mit mehr als 500 Millionen DM Umsatz sogar 80 Prozent) und die Kosten mit 50 Prozent (bei Unternehmen mit mehr als 500 Millionen DM Umsatz 70 Prozent) mit großem Abstand vor den Leistungsinhalten und der Qualität mit 20 Prozent beziehungsweise 17 Prozent.

### FRAGE E22: WER ENTSCHEIDET ÜBER GEGEBENENFALLS ERFORDERLICH WERDENDE PRIORITÄTENÄNDERUNGEN BEI DER SOFTWAREERSTELLUNG INKLUSIVE -PFLEGE?

Über Prioritätenänderungen bei der Software-Erstellung inklusive -pflege entscheidet bei knapp 40 Prozent der DV-Lenkungsausschuß und bei knapp 60 Prozent Sonstige, und zwar vorwiegend die Unternehmensleitung selbst, der ORG/DV-Leiter oder die Fachbereiche.

### FRAGE E23: AUFGRUND WELCHER UNTERLAGEN WIRD ENTSCHIEDEN?

Die Abbildung 59 zeigt:
Über die Prioritätenänderungen bei der Softwareerstellung inklusive -pflege wird an erster Stelle mit 87 Prozent aufgrund persönlicher Berichterstattung der Projektleiter betreffend die Projektfortschritte und an zweiter Stelle mit 52 Prozent aufgrund von Projektberichten entschieden.
Computergestütztes Projektmanagement und ausgewertete Tätigkeitsnachweise der Softwareerstellung inklusive -pflege sind mit 12 Prozent beziehungsweise 8 Prozent unbedeutend.
Bei Unternehmen mit mehr als 500 Millionen DM Umsatz gilt die gleiche Reihenfolge mit nur gering höheren Prozentsätzen.

### FRAGE E24: BEZIEHEN SICH DIE KONTROLLEN DES SOFTWARE- UND HARDWAREEINSATZES DURCH DAS DV-CONTROLLING AUF DIE FUNKTIONSFÄHIGKEIT BEZIEHUNGSWEISE ORGANISATORISCHE ZWECKMÄSSIGKEIT INKLUSIVE QUALITÄTSSICHERUNG UND AUF DIE WIRTSCHAFTLICHKEIT?

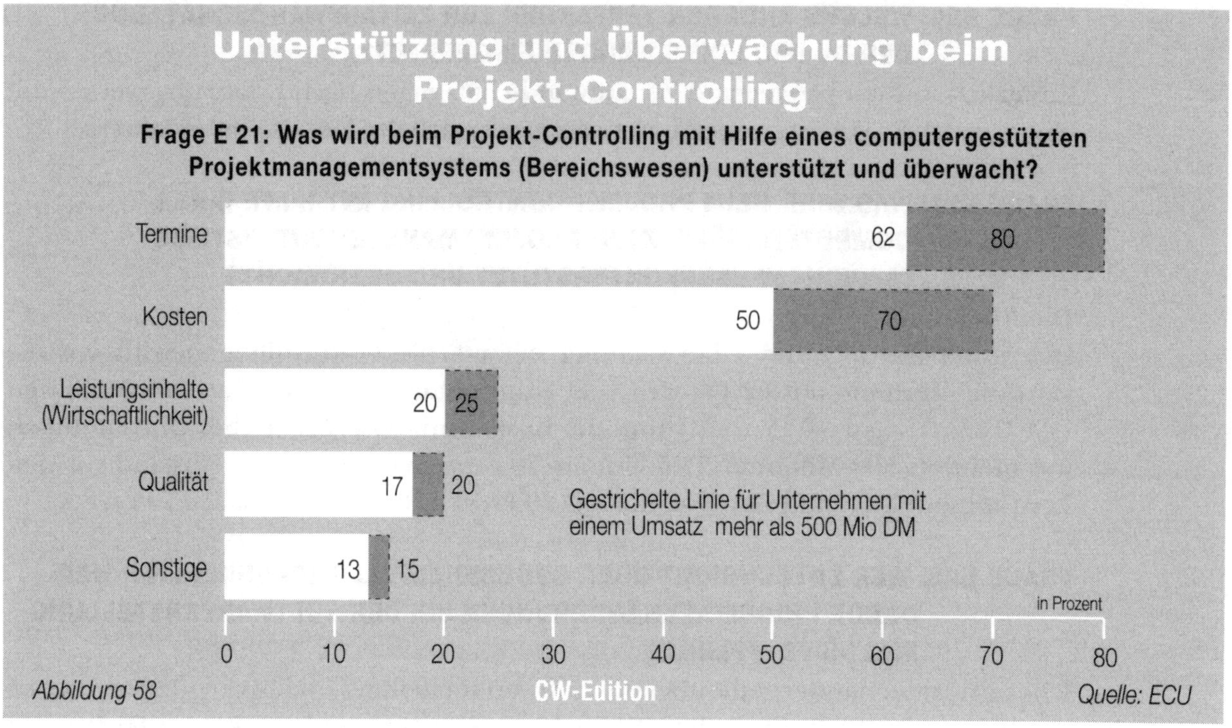


Abbildung 58

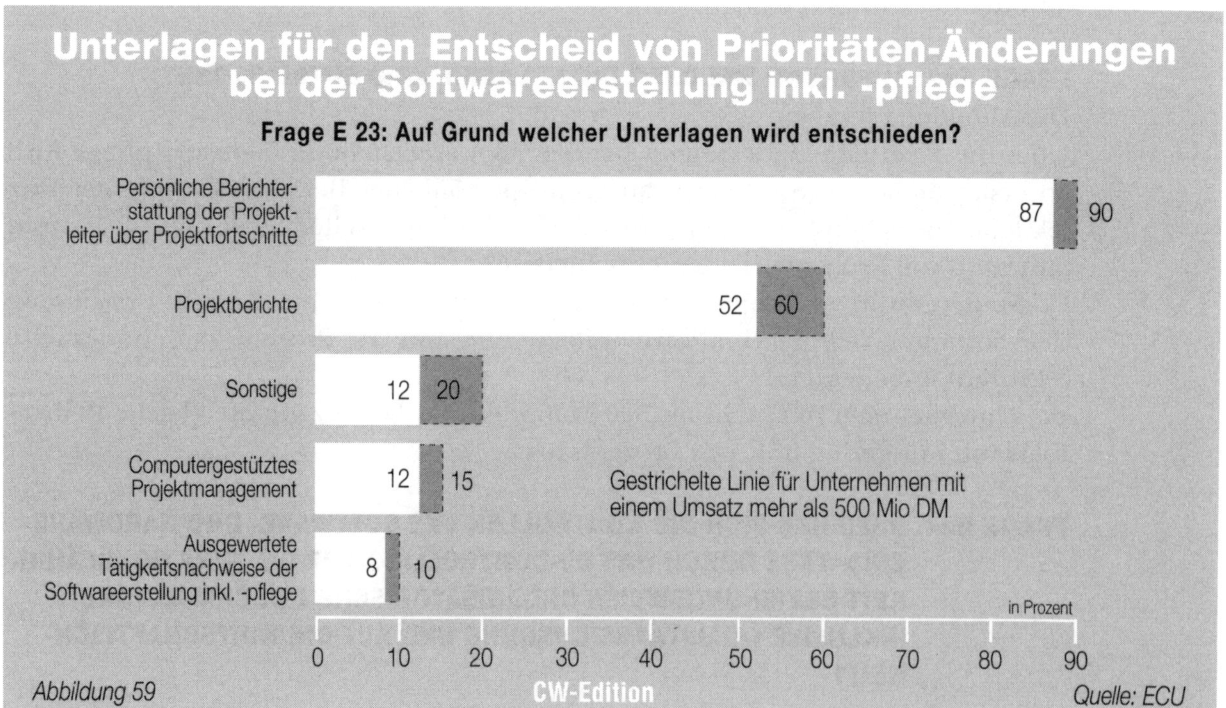


Abbildung 59

Die Abbildung 60 zeigt:
Die Kontrollen des DV-Controllings auf Funktionsfähigkeit beziehungsweise organisatorische Zweckmäßigkeit inklusive Qualitätssicherung des Software- und Hardware-Einsatzes erfolgt mit über 10 Prozent nie, mit über 30 Prozent selten, mit über 20 Prozent vorwiegend und mit über 10 Prozent immer.
Bei Unternehmen mit mehr als 500 Millionen DM Umsatz sind es bei immer 15 Prozent.

Die Abbildung 61 zeigt:
Die Kontrollen des DV-Controlling auf Wirtschaftlichkeit des Software- und Hardware-Einsatzes erfolgen hingegen nur mit 5 Prozent nie, mit über 20 Prozent selten, aber mit über 30 Prozent vorwiegend und sogar schon mit 20 Prozent immer, also mehr als bei dem auf Funktionsfähigkeit beziehungsweise organisatorische Zweckmäßigkeit inklusive Qualitätssicherung.
Bei Unternehmen mit mehr als 500 Millionen DM Umsatz sind es bei immer bereits 25 Prozent.

**FRAGE E25: WIE IST DIE AUFGABENABGRENZUNG ZUR DV-REVISION?**

Bei nur etwas über der Hälfte der Antworten heißt es schwerpunktmäßig:

- Es ist überhaupt keine DV-Revision vorhanden

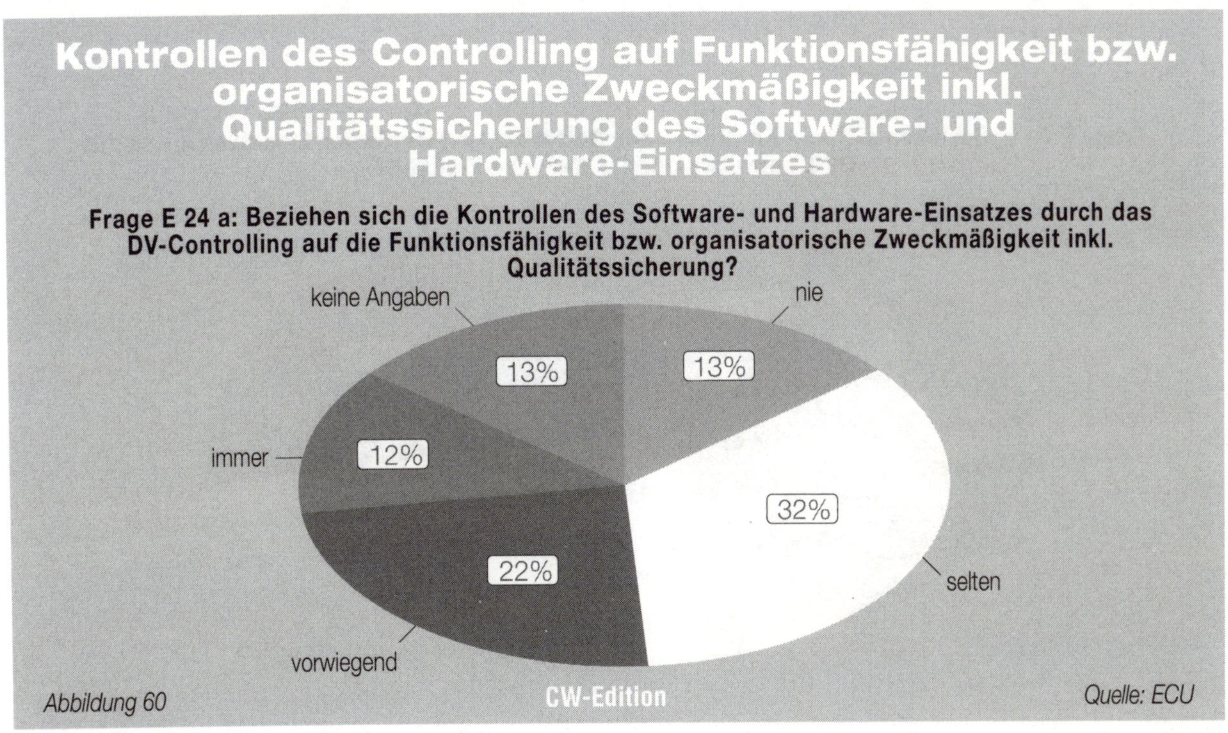

Abbildung 60

beziehungsweise

- es gibt bei Vorhandensein einer DV-Revision eine klare Aufgabenabgrenzung, und zwar ist das DV-Controlling zuständig für Ressourcen, strategisch planend orientiert und die DV-Revision hingegen nur zuständig für die Prüfung der Ordnungsmäßigkeit und Sicherheit, vorwiegend expost-mäßig.

### FRAGE E26: ARBEITEN MITARBEITER(INNEN) DER BETROFFENEN FACHBEREICHE IN DEN DV-PROJEKTTEAMS AKTIV MIT?

Die Abbildung 62 zeigt:
Die Mitarbeit der Fachbereiche in den Projektteams erfolgt mit 5 Prozent nie, mit 5 Prozent selten, mit knapp 50 Prozent vorwiegend und mit 30 Prozent immer.

### FRAGE E27: WIRD MIT METHODEN DES SOFTWARE-ENGINEERING (STRUKTURIERTE ANALYSE UND PROGRAMMIERUNG, STANDARDISIERTE PLANUNGSPROZESSE, CASE, QUALITÄTSKONTROLLE UND ÄHNLICHEM) GEARBEITET?

Die Abbildung 63 zeigt:
Der Einsatz von Methoden des Software-Engineering erfolgt mit über 20 Prozent nie, mit 30 Prozent selten, mit über 30 Prozent vorwiegend und mit 3 Prozent immer.

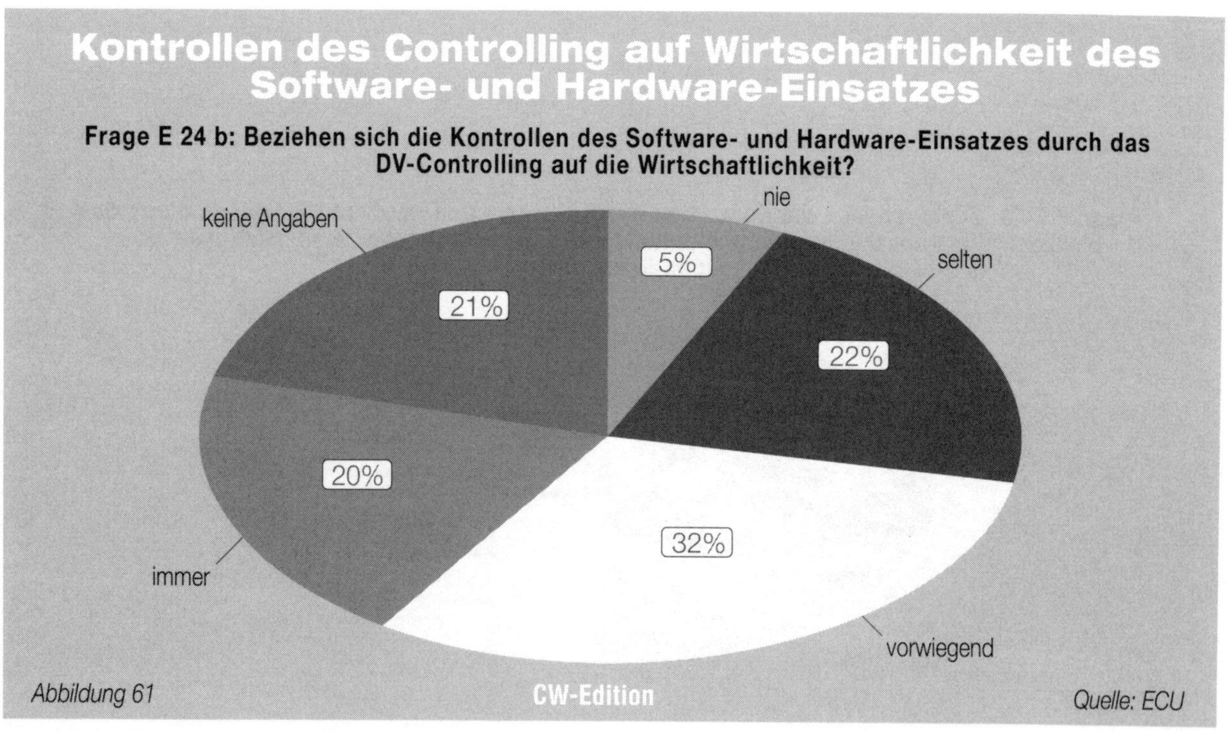

Abbildung 61

## Mitarbeiter der Fachbereiche in den DV-Projektteams

**Frage E 26: Arbeiten Mitarbeiter(innen) der betroffenen Fachbereiche in den DV-Projektteams aktiv mit?**

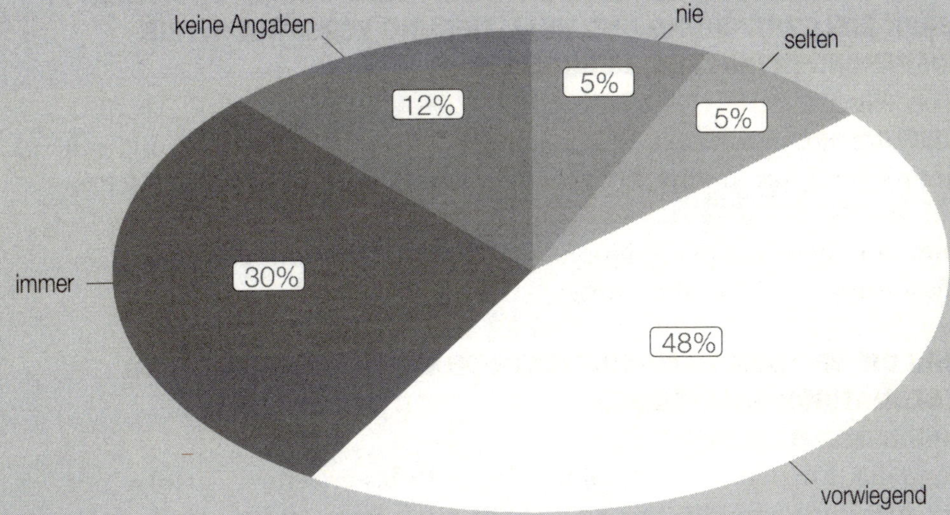


*Abbildung 62* CW-Edition *Quelle: ECU*

## Einsatz von Methoden des Software-Engineering

**Frage E 27: Wird mit Methoden des Software-Engineering (strukturierte Analyse und Programmierung, standardisierte Planungsprozesse, CASE, Qualitätskontrolle u.ä.) gearbeitet?**

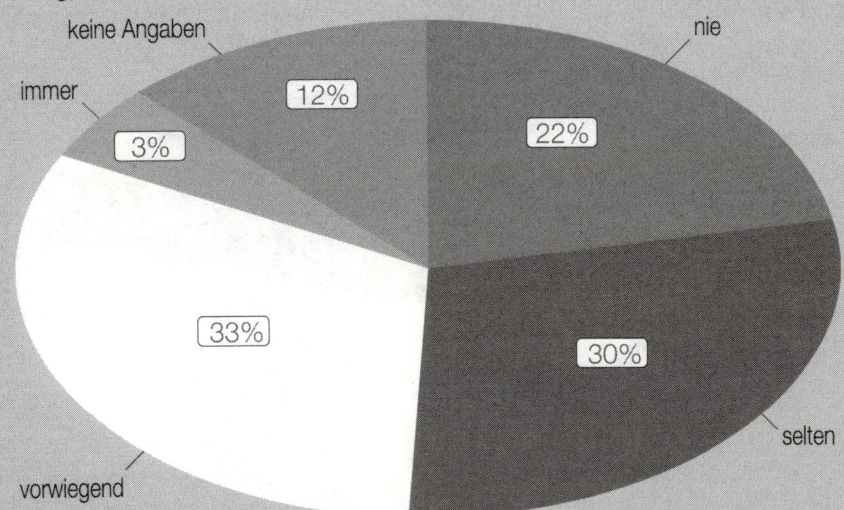


*Abbildung 63* CW-Edition *Quelle: ECU*

**FRAGE E28: WERDEN ABGESCHLOSSENE DV-PROJEKTE NACHKALKULIERT (ABWEICHUNGSANALYSEN ZWISCHEN SOLL- UND IST-DATEN SOWIE DEREN BEGRÜNDUNG, AUCH ZUR AKTUALISIERUNG DER PRODUKTIVITÄTSKURVE FÜR DAS FUNCTION-POINT-VERFAHREN), UND ÜBER DEREN ZIELERREICHUNG UND REALISIERUNG VERSPROCHENER EINSPARUNGEN (NUTZEN) BERICHTET?**

Die Abbildung 64 zeigt:

Die Nachkalkulation abgeschlossener DV-Projekte erfolgt mit 20 Prozent nie, mit knapp 40 Prozent selten, mit knapp 20 Prozent vorwiegend und erst mit 14 Prozent immer.

Bei Unternehmen mit mehr als 500 Millionen DM Umsatz ist es mit 20 Prozent immer schon etwas günstiger (siehe Abbildung 64a).

**FRAGE E29: WIRD DIE EFFIZIENZ UND QUALITÄT DER SOFTWAREERSTELLUNG SYSTEMATISCH ANALYSIERT?**

Die Abbildung 65 zeigt:

Die Analysierung der Effizienz und Qualität der Softwareerstellung erfolgt mit über 20 Prozent nie, mit knapp 40 Prozent selten, mit knapp 30 Prozent vorwiegend und erst mit 2 Prozent immer.

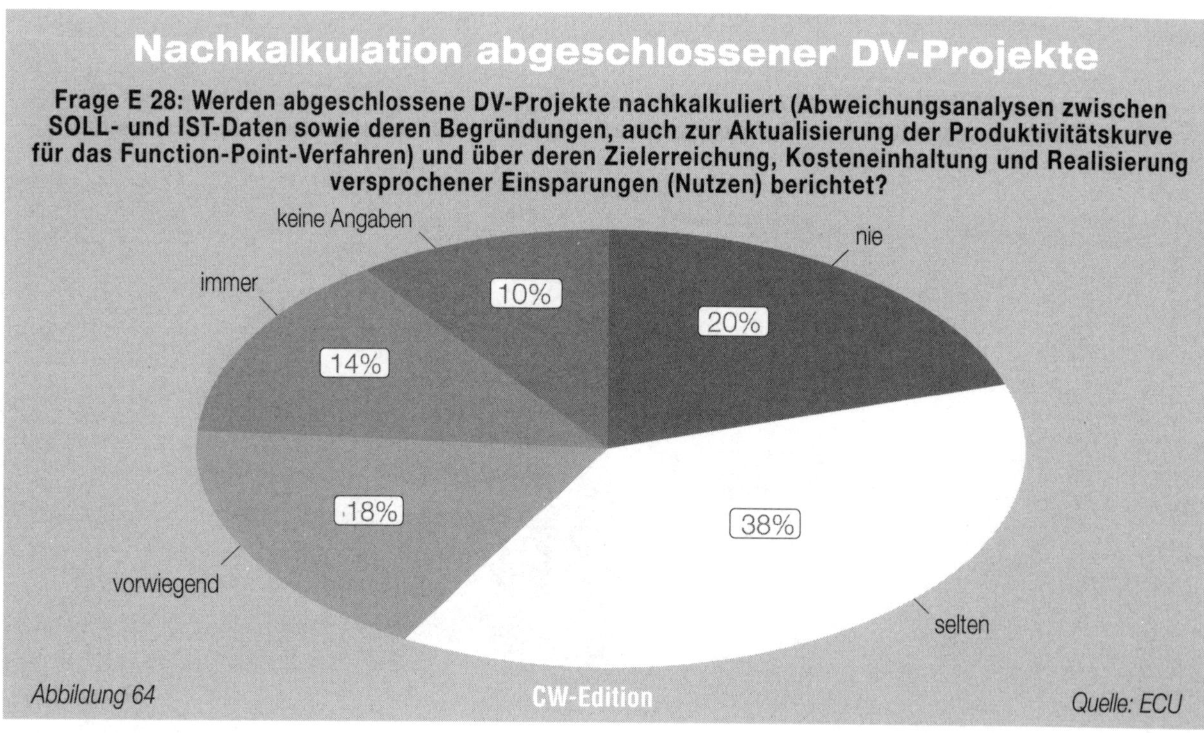

Abbildung 64

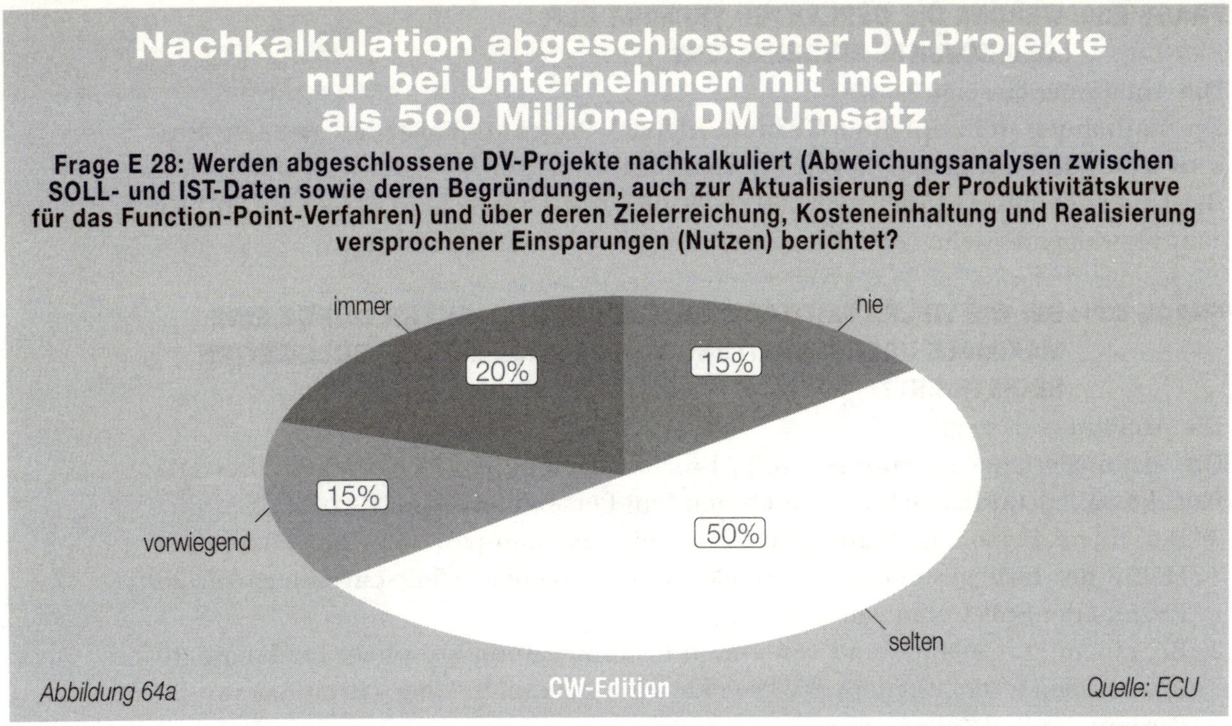


Abbildung 64a

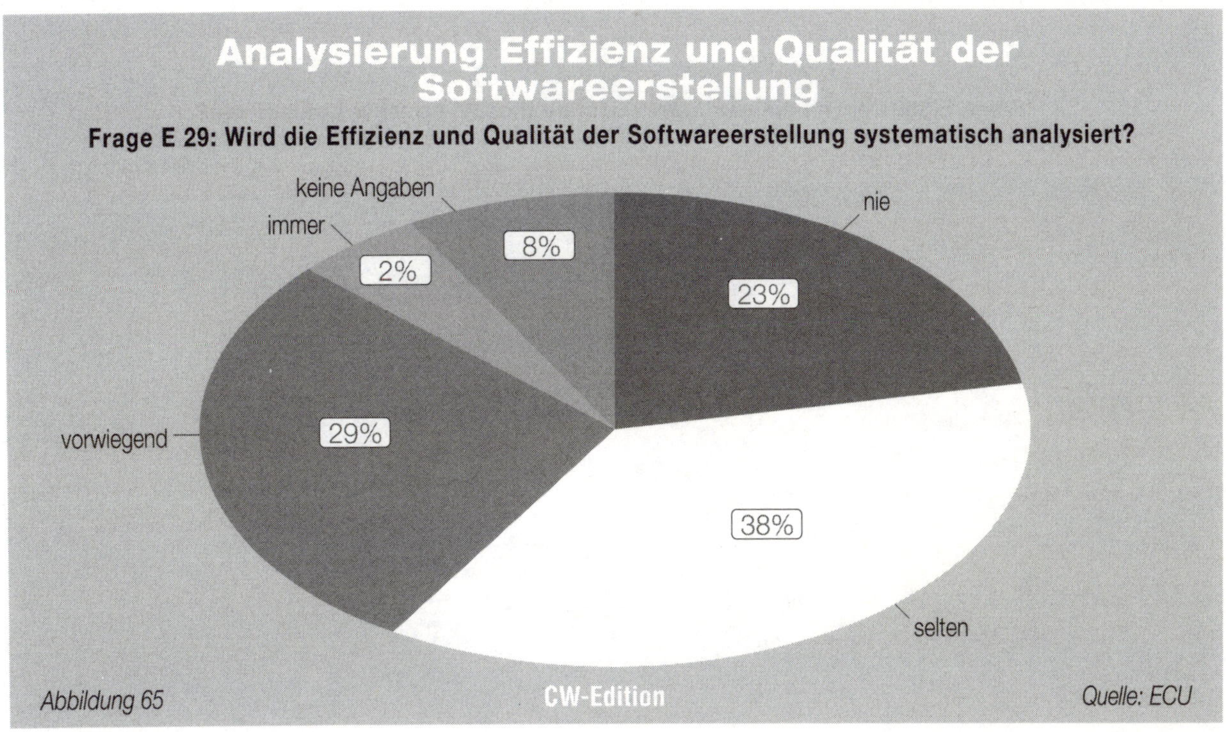


Abbildung 65

**FRAGE E30: WERDEN DIE GEPLANTEN TERMINE DER DV-PROJEKTE EINGEHALTEN?**

Die Abbildung 66 zeigt:

Die Einhaltung der geplanten Termine der DV-Projekte erfolgt mit über 30 Prozent selten und mit knapp 60 Prozent vorwiegend.

Bei Unternehmen mit mehr als 500 Millionen DM Umsatz sind es bereits 70 Prozent vorwiegend (siehe Abbildung 66a).

**FRAGE E31: BEI WIE VIELEN FERTIGGESTELLTEN DV-PROJEKTEN WURDE EINE MAXIMALE ÜBERSCHREITUNG VON 25 PROZENT DER SOLL-ZEITEN REGISTRIERT?**

Die Abbildung 67 zeigt:

Die maximale Überschreitung von 25 Prozent der Soll-Zeiten fertiggestellter DV-Projekte fällt grundsätzlich mit zunehmendem Personalaufwand:

- Bei einem Personalaufwand von bis zu einem Mannjahr liegt bei knapp der Hälfte der fertiggestellten DV-Projekte eine maximale Überschreitung von 25 Prozent der Soll-Zeiten vor.
- Bei einem Personalaufwand von einem bis fünf Mannjahren liegt bei knapp 40 Prozent der fertiggestellten DV-Projekte eine maximale Überschreitung von 25 Prozent der Soll-Zeiten vor.

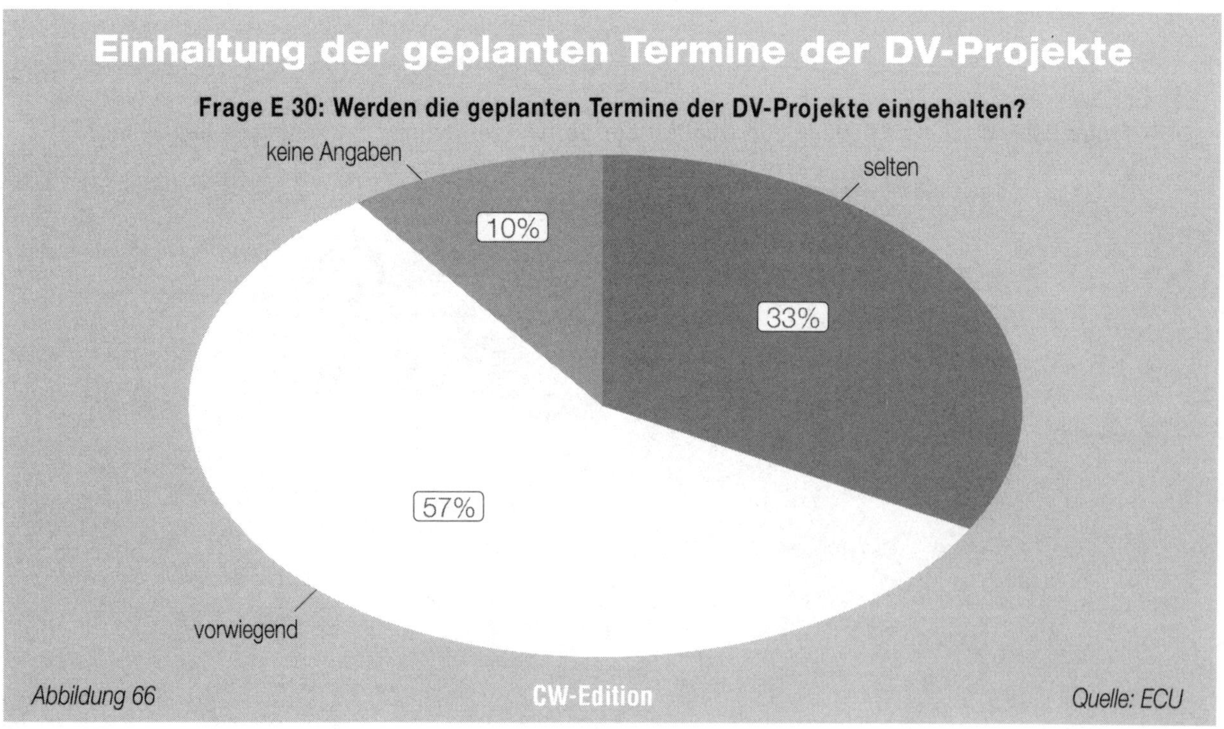

Abbildung 66

## Einhaltung der geplanten Termine der DV-Projekte nur bei Unternehmen mit mehr als 500 Millionen DM Umsatz

**Frage E 30: Werden die geplanten Termine der DV-Projekte eingehalten?**

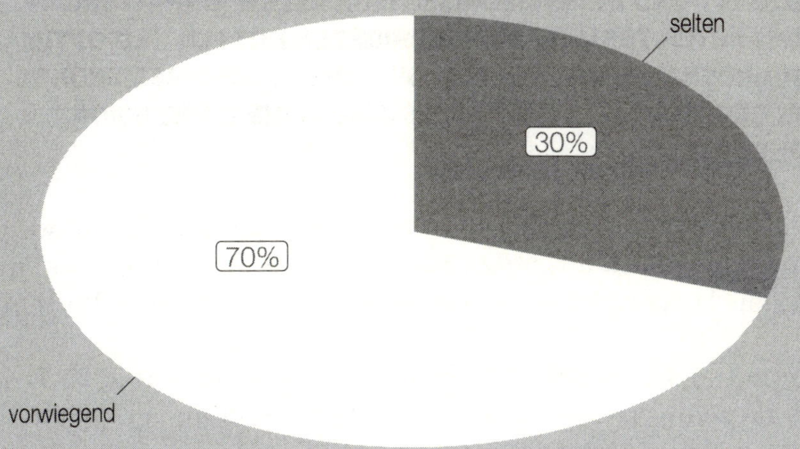


*Abbildung 66a* CW-Edition *Quelle: ECU*

## Maximale Überschreitung von 25 Prozent der Soll-Zeiten fertiggestellter DV-Projekte

**Frage E 31: Bei wie vielen fertiggestellten Projekten wurde eine maximale Überschreitung von 25 Prozent der Sollzeiten registriert?**

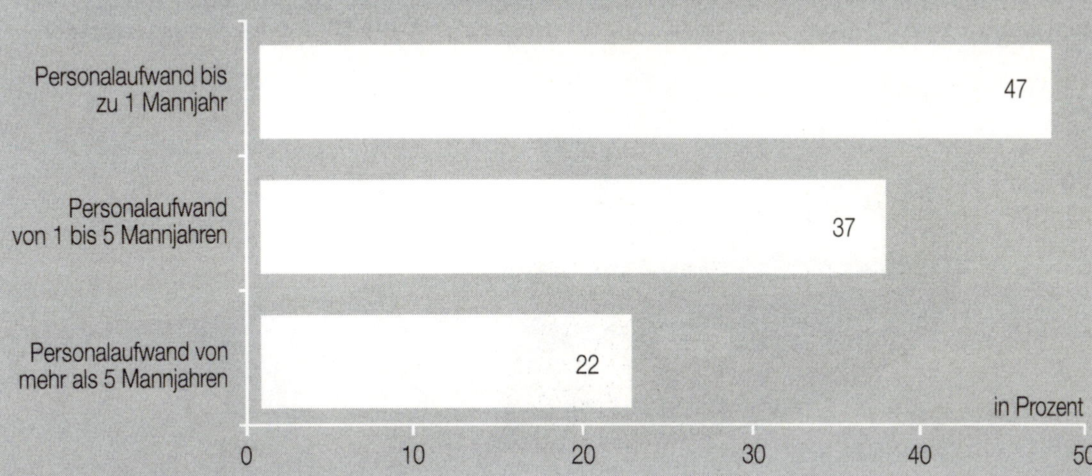


*Abbildung 67* CW-Edition *Quelle: ECU*

- Bei einem Personalaufwand von mehr als fünf Mannjahren hingegen liegt nur bei etwa einem Viertel der fertiggestellten DV-Projekte eine maximale Überschreitung von 25 Prozent vor.

**FRAGE E32: WERDEN IM RECHENZENTRUM EIN JOB-ACCOUNTING-SYSTEM EINGESETZT UND DIE ERGEBNISSE (VOR ALLEM EINHALTUNG VEREINBARTER TERMINE BEI NIEDRIGSTEN KOSTEN UND OPTIMALER RESSOURCENAUSLASTUNG) VOM DV-CONTROLLING BEZIEHUNGSWEISE GEGEBENFALLS FÜR DIESES DURCH DIE DV-REVISION AUSGEWERTET?**

Die Abbildung 68 zeigt:
Der Einsatz eines Job-Accounting-Systems im Rechenzentrum und die Auswertung der Ergebnisse durch das DV-Controlling erfolgen mit 30 Prozent nie, mit knapp 20 Prozent selten, mit knapp 30 Prozent vorwiegend und erst mit 8 Prozent immer.
Bei Unternehmen mit mehr als 500 Millionen DM Umsatz sind es je 25 Prozent nie und selten, 30 Prozent vorwiegend und schon 15 Prozent immer (siehe Abbildung 68a).

**Einsatz eines Job-Accounting-Systems im Rechenzentrum und Auswertung der Ergebnisse durch das DV-Controlling**

**Frage E 32: Werden im Rechenzentrum ein Job-Accounting-System eingesetzt und die Ergebnisse (vor allem Einhaltung vereinbarter Termine bei niedrigsten Kosten und optimaler Ressourcenauslastung) vom DV-Controlling bzw. ggf. für dieses durch die DV-Revision ausgewertet?**

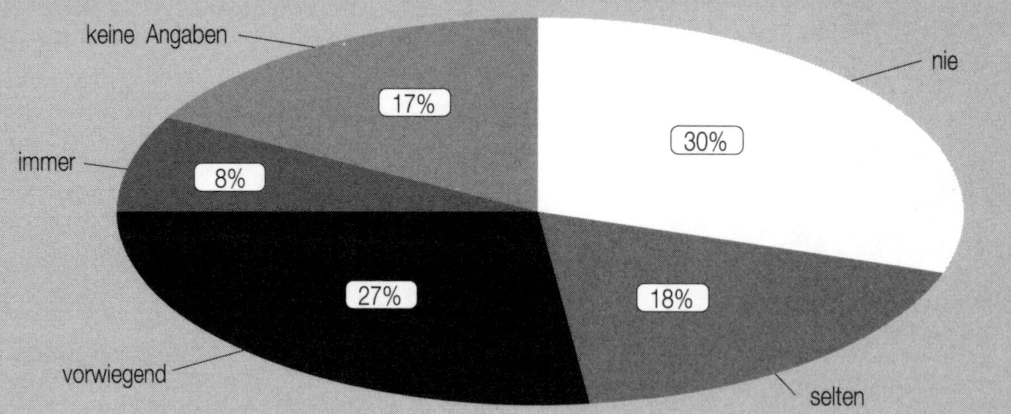


*Abbildung 68* CW-Edition *Quelle: ECU*

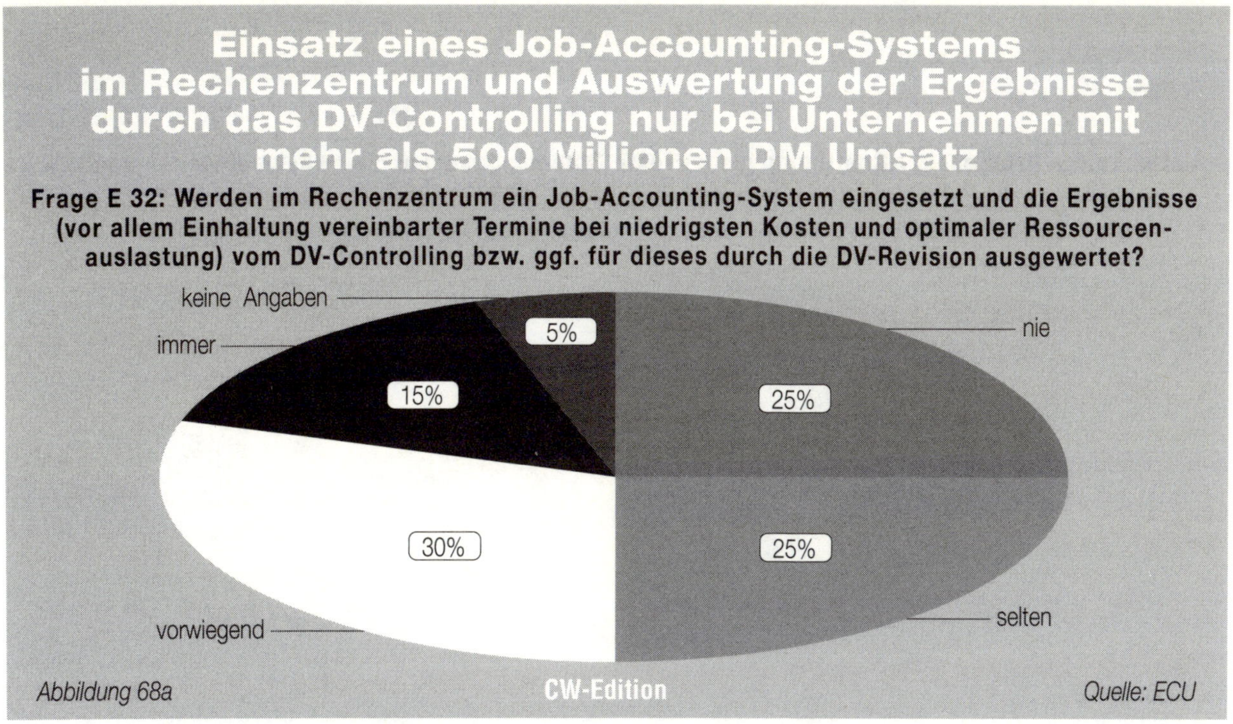

Abbildung 68a

**FRAGE E33: MIT WIEVIEL PROZENT AUSLASTUNG DER THEORETISCHEN ANLAGENKAPAZITÄT WIRD IM RECHENZENTRUM GEPLANT?**

Der Schwerpunkt (45 Prozent) liegt bei 70 bis 80 Prozent Auslastungsplanung der theoretischen Anlagenkapazität, 10 Prozent planen sogar mit 85 bis 90 Prozent.

**FRAGE E34: PRÜFT DAS DV-CONTROLLING DIE KORREKTE DATENEINGABE UND DIE ZWECKMÄSSIGE VERWENDUNG DES DV-OUTPUT DURCH DIE FACHBEREICHE ODER FÜHRT DIESE TÄTIGKEIT DIE DV-REVISION AUS?**

Die Abbildung 69 zeigt:
Die Überprüfung des DV-Output durch das DV-Controlling auf korrekte Dateneingabe und zweckmäßige Verwendung erfolgt mit 50 Prozent nie, mit knapp 30 Prozent selten und mit nur 3 Prozent vorwiegend.
Bei Unternehmen mit mehr als 500 Millionen DM Umsatz sind es 55 Prozent nie und 35 Prozent selten (siehe Abbildung 69a).

Die Abbildung 70 zeigt:
Die Überprüfung des DV-Output hingegen durch die DV-Revision auf korrekte Dateneingabe und zweckmäßige Verwendung erfolgt mit über 30 Prozent nie, mit 20 Prozent selten, mit 20 Prozent vorwiegend und mit 2 Prozent immer.

## Überprüfung des DV-Output durch das DV-Controlling auf korrekte Dateneingabe und zweckmäßige Verwendung

**Frage E 34 a: Prüft das DV-Controlling die korrekte Dateneingabe und die zweckmäßige Verwendung des DV-Output durch die Fachbereiche?**

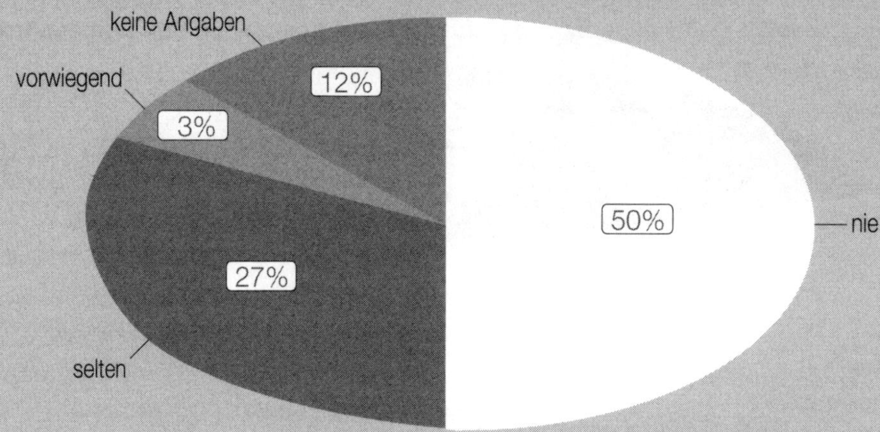


*Abbildung 69* **CW-Edition** *Quelle: ECU*

## Überprüfung des DV-Output durch das DV-Controlling auf korrekte Dateneingabe und zweckmäßige Verwendung nur bei Unternehmen mit mehr als 500 Millionen DM Umsatz

**Frage E 34 a: Prüft das DV-Controlling die korrekte Dateneingabe und die zweckmäßige Verwendung des DV-Output durch die Fachbereiche?**

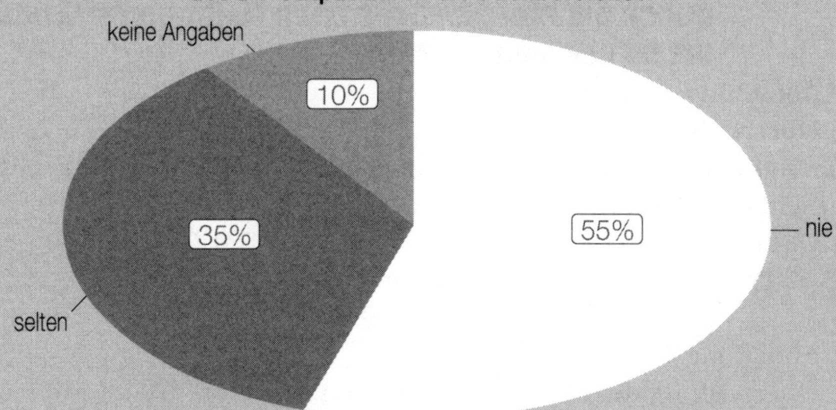


*Abbildung 69a* **CW-Edition** *Quelle: ECU*

## Überprüfung des DV-Output durch die DV-Revision auf korrekte Dateneingabe und zweckmäßige Verwendung

**Frage E 34 b: Prüft die DV-Revision anstelle des DV-Controlling die korrekte Dateneingabe und die zweckmäßige Verwendung des DV-Output durch die Fachbereiche?**

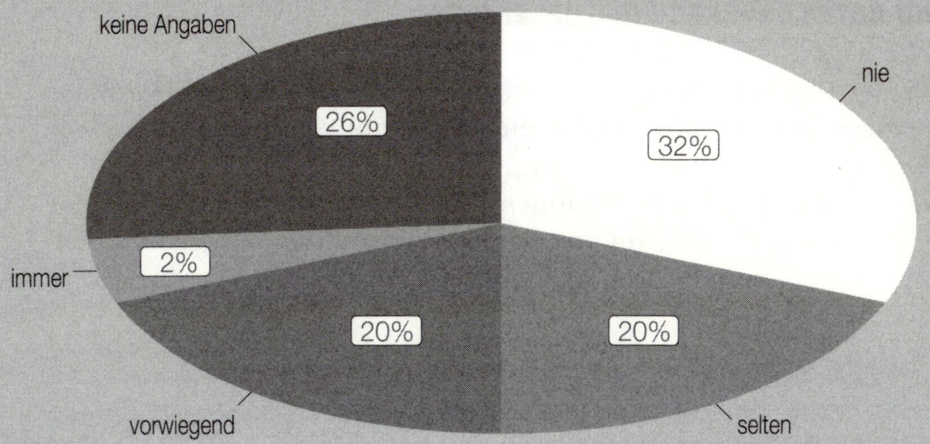


*Abbildung 70* CW-Edition *Quelle: ECU*

## Überprüfung des DV-Output durch die DV-Revision auf korrekte Dateneingaben und zweckmäßige Verwendung nur bei Unternehmen mit mehr als 500 Millionen DM Umsatz

**Frage E 34 b: Prüft die DV-Revision anstelle des DV-Controlling die korrekte Dateneingabe und die zweckmäßige Verwendung des DV-Output durch die Fachbereiche?**

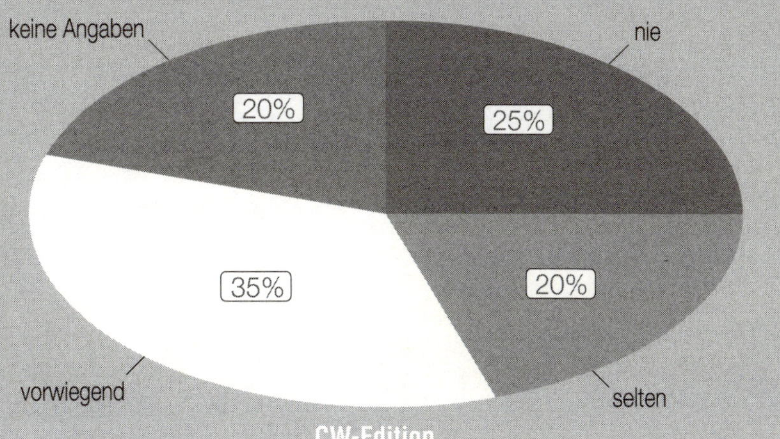


*Abbildung 70a* CW-Edition *Quelle: ECU*

Bei Unternehmen mit mehr als 500 Millionen DM Umsatz sind es nur 25 Prozent nie, 20 Prozent selten und aber schon 35 Prozent vorwiegend (siehe Abbildung 70a).

### FRAGE E35: IST DAS DV-CONTROLLING AUCH AN DER PLANUNG DER IN DEN FACHBEREICHEN EINGESETZTEN HARDWARE (PCs, WORKSTATIONS UND ABTEILUNGSRECHNER) BETEILIGT?

Die Abbildung 71 zeigt:
Die Beteiligung des DV-Controlling an der Planung der Fachbereichs-Hardware erfolgt mit 20 Prozent nie, mit über 30 Prozent selten, mit knapp 20 Prozent vorwiegend und erst mit über 13 Prozent immer.
Bei Unternehmen mit mehr als 500 Millionen DM Umsatz sind es je 30 Prozent nie und selten, 10 Prozent vorwiegend und schon 20 Prozent immer (siehe Abbildung 71a).

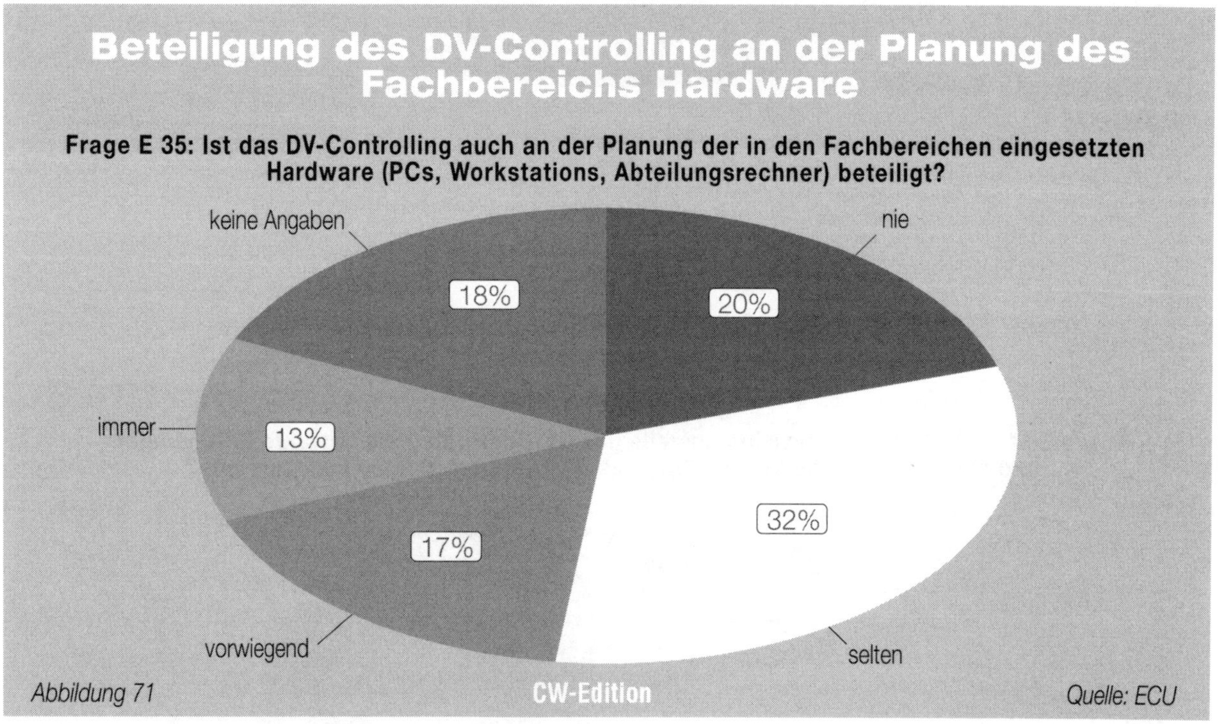

Abbildung 71

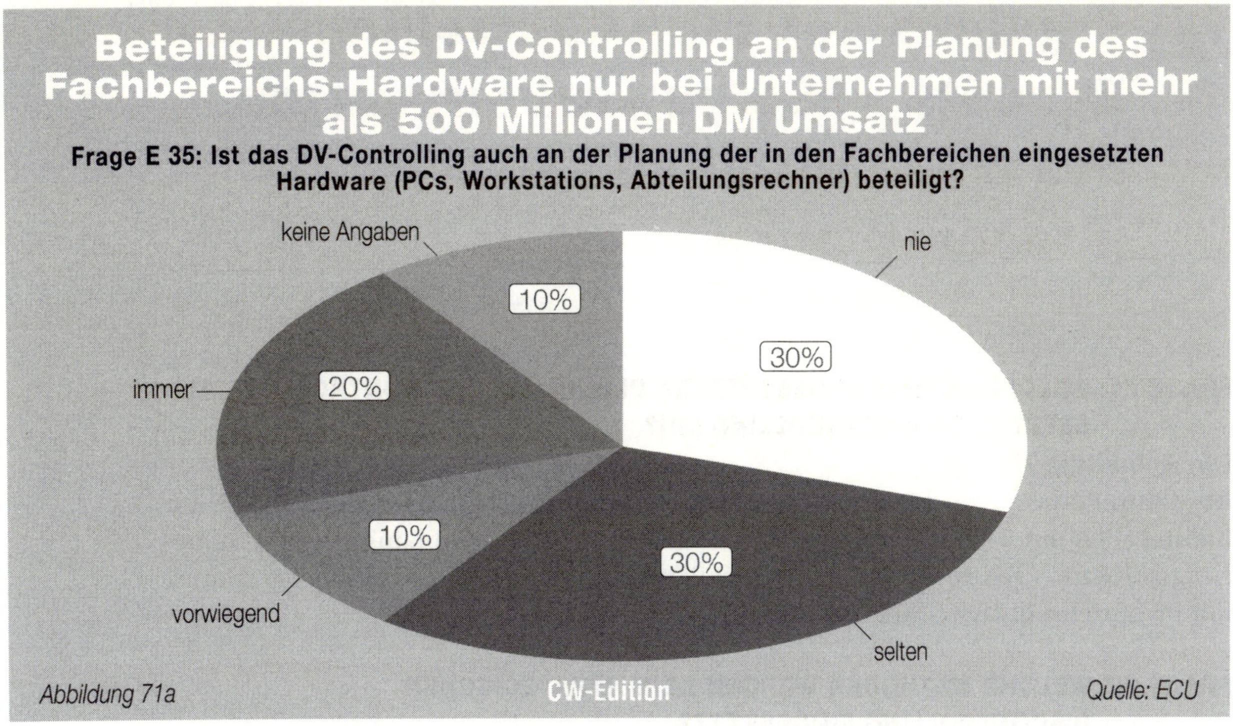

Abbildung 71a

# 14. Ergebnis der ECU-Controlling-Enquête 1993 zu „Arbeitsmittel des DV-Controlling“ (Fragen-Block F)

### FRAGE F1: WELCHE COMPUTERGESTÜTZTEN PLANUNGS- UND KONTROLLMITTEL SETZT DAS DV-CONTROLLING EIN?

Die Abbildung 72 zeigt:
Als computergestützte Planungs- und Kontrollmittel setzt das DV-Controlling am meisten PCs mit 77 beziehungsweise 90 Prozent und Projektplanungs- und Steuerungssoftware (Textverarbeitungs-, Tabellenkalkulations- und Grafikprogramme) mit 63 beziehungsweise 80 Prozent ein.

### FRAGE F2: WELCHE METHODEN WERDEN BEIM STRATEGISCHEN DV-CONTROLLING EINGESETZT?

Die Abbildung 73 zeigt:
Als Methoden beim strategischen DV-Controlling werden am meisten Methoden

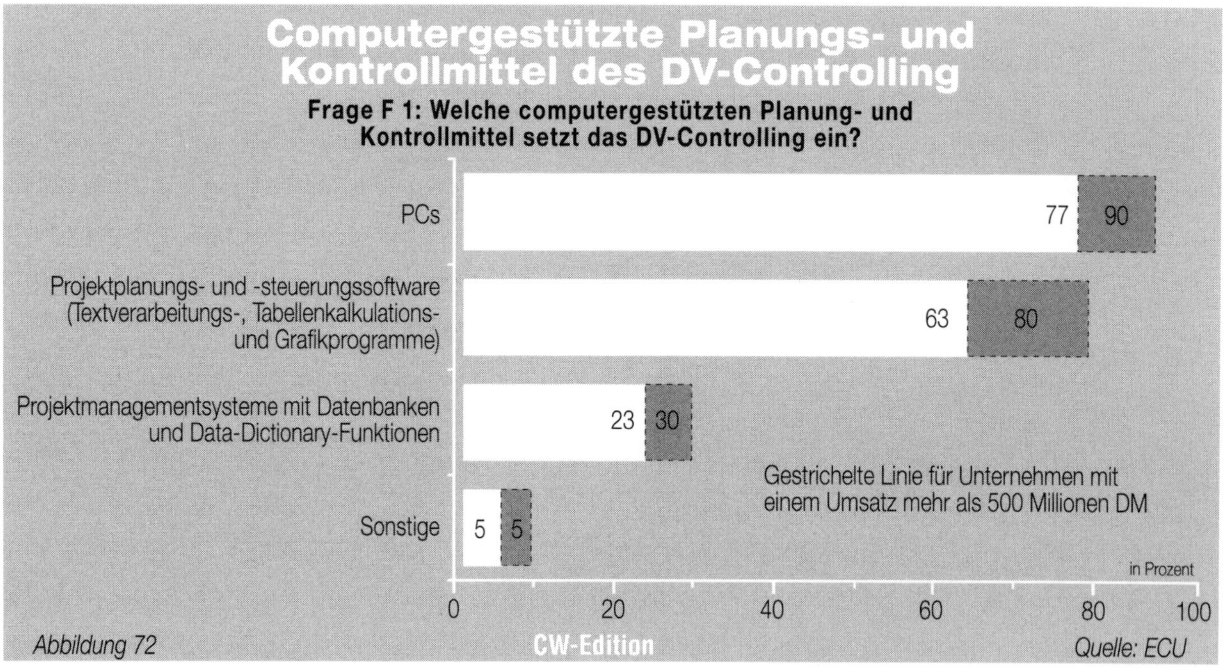

Abbildung 72

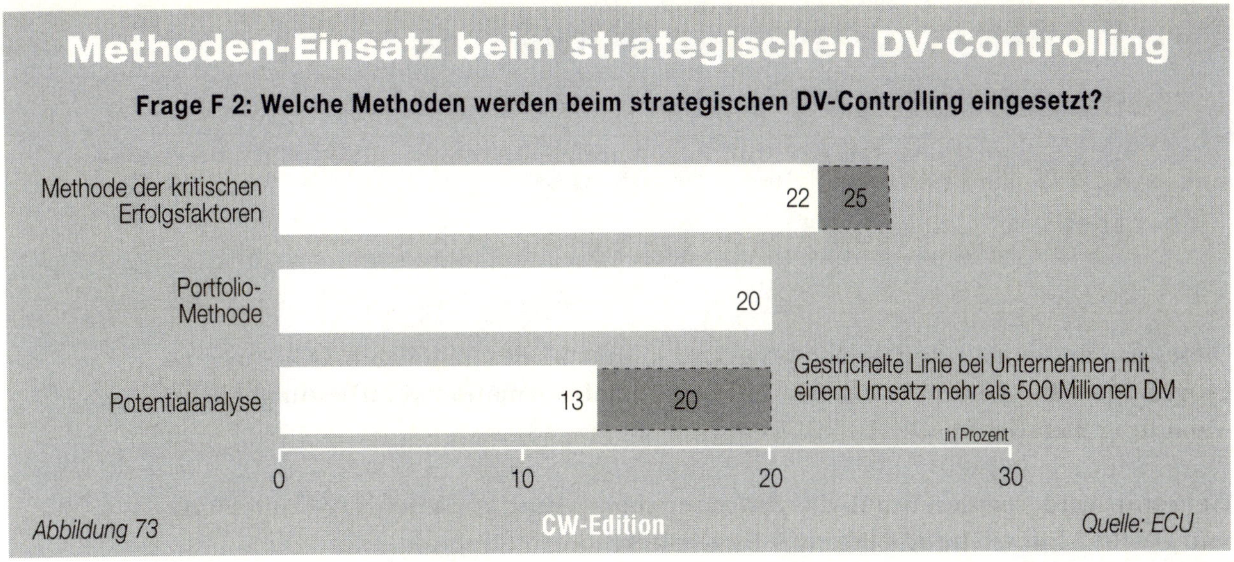

Abbildung 73

der kritischen Erfolgsfaktoren mit 22 beziehungsweise 25 Prozent und die Portfolio-Methode mit 20 Prozent eingesetzt.

### FRAGE F3: WELCHE METHODEN WERDEN BEIM PROJEKT-CONTROLLING EINGESETZT?

Die Abbildung 74 zeigt:
Als Methoden beim Projekt-Controlling werden am meisten Kosten-Trendanalysen mit 50 beziehungsweise 65 Prozent und Meilenstein-Trendanalysen mit 45 beziehungsweise 50 Prozent eingesetzt.

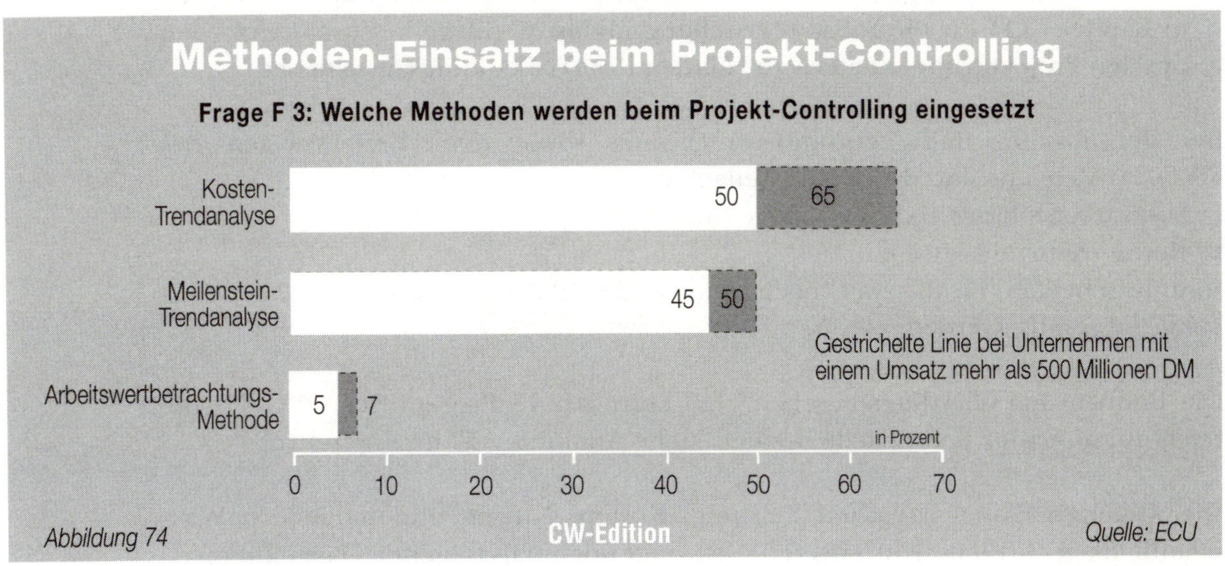

Abbildung 74

# 15. Kosten- und Leistungsverrechnung sowie Berichtswesen des ORG/DV-Bereichs (DV-Controlling IST)

Dieses Kapitel betrifft den Arbeitsprogrammpunkt 14 des 14-teiligen ECU-Arbeitsprogrammes zur Überprüfung der Effizienz der Informationsverarbeitung (siehe Abbildung 2 im Kapitel 3).

Weiterhin wird verwiesen auf die Aufgabenabgrenzung zwischen DV-Controlling und DV-Revision (siehe Abbildung 1 im Kapitel 3).

Die *ORG/DV-Stabsstelle* Planung und Kontrolle hat danach für das DV-Controlling IST folgende auf- beziehungsweise vorbereitende Aufgaben:

- Einrichten einer Kosten- und Leistungsverrechnung sowie eines Berichtswesens für den ORG/DV-Bereich (Softwareerstellung inklusive -pflege und Rechenzentrumsbetrieb) entsprechend den Richtlinien des Controlling/Betriebswirtschaftliche Abteilung,
- Lfd. ORG/DV-bereichsinterne Kontrolle der Kosten- und Leistungsverrechnung sowie des Berichtswesens und der Budgeteinhaltung des ORG/DV-Bereichs

  und
- Erstellen der Planungsrückschau (Formular gemäß Abbildung 28 rechter Teil in Kapitel 10.1) für die Softwareerstellung inklusive -pflege in Zusammenarbeit mit den Projektgruppenleitern zu Händen des DV-Lenkungsausschusses.

Bei der Kosten- und Leistungsverrechnung sowie dem Berichtswesen des ORG/DV-Bereichs sind die beiden Teilgebiete

- Softwareerstellung inklusive -pflege und
- Rechenzentrumsbetrieb

zu unterscheiden, für die zweckmäßigerweise gleichfalls *mindestens zwei getrennte Kostenstellen* geführt werden sollten.

Die Enquête hat allerdings ergeben, daß bei noch 13 Prozent der ORG/DV-Bereich nur aus einer Kostenstelle besteht (siehe Abbildung 77 im Kapitel 16).

Die Zusammenhänge zwischen Leistung, Kosten, Nutzen und schließlich Wirtschaftlichkeit (Kosten-/Nutzenverhältnis) zeigt nochmals folgende Darstellung:

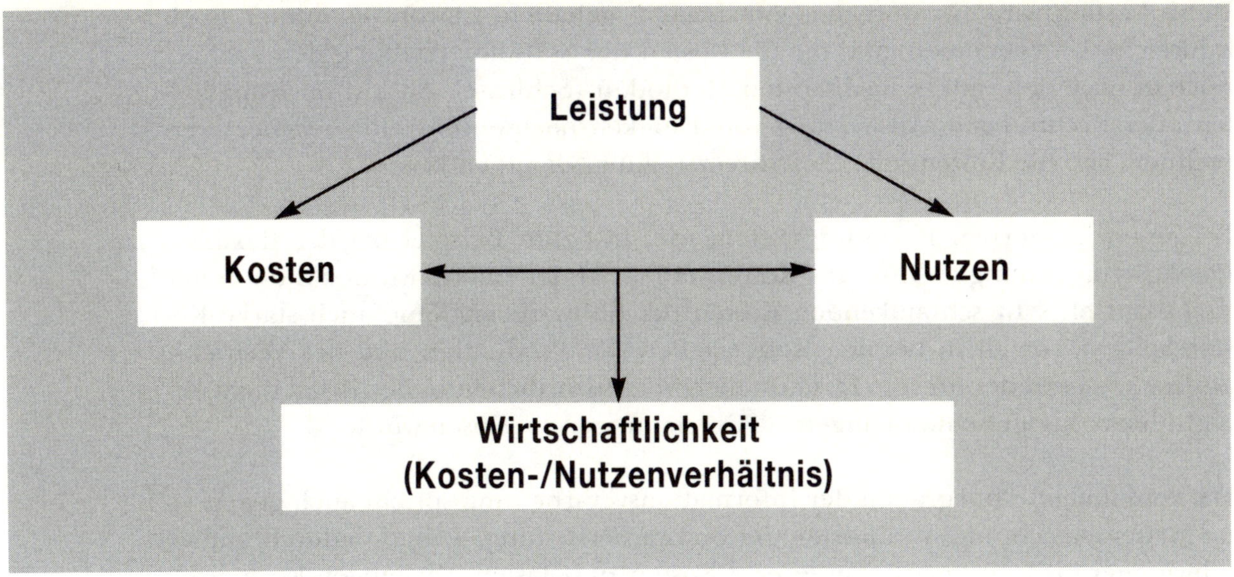


Danach bedingen Leistungen Kosten und führen zu Erträgen, bei der DV zweckmäßigerweise Nutzen genannt.

Das Kosten-/Nutzenverhältnis ist ein Kriterium für die Wirtschaftlichkeit bei der Softwareerstellung inklusive -pflege und dem Rechenzentrumsbetrieb, bezogen auf die DV-Projekte (siehe Kapitel 10.9) beziehungswese DV-Anwendungen.

## 15.1 Kosten- und Leistungsverrechnung sowie Berichtswesen speziell für die Softwareerstellung inklusive -pflege

Die ECU-Beratungspraxis zeigt zunehmend, daß die Unternehmen beziehungsweise Öffentlichen Verwaltungen die Kosten der Softwareerstellung bei der betreffenden ORG/DV-Kostenstelle für die Softwareneuerstellung stehenlassen und nur die Kosten der Softwarepflege den Leistungsempfängern verursachungsgerecht monatlich belasten.

Allenfalls werden die gesammelten Softwareneuerstellungskosten höchstens erst nach Projektende entsprechend der angenommenen durchschnittlichen Lebensdauer der neuen DV-Anwendungen (zum Beispiel 7 Jahre = 84 Monate) monatlich den leistungsempfangenden Kostenstellen der Anwender (Fachbereiche) im nachhinein belastet.

Diese Lösung wird für durchaus zweckmäßig gehalten, obwohl es immer noch zahlreiche Unternehmen gibt, die die Kosten der Softwareerstellung den Fachbereichen nach den unterschiedlichsten Methoden (Schlüssel, Anzahl Buchungszeilen oder Rechnungen, Auswertung von Tätigkeitsnachweisen und so weiter) verrechnen, also die Kostenstelle „Softwareerstellung" damit entlasten.

Bei einem modernen Rechnungswesen, wie dies zum Beispiel bei der flexiblen Plankostenrechnung (SOLL-/IST-Kostenvergleich) der Fall ist, würden die von der Sache aus oft sehr schwankenden Kosten der Softwareerstellung auch starke Kosten-Spitzen, vor allem bei den Kostenstellen der Produktion und des Vertriebs, auslösen, was wiederum vom Kostenstellen-Verantwortlichen in der Regel nicht beeinflußbare Budgetschwankungen = „Abweichungen" auslösen würde.

Die zunehmende Integration der Informationsverarbeitung spricht auch gegen eine Weiterverrechnung von Kosten der Softwareerstellung, weil es dadurch immer schwieriger wird, verursachungsgerecht Kosten zu belasten: Diejenigen Kostenstellen, die bei einer integrierten Datenverarbeitung die erst- und einmalige Datenerfassung für die nachfolgenden Kostenstellen mit übernehmen, würden dafür mit den Kosten der gesamten Datenerfassung noch „bestraft".

Hinzu kommt, daß bei unterschiedlichen Leistungen der Softwareersteller die Kostenstellen-Verantwortlichen keinen Einfluß auf den Personaleinsatz und damit die auf sie zukommenden Kosten haben. Diesen Einfluß auf die Kosten der Softwareerstellung haben aber in gewissem Rahmen ihre Vorgesetzten (in der Regel die Fachbereichs- beziehungsweise Ressortleiter) als Mitglieder des DV-Lenkungsausschusses).

Die Mitglieder des DV-Lenkungsausschusses werden nämlich nicht nur über den terminlichen Stand ihrer DV-Projekte zum Beispiel vierteljährlich informiert, sondern sie erhalten mit den Angaben über „Benötigten Aufwand in Manntagen" und „Noch offene Manntage" im Teil „Planungsrückstau" indirekt genügend Hinweise auf die bisher angefallenen beziehungsweise noch anfallenden Kosten. Beim Entscheid über die Realisierung der ihren Verantwortungsbereich betreffenden DV-Projekte haben sie ja mitgewirkt (siehe Kapitel 10.3).

Die Forderung nach verursachungsgerechten Kostenbelastungen wird dadurch vorverlagert auf die viel wichtigeren Projektplanungsphasen mit Wirtschaftlichkeitsberachtungen, aufgrund derer überhaupt erst DV-Projekte bewilligt und Prioriäten für ihre Realisierung im DV-Lenkungsausschuß festgelegt werden.

Nicht zuletzt entfällt mit der Nicht-Weiterbelastung der Kosten für die Software-Erstellung auch der administrative Aufwand für einen SOLL-/IST-Kostenvergleich.

Die Enquête hat hierzu ergeben:

1. Die Umlagen der Neuerstellungskosten von Software auf die leistungsempfangenden Kostenstellen erfolgt nur bei je über 10 Prozent selten, vorwiegend oder immer.
   Bei Unternehmen mit mehr als 500 Millionen DM Umsatz sind es nur 10 Prozent selten, 5 Prozent vorwiegend, aber schon 25 Prozent immer (siehe Abbildung 78 und 78a im Kapitel 16).

2. Verrechnungspreise für Neuerstellungskosten von Software zur Belastung der leistungsempfangenden Kostenstellen gibt es bei fast 10 Prozent selten, über je 20 Prozent bei vorwiegend und immer.
   Bei Unternehmen mit mehr als 500 Millionen DM Umsatz sind es 5 Prozent selten, 15 Prozent vorwiegend, aber schon 40 Prozent immer (siehe Abbildung 79 und 79a im Kapitel 16).
   Danach überwiegen Verrechnungspreise gegenüber Umlagen der Neuerstellungskosten von Software.

3. Eine Belastung der Neuerstellungskosten für die Software erst nach Projektende entsprechend der angenommenen durchschnittlichen Lebensdauer der neuen DV-Anwendungen im nachhinein monatlich auf die leistungsempfangenden Kostenstellen erfolgt nur bei 13 Prozent (siehe Frage G4 im Kapitel 16).

Sowohl bei der Softwareerstellung als auch bei der Softwarepflege ist auf verursachungsgerechte Kontierung der verbrauchten Zeiten zu achten (Abzeichnen der Tätigkeitsnachweise durch die Projektleiter).

Zu empfehlen sind *Projektplanungs- und -steuerungs- (Projektmanagement-)Systeme* zum unter anderem rationellen Erstellen eines *Berichtswesens* (Tätigkeitsnachweise) mit Hilfe des Computers für die Softwareerstellung inklusive -pflege einzusetzen.

Angebote hierzu sind im ISIS-Katalog, Teil „Kommerzielle Programme“ zu finden.

Mit derartigen *Tätigkeitsberichten* sind neben den Softwareneuerstellungszeiten so verursachungsgerecht wie irgend möglich die Softwarepflegezeiten entsprechend den vier Kategorien gemäß tabellarischer Abbildung 26 im Kapitel 10.2 zu erfassen und als Softwarepflegekosten mit Hilfe von Verrechnungspreisen auch den leistungsempfangenden Kostenstellen zu belasten.

Fairerweise sollte die Kosten der Fehlerbeseitigung bei der Software (Kategorie 2) die Softwareerstellung inklusive -pflege selbst tragen, also nicht den Fachbereichen weiterbelasten.

Schließlich sind die Tätigkeitsberichte mit den verbrauchten Zeiten (Mannmonaten) für die Softwareerstellung auch zur Aktualisierung der Produktivitätskurve des Function-Point-Verfahrens erforderlich (siehe Kapitel 10.8).

Für eine einheitliche und richtige Handhabung der Tätigkeitsberichte ist die ORG/DV-Stabsstelle Planung und Kontrolle zuständig. Sie hat überhaupt generell laufende Kontrollen der Kosten- und Leistungsverrechnung sowie des Berichtswesens und der Budgeteinhaltung durchzuführen.

Für die *Analyse der Kostenabweichungen* bei der Softwareerstellung mit Bericht an den DV-Lenkungsausschuß sollte das DV-Controlling beziehungsweise ersatzweise die DV-Revision im Rahmen der Erfolgskontrolle realisierter DV-Projekte zuständig sein (siehe Kapitel 10.12).

Die Enquête hat zur Frage *Belastung der leistungsempfangenden Kostenstellen mit den Softwarepflegekosten* ergeben:

Bei über 10 Prozent selten, 25 Prozent vorwiegend und bereits fast 30 Prozent immer.
Bei Unternehmen mit mehr als 500 Millionen DM Umsatz sind es je 15 Prozent selten und vorwiegend und sogar bereits 50 Prozent immer (siehe Abbildung 82 und 82a im Kapitel 16).

## 15.2 Kosten- und Leistungsverrechnung sowie Berichtswesen für den Rechenzentrumsbetrieb

In der Regel stehen den Rechenzentrums (RZ)-Betrieben zu ihrer verursachungsgerechten Leistungserfassung *Job-Accountingprogramme* zur Verfügung.

Oft sind diese anwendungsneutralen Programme „selbstgestrickt". Die modernsten Systeme werden auf dem Systemsoftware-Markt angeboten (siehe ISIS Software Report, Teil „System-Programme").

Mit ihnen lassen sich neben der

- Auftragsabrechnung (Ressourcenbeanspruchung, RZ-Kostenverrechnung)

auch

- die rationelle (wirtschaftliche) Programmierung bei der Software-Erstellung inklusive -pflege überprüfen,
- der richtige (zweckmäßige, ordnungsgemäße, sichere und wirtschaftliche) Einsatz der Programme im RZ überprüfen

und

- die Nutzungsberechtigung von Datenbeständen (Sicherheitsverletzungen, Paßwortverletzungen) nachweisen, was speziell die DV-Revision interessieren kann.

Zum Teil läßt sich mit modernen Job-Accountingprogrammen sogar die wirtschaftliche Verarbeitung der Daten im RZ überprüfen.

Mit diesen Systemsoftware-Paketen werden automatisch Aufzeichnungen über den computerinternen Arbeitsablauf der Programme eines DV-Anwendungsgebietes (Jobs) erstellt. Die Job-Accountingprogramme ermitteln, berechnen und verteilen aus diesen Betriebssystemdaten vor allem die Kosten der im RZ durchgeführten Programmabläufe (DV-Anwendungen auf die Leistungsempfänger).

Damit läßt sich also nicht nur die wirtschaftliche Verarbeitung der Daten eines Anwendungssystems (Höhe und verursachungsgerechte Abrechnung der Kosten; Ermittlung der Leistungskriterien, wie Hauptspeicherbedarf des Anwendungsprogramms, Größe der Dateien, Anzahl der Ein-/Ausgaben und Zugriffe, Anzahl der Falscheingaben, Zahl der ausgedruckten Zeilen oder Listen, Häufigkeit des Laufs beziehungsweise Anzahl der erforderlich gewesenen Wiederholungsläufe, CPU-Zeit und Ausführungszeit) im RZ-Betrieb überprüfen.

Zusätzlich liefern Job-Accountingprogramme auch wertvolle Informationen zur weiteren Auswertung über die Zweckmäßigkeit (neben durchlaufzeit- und kapazitätsmäßig optimaler Gestaltung der Programme, auch Gründe für abnomale Job-Abbrüche) des Einsatzes der Programme im RZ.

Informationen über die Ordnungsmäßigkeit und Sicherheit (Benutzernachweis, unberechtigte Zugriffe zu den Datenbeständen, Durchbrechen oder Modifizieren eines Paßwortes oder unberechtigte Modifizierung der Programme) können speziell die DV-Revision interessieren.

In der Enquête haben knapp 60 Prozent die Frage „Werden mit Job-Accounting-Systemen die Kosten der im Rechenzentrum durchgeführten Programmabläufe ermittelt und den leistungsempfangenden Kostenstellen möglichst verursachungsgerecht belastet?“ (G11) bejaht.

Bezüglich der RZ-Kostenbelastung hat sich ergeben:

1. Die Umlage der RZ-Kosten auf die leistungsempfangenden Kostenstellen erfolgt bei knapp 20 Prozent selten, bei 5 Prozent vorwiegend und bei 20 Prozent immer; bei Unternehmen mit mehr als 500 Millionen DM Umsatz sind es schon 25 Prozent immer (siehe Abbildung 83 und 83a im Kapitel 16).

2. Feste Verrechnungspreise für RZ-Kosten zur Belastung der leistungsempfangenden Kostenstellen werden bei 10 Prozent selten, bei über 10 Prozent vorwiegend und bei knapp 30 Prozent immer angewandt;
bei Unternehmen mit mehr als 500 Millionen DM Umsatz sind es schon 45 Prozent immer (siehe Abbildung 84 und 84a im Kapitel 16).

3. Flexible Verrechnungspreise für RZ-Kosten zur Belastung der leistungsempfangenden Kostenstellen werden zu knapp je 10 Prozent selten und vorwiegend und bei 3 Prozent immer angewandt;
bei Unternehmen mit einem Umsatz mehr als 500 Millionen Mark sind es 5 Prozent (siehe Abbildung 85 und 85a im Kapitel 16).

Gesamthaft gesehen sind bei den Kosten eines RZ-Betriebes für eine einfache Kalkulation und für eine Kostendeckungsbeitragrechnung zu unterscheiden:

- Einmalige Kosten

und

- laufende (wiederkehrende) Kosten.

Zu den *einmaligen Kosten* werden diejenigen Kosten gerechnet, die mit dem Aufbau und der Erweiterung des RZ zusammenhängen. Sie finden zum größten Teil unter den kalkulatorischen Kosten Berücksichtigung.

Es sind im einzelnen die Aufstellungskosten der DV-Anlage (bei Kauf inklusive des Kaufpreises), die einmaligen Lizenzkosten für Systemsoftware und die Einrichtungskosten (bauliche Maßnahmen, Klimatisierungseinrichtungen, Büromöbel und so weiter) sowie die Schulungskosten und andere Anlaufkosten.

Bei den *laufenden Kosten* fällt der erste Teil regelmäßig unabhängig von der Anlagenauslastung an.

Es sind die Anlagenmiete beziehungsweise Leasingrate, bei Kauf-Anlagen die Wartung, die regelmäßig anfallenden Lizenzkosten für die Systemsoftware, die Raummiete und die vertraglich auch festen Personalkosten.

Der zweite Teil enthält diejenigen laufenden Kosten, die direkt abhängig sind von der Anlagenauslastung. Dazu gehört das gesamte Material (Endlospapier, Drucktücher, Magnetbänder, Magnetbandkassetten, Magnetplatten und so weiter), zusätzliche Kosten für Miete und Wartung bei über die vereinbarte Mindestnutzungsdauer hinausgehende Anlagenauslastung, Überstunden- und Nachtstundenzuschläge sowie Löhne und Gehälter für Aushilfskräfte.

Allgemeine Empfehlungen über die anzusetzende Höhe der einzelnen *Kostenarten* für das RZ-Budget können wegen der unterschiedlichen Struktur und den Aufgaben von RZ-Betrieben nicht gegeben werden.

Empirische Untersuchungen (zum Beispiel in Form von zwischenbetrieblichen Vergleichen innerhalb desselben Wirtschaftszweiges bei annähernd gleicher Struktur und Größe des RZ-Beriebes) können in Form von Durchschnittswerten jedoch gewisse Orientierungshilfen für die Budgeterstellung und -kontrolle der RZ-Kosten liefern.

Wie bei jeder Kostenrechnung im allgemeinen üblich, werden in der Kostenstellenrechnung (Betriebsabrechnung) nur diejenigen Kostenarten (= Gemeinkosten) auf die einzelnen *Kostenstellen* verteilt, die nicht direkt auf die Kostenträger weiterverrechnet werden können.
Ein möglichst großer Anteil der Kosten sollte hierbei den einzelnen Kostenträgern direkt – also verursachungsgerecht – zugerechnet werden.

Ein Teil der Kosten kann jedoch nur über anteilige Gemeinkosten nach einem Verteilerschlüssel berücksichtigt werden.

Wie auch sonst üblich, sollte die Abgrenzung der Kostenstellen den Verantwortungsbereichen innerhalb eines RZ-Betriebes folgen, weil dadurch eine interne Überwachung der Kostenentwicklung erleichtert wird. Gleichzeitig muß die Kostenstellengliederung eine verursachungsgerechte Verteilung der Kosten auf die Kostenträger unterstützen.

*Kostentransparenz* ist Voraussetzung für eine wirtschaftliche RZ-Betriebsführung. Der unsachgemäße und unkontrollierte Einsatz einer DV-Anlage kann zusätzliche und vermeidbare Kosten verursachen. Die Überwachung durch entsprechende Leistungserfassung ist daher notwendig.

Es ist empfehlenswert, die Kosten für die vom RZ-Betrieb erbrachten Leistungen auf *Kostenträger* zu beziehen, wie zum Beispiel:

- Datenerfassungsaufträge, sofern keine Datenerfassung vor Ort beim Anwender,
- RZ-Abläufe,
- Erstellte Listen und
- Transaktionen am Terminal (beginnend mit einer Online-Dateneingabe beziehungsweise Abfrage und endet mit der Ergebnisbereitstellung am Terminal).

Ein *gültiger und akzeptierter Kostenverteilungsschlüssel* muß angeben, welche Leistungsempfangs-Kostenstelle wieviel Prozent der einem Kostenträger anzulastenden Kosten schließlich übernimmt.

Die Kostentransparenz erfordert bei *Wiederholung von Verarbeitungsgängen im RZ-Betrieb:*

- Liegt die Ursache nicht beim RZ-Betrieb, so sind wie bei normalen Verarbeitungsgängen diese zusätzlichen Kosten den Leistungsempfänger-Kostenstellen zu belasten.
- Sollte sich zeigen, daß die Ursache bei der Softwareerstellung liegt, so wäre diese zu belasten (Ausnahme bei Fremdsoftware, weil hier vertraglicher Ausschluß üblich ist).
- Liegt die Ursache beim RZ-Betrieb selbst, so sind die durch selbstverschuldete Fehler verursachten Kosten nicht den Leistungsempfängern zu belasten, sondern aus dem RZ-Budget zu decken. Ansonsten würde der RZ-Betrieb mit seiner Kosten- und Leistungsverrechnung an Glaubwürdigkeit verlieren.
  Allerdings werden in der Kostenverrechnungspraxis die anfallenden Wiederholungskosten zu den RZ-Gemeinkosten gezählt und damit indirekt zusammen mit den anderen vom RZ-Betrieb selbst in Anspruch genommenen Leistungen (zum Beispiel Einsatz von Systemsoftware, zum Teil anwendungsneutrale Programme und Umlagen von anderen Kostenstellen und so weiter) von allen RZ-Benutzern gemeinsam getragen.
  Dieses Verfahren ist aber aus der Sicht aller RZ-Benutzer unbefriedigend.

Eine exakte Leistungserfassung und Leistungsverrechnung ist gleichzeitig ein Instrument zur *Verbesserung der RZ-Leistungsfähigkeit inklusive -Produktivität.*

Folgende Angaben können Auskunft über die *produktive Anlagennutzung* geben:

- Langfristige Kapazitätsanmeldungen für neue DV-Projekte (-Anwendungen),
- Überblick über Art und Umfang der abgewickelten Aufgaben,
- Nachweis über die von den einzelnen Benutzern in Anspruch genommenen Anlagen-Kapazitäten,
- Benutzungsgewohnheiten (zum Beispiel Datenvolumen, Terminforderungen, Sicherungsforderungen und Ressourcenanforderungen),
- Verfügbarkeit beziehungsweise Zuverlässigkeit der DV-Anlage und ihrer Einzelkomponenten,
- Operatingverhalten und sein Einfluß auf die Effizienz des RZ-Betriebes, also richtiger (zweckmäßiger, ordnungsgemäßer, sicherer und wirtschaftlicher) Einsatz der Programme (siehe GeD, Pkt. 9 bis 11, im Kapitel 4),
- Durchsatz des Systems im Normalbetrieb,
- Beobachtung der DV-Anlage im Hinblick auf wünschenswerte beziehungsweise bereits durchgeführte System-Modifikationen,

- Erkennen von Engpässen oder Überdimensionierungen der DV-Anlage,
- Fehleranalyse aller Komponenten, isoliert oder in Abhängigkeit voneinander,
- Qualität (wirtschaftliche Verarbeitungsmöglichkeiten) der Programme,
- Qualität der programmspezifischen RZ-Dokumentation,
- Qualität der Arbeitsvorbereitung und des Datenträgerarchivs,
- Richtige (zweckmäßige, ordnungsgemäße, sichere und wirtschaftliche) Dateneingabe und -ausgabe,
- Richtige (zweckmäßige, ordnungsgemäße, sichere und wirtschaftliche) Verarbeitung der Daten,
- Kosten- und Leistungsvergleich mit anderen RZ-Betrieben annähernd gleicher Struktur und Größe

und so weiter.

Wenn unter *Wirtschaftlichkeit* im allgemeinen die *Effizienz einer Leistungserbringung* verstanden wird, so betrifft dies bei einem RZ-Betrieb das *Verhältnis Kosten zu Nutzen* für die Leistungserstellung.

Je größer die erbrachte Leistung beziehungsweise der Nutzen für den Anwender bei gleichen Kosten ist, oder je geringer die Kosten bei gleicher erbrachter Leistung sind, um so größer ist die Wirtschaftlichkeit.

Zum Vergleich der Wirtschaftlichkeit verschiedener RZ-Betriebe dürfen nicht nur die RZ-Betriebe zur Erledigung annähernd gleicher Aufträge (Erbringung gleicher Leistung) herangezogen werden. Gleichfalls sind die Hardware-Konfiguration inklusive Peripherie, die Systemsoftware, die Arbeitsvorbereitung und so weiter, aber auch der Client-Server-Einsatz zu berücksichtigen.

Ferner verursachen Zweckmäßigkeit, Ordnungsmäßigkeit und Sicherheit auch Kosten und sind deshalb für die Wirtschaftlichkeit eines RZ-Betriebes genau so wichtig wie andere Leistungskriterien.

Eine besondere Bedeutung kommt der *Wirtschaftlichkeitsüberprüfung* zu. Hierbei geht es nicht nur um die Kontrolle der in bestimmten Perioden erbrachten RZ-Leistungen, sondern auch um eine Kosten-Budgetkontrolle für den gleichen Zeitraum.

Die von den Benutzern eines RZ-Betriebes in Anspruch genommenen Hardware-Kapazitäten, wie Prozessoren und CPU-Hauptspeicher, Datenkanäle, Magnetbänder/Magnetbandkassetten, Magnetplatten, Ein- und Ausgabe-Einheiten inklusive Terminals sowie Datenfernübertragunseinrichtungen, können nicht nur für die Auslastung der DV-Anlage herangezogen werden, sondern können teilweise auch als Kenngrößen zur Kosten- und Leistungsverechnung dienen.

So unterschiedlich wie die *Leistungskenngrößen* sind, so verschieden sind auch die *Verrechnungsarten*, wie vor allem *Kostenumlage entsprechend den Programmlaufzeiten* (Verweilzeit der Programme, aber problematisch bei Multiprogrammingbetrieb) oder *Stundensatz der einzelnen Betriebsmittel* (besser für Multiprogrammingbetrieb geeignet, aber sehr aufwendig und nur bei komfortablen Leistungserfassungssystemen möglich) oder nur *CPU-Stundensatz*.

Der Nachteil dieser zuletzt genannten Leistungsverrechnungsart liegt darin, daß bei kommerzieller Datenverarbeitung der Summe der direkt zurechenbaren Kosten im Regelfall nur eine 10- bis 30prozentige CPU-Belegungszeit für eine Divisionskalkulation gegenübergestellt werden kann. Die Bezugsbasis CPU-Belegungszeit ist bei diesem Verfahren zu klein. Bei allen Stundensatz-Verrechnungsarten werden die nicht direkt einer Bezugsbasis zurechenbaren Kosten als anteilige Gemeinkosten nach einem Schlüssel auf die leistungsempfangenen Kostenstellen umgelegt.

Bei Groß-RZ lassen sich die Kosten recht gut verursachungsgerecht auf viele Benutzer zuordnen.

Bei *Client-Server-Installationen* hingegen ist dies noch weitgehend ungelöst. Vielleicht erübrigt es sich aber zumindest insoweit, als man die Kosten bei persönlichen Computern (PCs) und den Workstationen gar nicht zu verteilen braucht, sondern nur der gemeinsam genutzte Teil – das eigentliche Netz – verteilt werden muß.

Die Abbildung 75 zeigt die wichtigsten Durchschnittspreise der RZ-Leistungseinheiten im Zeitraum von 1985 bis 1993 als Ergebnis eines Arbeitskreises mit 90 Mitgliedern unter Leitung von Herrn Dipl.-Wirtschaftsing. J. Michels, Neuss.

Deutlich ist zu erkennen, wie die personalintensiven RZ-Leistungen tendenziell gestiegen sind, während typische Technik-Leistungen wesentlich preiswerter wurden.

## Wichtige Durchschnittspreise der Leistungseinheiten im Zeitvergleich

| Bezeichnung der Leistungseinheit | | Mittelpreise der Leistungseinheiten in den Jahren: (alle Werte ohne Ausreißer) | | | | | | | Erfaßter Umsatz in TDM |
|---|---|---|---|---|---|---|---|---|---|
| | | 1985 DM | 1986 DM | 1988 DM | 1990 DM | 1991 DM | 1992 DM | 1993 DM | |
| CPU-Zeit | 1 MIPS-Std.: | 1917 | 927 | 699 | 616 | 445 | 302 | 270 | |
| CPU-Zeit, gewichtet | 1 MIPS-Std.: | 1346 | 789 | 453 | 339 | 206 | 147 | 123 | 2 200 000 |
| Plattenplatz | 1 MB-Monat: | 213 | 36 | 8 | 16,42 | 12,51 | 8,92 | 6,67 | |
| Plattenplatz, gewichter | 1 MB-Monat: | 44 | 16 | 6 | 16,82 | 13,11 | 9,09 | 4,31 | 450 682 |
| Plattenzugriffe | 1000 Stück: | 2,4 | | 1 | 1,84 | 1,72 | 1,31 | 1,22 | 315 268 |
| Plattenzugriffe, gewichtet | 1000 Stück: | | | | | | | 0,96 | |
| Magnetband-Zugriffe | 1000 Stück: | | 2,7 | 2 | 2,72 | 2,77 | 2,38 | 1,92 | 67 860 |
| Magnetband-Montage | Stück: | | 8,5 | 7 | 5,4 | 6,26 | 7,50 | 6,78 | 12 449 |
| Magnetband-Lagerung | Rolle/Monat: | | | | 6,43 | 8,18 | 6,69 | 7,92 | 4 900 |
| Magnetb.einh.-Belegung | Stunde: | | 100 | 45 | 66,7 | 54,4 | 39,6 | 52,6 | 5 500 |
| DV-Impactdruck | 1000 Zeilen: | 3 | 9 | 8 | 4,12 | 4,14 | 4,04 | 2,33 | 32 392 |
| DV-Laserdruck | 1000 Seiten: | | | 0 | 140 | 130 | 120 | 99,2 | 91 513 |
| RJE-Zeilen | 1000 Blöcke | | | | | 0,3–1 | 0,3–0,8 | 0,2–3,0 | |
| Bildschirm-Miete | Monat: | 404 | 236 | 218 | 228 | 222 | 175 | 173 | |
| BS-Anschaltzeit | Stunde: | 18 | 6,4 | 6 | 14,12 | 12,83 | 7,43 | 5,98 | |
| BS-Arbeitsplatz | Monat: (100 Std.) | 2204 | 670 | 495 | 582 | 711 | 503 | 402 | 353 404 |
| PC/WS-Miete | Monat: | | | | | | | 311 | |
| PC/WS-Anschaltzeit | Stunde: | | | | | | | 3,3 | |
| PC/WS-Arbeitsplatz | Monat: (100 Std.) | | | | | | | 491 | 103 692 |
| Drucker-Miete | Monat: | | | | | | 181 | 260 | |
| Drucker-Anschaltzeit | Stunde: | | | | | | 4,90 | 2,27 | |
| Drucker-Arbeitsplatz | Monat: (50 Std.) | | | | | | 376 | 435 | 48 184 |
| DFÜ-Steuereinheit | 1 Monat: | | | | 1700 | 9552 | 2337 | 878 | 9 900 |
| DFÜ-Leitgs.-Anschluß | 1 Monat: | | | | 679 | 968 | 865 | 274 | 19 700 |
| DFÜ-Übertragung | 1 Mio. Zeichen: | | | | | k.Ang. | 115 | 29,83 | 29 600 |
| OP/AV/AN-Arbeit | Stunde: | | | 26 | 90 | 90 | 97 | 88 | 129 000 |
| AV/AN-Arbeit | Job/Step | | | | | | 9,01 | 8,17 | |
| System-Arbeit | Stunde: | | | 75 | 135 | 143 | 147 | 129 | |
| Anwendungsentwicklung | Stunde: | | | 114 | 126 | 148 | 136 | 148 | 339 569 |
| Datenerfassung | 1000 Zeichen: | | | 7 | 6,59 | 7,50 | 8,29 | 9,55 | |
| | | | | | | | | | **Summe 4 213 613** |

*Abbildung 75* *Quelle: J.Michels 1993*

# 16. Ergebnis der DV-Controlling-Enquête 1993 zu „Kosten- und Leistungsverrechnung sowie Berichtswesen des ORG/DV-Bereichs“ (Fragen-Block G)

**FRAGE G1: ERFOLGT DIE KOSTENVERRECHNUNG DES ORG/DV-BEREICHS NACH DEM VERFAHREN DER VOLLKOSTEN-, TEILKOSTEN- ODER DECKUNGSBEITRAGSRECHNUNG?**

Die Abbildung 76 zeigt:
Bei den Kostenverrechnungsverfahren des ORG/DV-Bereichs überwiegt die Vollkostenrechnung mit 63 Prozent beziehungsweise 80 Prozent bei Unternehmen mit mehr als 500 Millionen DM Umsatz.

**FRAGE G2: IN WIEVIELE KOSTENSTELLEN IST DER ORG/DV-BEREICH AUFGETEILT?**

Die Abbildung 77 zeigt:
Bei 13 Prozent ist der ORG/DV-Bereich noch nicht in mehrere Kostenstellen aufgeteilt.

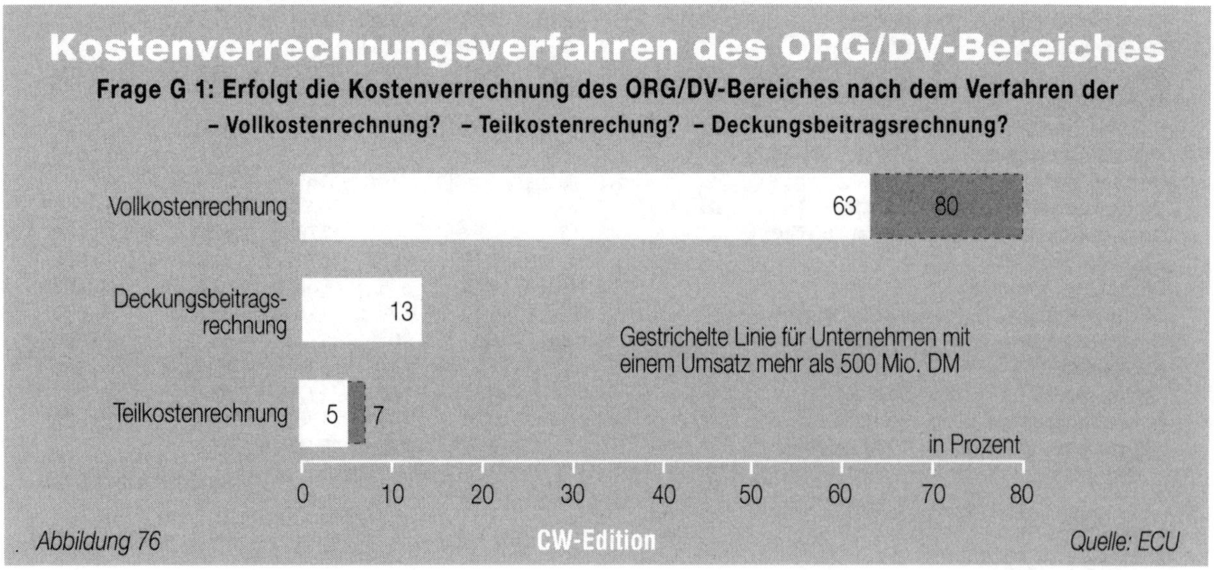


*Abbildung 76* Quelle: ECU

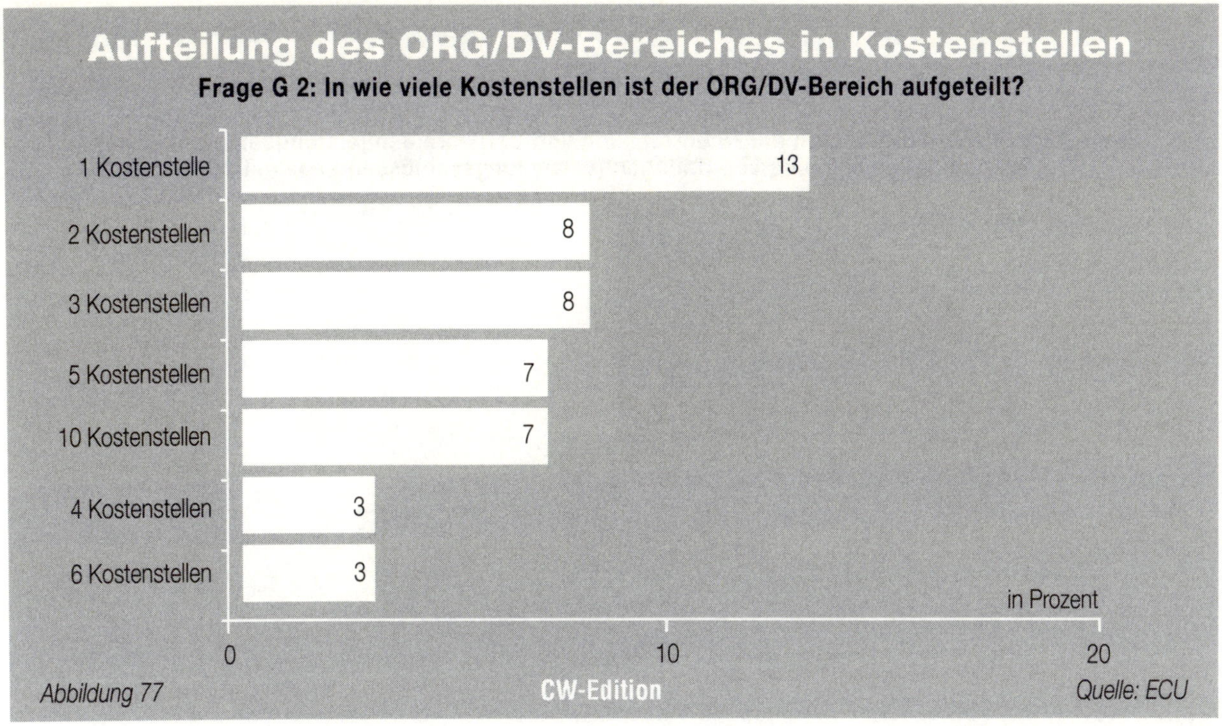

Abbildung 77

**FRAGE G3: WERDEN DIE KOSTEN DER NEUERSTELLUNG VON SOFTWARE DEN LEISTUNGSEMPFANGENDEN KOSTENSTELLEN MIT HILFE VON UMLAGEN (VERTEILUNGSSCHLÜSSEL) ODER ÜBER VERRECHNUNGSPREISE BELASTET?**

Die Abbildung 78 zeigt:
Die Umlagen der Neuerstellungskosten von Software auf die leistungsempfangenden Kostenstellen erfolgt mit über 30 Prozent nie und mit über je 10 Prozent selten, vorwiegend oder immer.
Bei Unternehmen mit mehr als 500 Millionen DM Umsatz sind es 35 Prozent nie, 10 Prozent selten, 5 Prozent vorwiegend, aber schon 25 Prozent immer (siehe Abbildung 78a).

Die Abbildung 79 zeigt:
Verrechnungspreise für Neuerstellungskosten von Software zur Belastung der leistungsempfangenden Kostenstellen gibt es mit knapp 30 Prozent nie, mit knapp 10 Prozent selten, über je 20 Prozent bei vorwiegend und immer.
Bei Unternehmen mit mehr als 500 Millionen DM Umsatz sind es 15 Prozent nie, 5 Prozent selten, 15 Prozent vorwiegend, aber schon 40 Prozent immer (siehe Abbildung 79a).

## Umlagen der Neuerstellungskosten von Software auf die leistungsempfangenden Kostenstellen

**Frage 63 a: Werden die Kosten der Neuerstellung von Software den leistungsempfangenden Kostenstellen mit Hilfe von Umlagen (Verteillungsschlüssel) angelastet?**

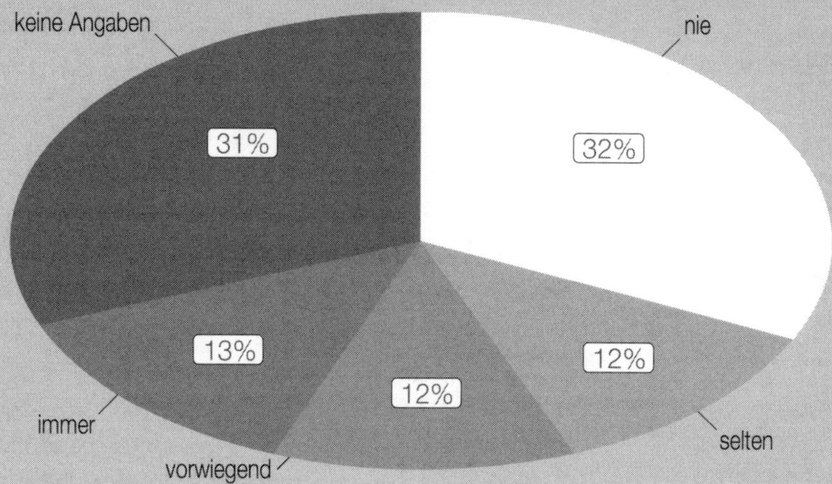


*Abbildung 78*   CW-Edition   *Quelle: ECU*

## Umlagen der Neuerstellungskosten von Software auf die leistungsempfangenden Kostenstellen nur bei Unternehmen mit mehr als 500 Millionen DM Umsatz

**Frage 63 a: Werden die Kosten der Neruerstellung von Software den leistungsempfangenden Kostenstellen mit Hilfe von Umlagen (Verteillungsschlüssel) angelastet?**

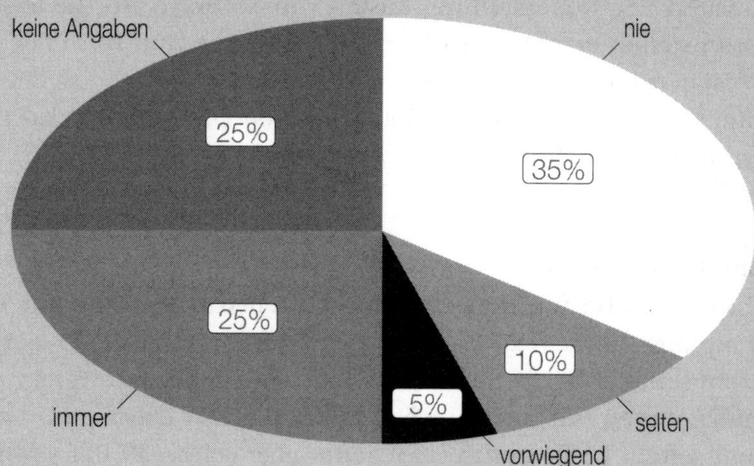


*Abbildung 78a*   CW-Edition   *Quelle: ECU*

## Verrechnungspreise für Neuerstellungskosten von Software zur Belastung der leistungsempfangenden Kostenstellen

**Frage 63 b: Werden die Kosten der Neuerstellung von Software den leistungsempfangenden Kostenstellen über Verrechnungspreise angelastet?**

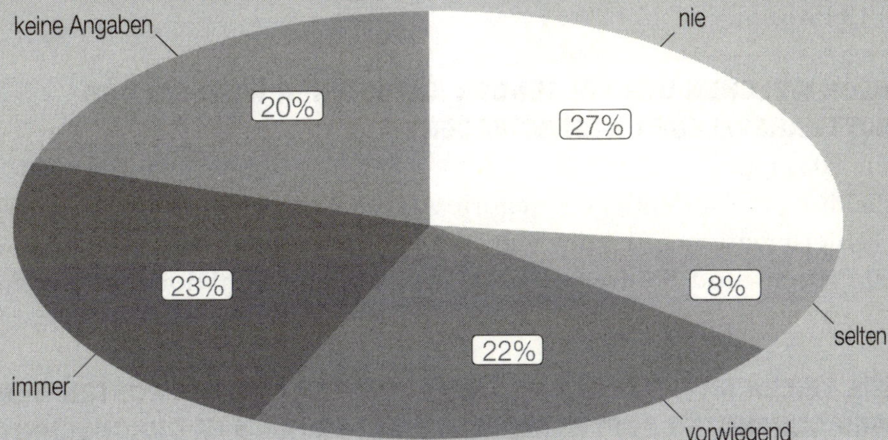


*Abbildung 79* CW-Edition *Quelle: ECU*

## Verrechnungspreise für Neuerstellungskosten von Software zur Belastung der leistungsempfangenden Kostenstellen nur bei Unternehmen mit mehr als 500 Millionen DM Umsatz

**Frage 63 b: Werden die Kosten der Neuerstellung von Software den leistungsempfangenden Kostenstellen über Verrechnungspreise belastet?**

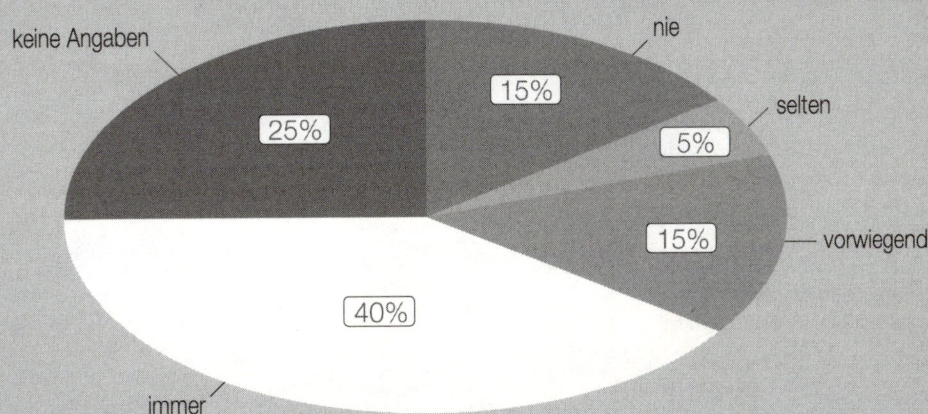


*Abbildung 79a* CW-Edition *Quelle: ECU*

**FRAGE G4: WERDEN DIE KOSTEN DER NEUERSTELLUNG VON SOFTWARE ERST NACH PROJEKTENDE ENTSPRECHEND DER ANGENOMMENEN DURCHSCHNITTLICHEN LEBENSDAUER DER NEUEN DV-ANWENDUNGEN MONATLICH DEN LEISTUNGSEMPFANGENDEN KOSTENSTELLEN IM NACHHINEIN BELASTET?**

Eine Belastung der Neuerstellungskosten für Software erst nach Projektende erfolgt nur bei 13 Prozent.

**FRAGE G5: NACH WELCHEN DER FOLGENDEN KATEGORIEN WIRD BEI DER SOFTWAREPFLEGE UNTERSCHIEDEN?**

Die Abbildung 80 zeigt:
Die Unterscheidung Softwarepflege-Kategorie Anwenderunterstützung verwenden 62 Prozent, Fehlerbeseitigung bei der Software 55 Prozent, Software-Funktionsverbesserung 60 Prozent und Software-Reorganisation ohne Funktionsverbesserung 22 Prozent.

**FRAGE G6: WIE TEILEN SICH FÜR DAS PROJEKT-CONTROLLING DIE KOSTEN DER VIER GENANNTEN SOFTWAREPFLEGE-KATEGORIEN IM DURCHSCHNITT WÄHREND DER LETZTEN FÜNF JAHRE AUF?**

Die Abbildung 81 zeigt:

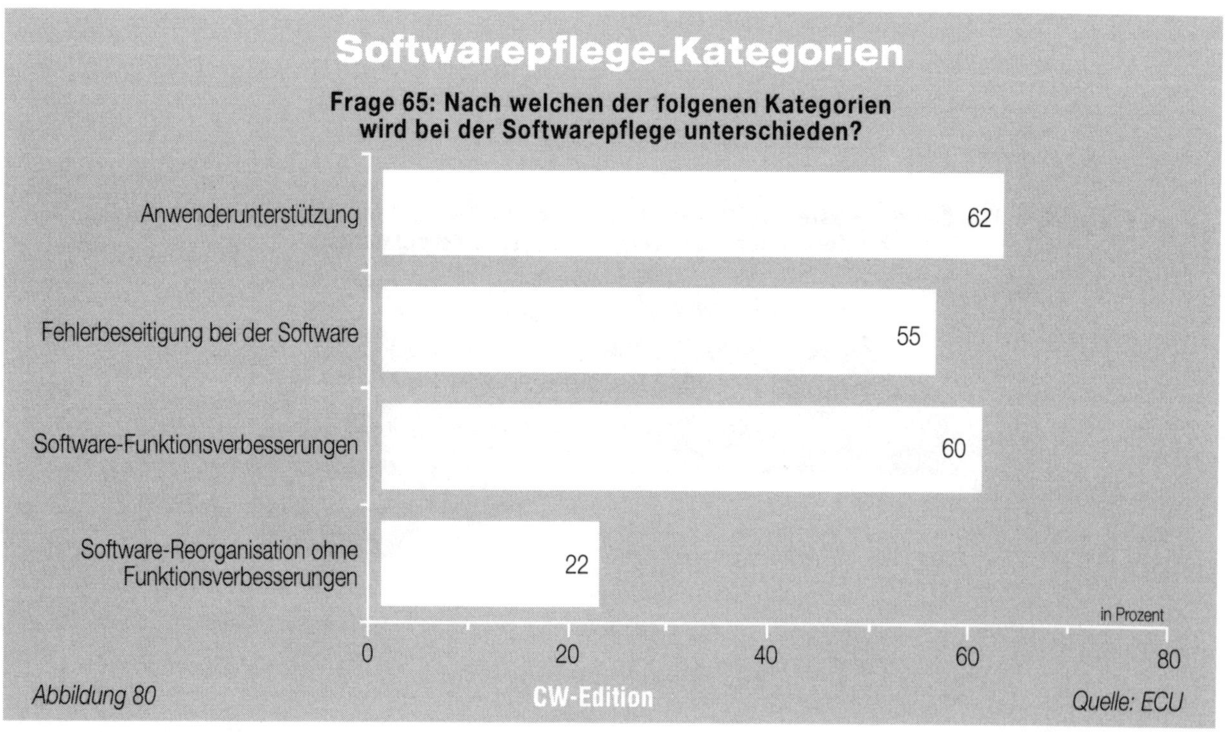

Abbildung 80

Bei der Aufteilung der Softwarepflegekosten in den letzten fünf Jahren nach Kategorien steht an der Spitze die Software-Funktionsverbesserung mit schwerpunktmäßig 50 bis 60 Prozent, gefolgt von der Anwenderunterstützung mit schwerpunktmäßig 30 bis 40 Prozent sowie die Fehlerbeseitigung bei der Software und die Software-Reorganisation ohne Funktionsverbesserungen mit schwerpunktmäßig je 10 bis 20 Prozent.

### FRAGE G7: WERDEN AUCH DIE KOSTEN DER SOFTWAREPFLEGE VERURSACHUNGSGERECHT DEN LEISTUNGSEMPFANGENDEN KOSTENSTELLEN BELASTET?

Die Abbildung 82 zeigt:
Die Belastung der leistungsempfangenden Kostenstellen mit den Softwarepflegekosten erfolgt mit knapp 30 Prozent nie, über 10 Prozent selten, 25 Prozent vorwiegend und bereits fast 30 Prozent immer.
Bei Unternehmen mit mehr als 500 Millionen DM Umsatz sind es 20 Prozent nie, je 15 Prozent selten und vorwiegend und sogar bereits 50 Prozent immer (siehe Abbildung 82a).

### FRAGE G8: WERDEN DIE LEISTUNGEN DES RECHENZENTRUMS GETRENNT VON DENEN DER SOFTWAREERSTELLUNG INKLUSIVE -PFLEGE ABGERECHNET?

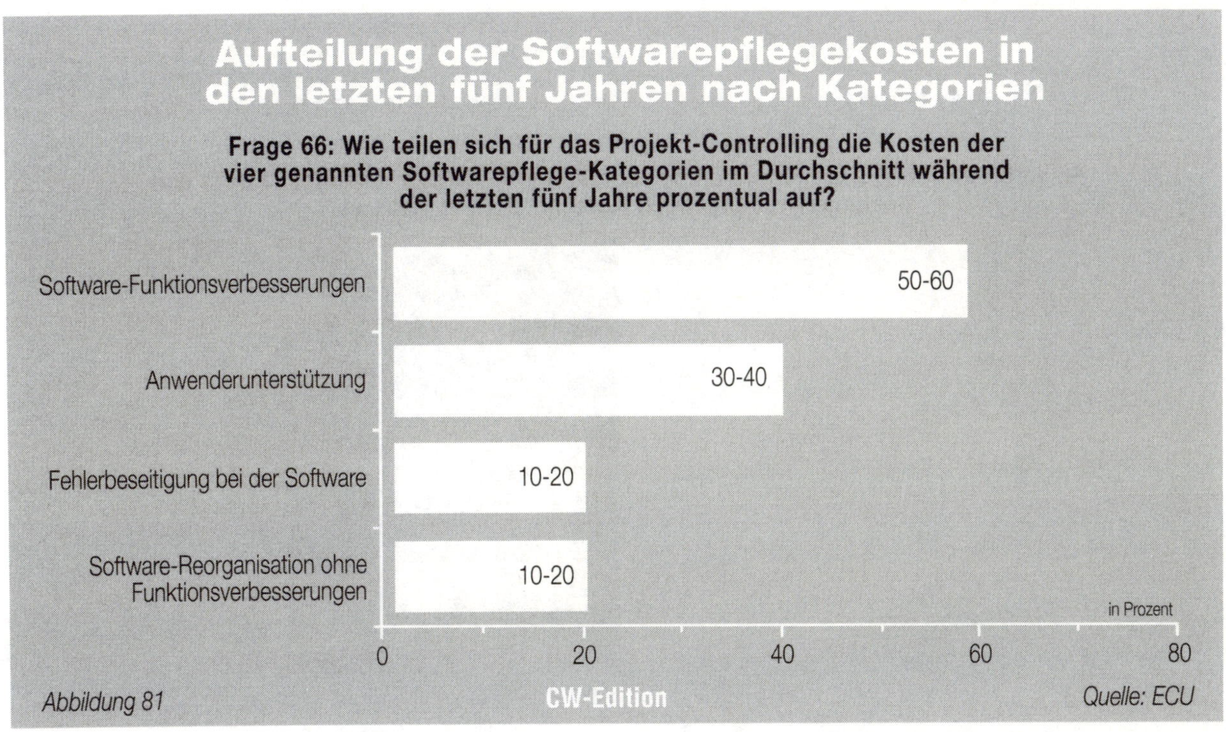

Abbildung 81

## Belastung der leistungsempfangenden Kostenstellen mit den Softwarepflegekosten

**Frage 67: Werden auch die Kosten der Softwarepflege verursachungsgerecht den leistungsempfangenden Kostenstellen angelastet?**

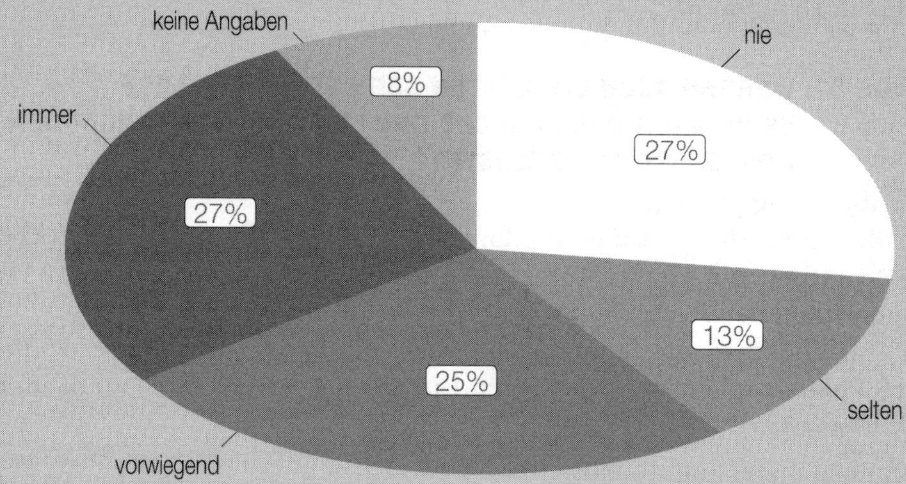


*Abbildung 82* CW-Edition *Quelle: ECU*

## Belastung der leistungsempfangenden Kostenstellen mit den Softwarepflegekosten nur bei Unternehmen mit mehr als 500 Millionen DM Umsatz

**Frage 67: Werden auch die Kosten der Softwarepflege verursachungsgerecht den leistungsempfangenden Kostenstellen angelastet?**

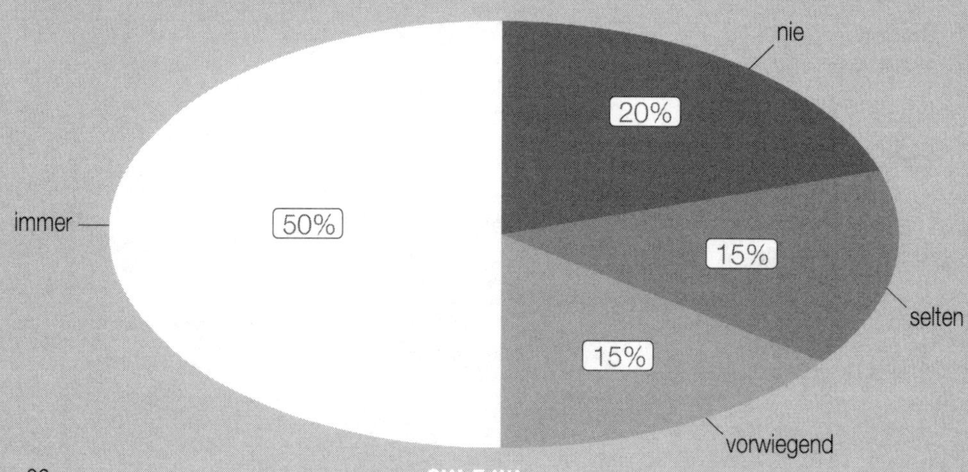


*Abbildung 82a* CW-Edition *Quelle: ECU*

Die Abrechnung der Leistungen des Rechenzentrums erfolgt bereits bei 80 Prozent getrennt von denen der Softwareerstellung inklusive -pflege.

**FRAGE G9: WIRD BEI DEN RECHENZENTRUMSKOSTEN ZWISCHEN EINMALIGEN UND LAUFENDEN (WIEDERKEHRENDEN) KOSTEN UNTERSCHIEDEN?**

Die Unterscheidung in einmalige und laufende (wiederkehrende) Rechenzentrumskosten gibt es bei 54 Prozent.
Bei Unternehmen mit mehr als 500 Millionen DM Umsatz sind es bereits 60 Prozent.

**FRAGE G10: WERDEN DIE KOSTEN FÜR DIE VOM RECHENZENTRUM ERBRACHTEN LEISTUNGEN AUF KOSTENTRÄGER (WIE ZUM BEISPIEL SPEZIELLE DATENERFASSUNGSAUFTRÄGE, PROGRAMMLÄUFE, ERSTELLTE LISTEN, TRANSAKTIONEN AM TERMINAL/PC USW.) BEZOGEN?**

Der Bezug der Rechenzentrumsleistungen auf Kostenträger erfolgt bei etwas über der Hälfte.

**FRAGE G11: WERDEN MIT JOB-ACCOUNTING-SYSTEMEN DIE KOSTEN DER IM RECHENZENTRUM DURCHGEFÜHRTEN PROGRAMMLÄUFE ERMITTELT UND DEN LEISTUNGSEMPFANGENDEN KOSTENSTELLEN MÖGLICHST VERURSACHUNGSGERECHT BELASTET?**

Die Ermittlung der Rechenzentrumskosten für Programmläufe erfolgt mit Job-Accounting-Systemen bei knapp 60 Prozent.

**FRAGE G12: WERDEN DIE RECHENZENTRUMSKOSTEN DEN LEISTUNGSANFORDERNDEN KOSTENSTELLEN ÜBER UMLAGEVERFAHREN (VERTEILUNGSSCHLÜSSEL UND ÄHNLICHEM), FESTE VERRECHNUNGSPREISE (ZUM BEISPIEL CPU-STUNDENSÄTZE, PREISE FÜR GEDRUCKTE LISTENSEITEN USW.) ODER ÜBER FLEXIBLE VERRECHNUNGSPREISE, ABHÄNGIG VON DER KAPAZITÄTSAUSLASTUNG, NACHFRAGEINTENSITÄT ODER DRINGLICHKEIT DER AUFGABENBEARBEITUNG BELASTET?**

Die Abbildung 83 zeigt:
Umlagen der Rechenzentrumskosten auf die leistungsanfordernden Kostenstellen erfolgt bei über 20 Prozent nie, bei knapp 20 Prozent selten, bei 5 Prozent vorwiegend und bei 20 Prozent immer.
Bei Unternehmen mit mehr als 500 Millionen DM Umsatz sind es 20 Prozent nie, 25 Prozent selten und bereits 25 Prozent immer (siehe Abbildung 83a).

Die Abbildung 84 zeigt:
Feste Verrechnungspreise für Rechenzentrumskosten zur Belastung der leistungs-

## Umlagen der Rechenzentrumskosten auf die leistungsanfordernden Kostenstellen

**Frage G 12a: Werden die Rechenzentrumskosten den leistungsanfordernden Kostenstellen über Umlageverfahren (Verteilungsschlüssel u.ä.) angelastet?**

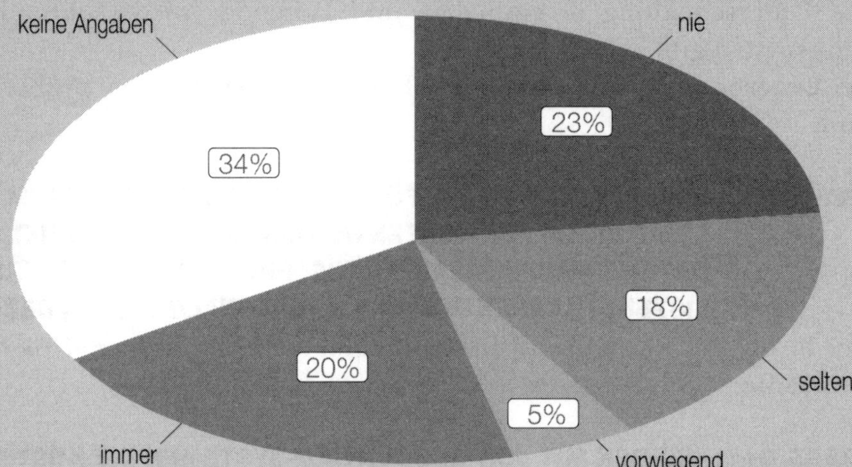


*Abbildung 83* CW-Edition *Quelle: ECU*

## Umlagen der Rechenzentrumskosten auf die leistungsanfordernden Kostenstellen nur bei Unternehmen mit mehr als 500 Millionen DM Umsatz

**Frage G 12a: Werden die Rechenzentrumskosten den leistungsanfordernden Kostenstellen über Umlageverfahren (Verteilungsschlüssel u.ä.) angelastet?**

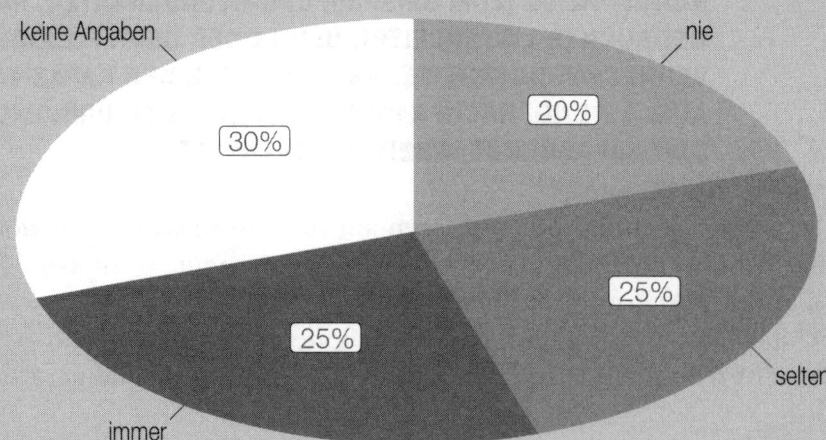


*Abbildung 83a* CW-Edition *Quelle: ECU*

## Feste Verrechnungspreise für Rechenzentrumskosten zur Belastung der leistungsanfordernden Kostenstellen

**Frage G 12b: Werden die Rechenzentrumskosten den leistungsanfordernden Kostenstellen über feste Verrechnungspreise (z.B. CPU-Stundensätze, Preise für gedruckte Listenseite usw) angelastet?**

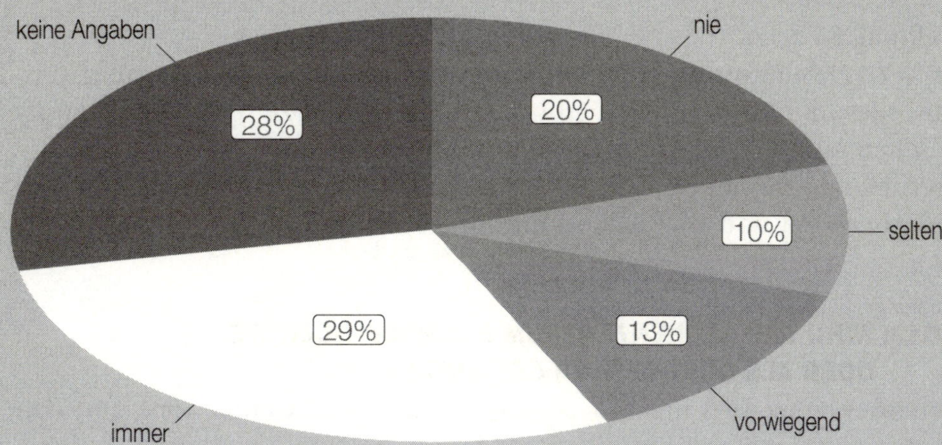


*Abbildung 84* CW-Edition *Quelle: ECU*

## Feste Verrechnungspreise für Rechenzentrumskosten zur Belastung der leistungsanfordernden Kostenstellen nur bei Unternehmen mit mehr als 500 Millionen DM Umsatz

**Frage G 12b: Werden die Rechenzentrumskosten den leistungsanfordernden Kostenstellen über feste Verrechnungspreise (z.B. CPU-Stundensätze, Preise für gedruckte Listenseite usw) angelastet?**

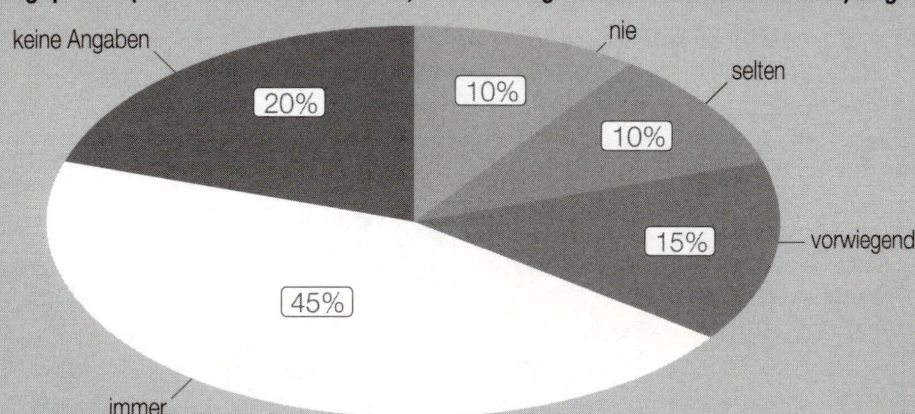


*Abbildung 84a* CW-Edition *Quelle: ECU*

anfordernden Kostenstellen gibt es mit 20 Prozent nie, mit 10 Prozent selten, mit über 10 Prozent vowiegend und mit knapp 30 Prozent immer.
Bei Unternehmen mit mehr als 500 Millionen DM Umsatz sind es je 10 Prozent nie und selten, 15 Prozent vorwiegend und bereits 45 Prozent immer (siehe Abbildung 84a).

Die Abbildung 85 zeigt:
Flexible Verrechnungspreise für Rechenzentrumskosten zur Belastung der leistungsanfordernden Kostenstellen gibt es mit über 40 Prozent nie, mit knapp je 10 Prozent selten und vorwiegend und mit nur 3 Prozent immer.
Bei Unternehmen mit mehr als 500 Millionen DM Umsatz sind es 40 Prozent nie, je 10 Prozent selten und vorwiegend und nur 5 Prozent immer (siehe Abbildung 85a).

### FRAGE G13: WIRD DAS RECHENZENTRUM ALS PROFIT-CENTER ODER ALS COST-CENTER GEFÜHRT?

Das Rechenzentrum wird mit fast 30 Prozent als Profit-Center und mit über 70 Prozent als Cost-Center geführt.

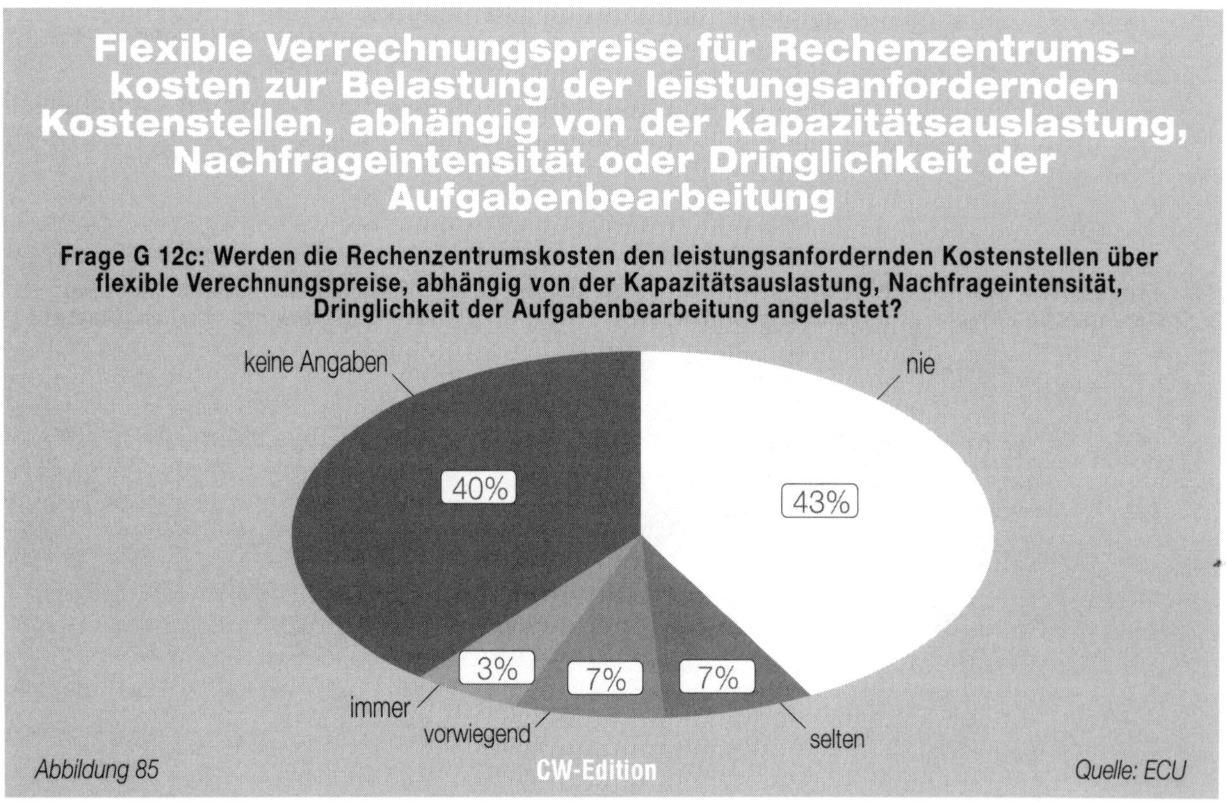

Abbildung 85

**Flexible Verrechnungspreise für Rechenzentrumskosten zur Belastung der leistungsanfordernden Kostenstellen, abhängig von der Kapazitätsauslastung, Nachfrageintensität oder Dringlichkeit der Aufgabenbearbeitung nur bei Unternehmen mit mehr als 500 Millionen DM Umsatz**

**Frage G 12c: Werden die Rechenzentrumskosten den leistungsanfordernden Kostenstellen über flexible Verechnungspreise, abhängig von der Kapazitätsauslastung, Nachfrageintensität, Dringlichkeit der Aufgabenbearbeitung angelastet?**

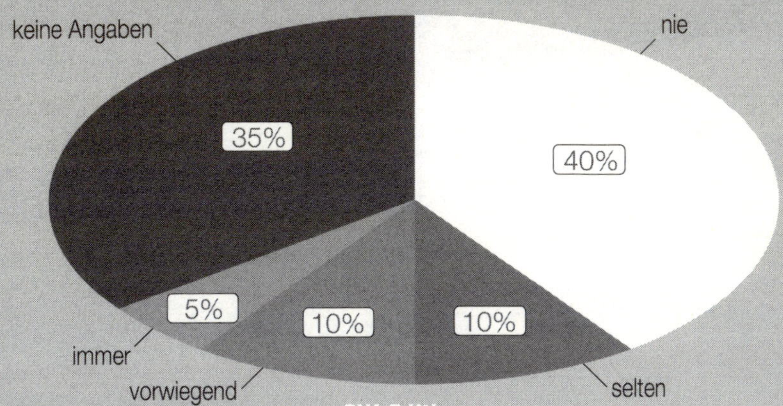


*Abbildung 85a* CW-Edition *Quelle: ECU*

### FRAGE G14: WERDEN FÜR DEN ORG/DV-BEREICH JÄHRLICH BUDGETS FESTGELEGT?

Für den ORG/DV-Bereich werden mit über 90 Prozent jährlich Budgets festgelegt.

### FRAGE G15: STIMMEN DIE IST-KOSTEN BEIM ORG/DV-BEREICH MIT DEN ENTSPRECHENDEN PLANUNGEN/BUDGETIERUNGEN ÜBEREIN?

Die Abbildung 86 zeigt:
Übereinstimmungen der Ist-Kosten des ORG/DV-Bereichs mit den entsprechenden Planungen/Budgetierungen bei 15 Prozent selten, bei über 60 Prozent vorwiegend und bei knapp 10 Prozent immer.
Bei Unternehmen mit mehr als 500 Millionen DM Umsatz sind es 20 Prozent selten, 75 Prozent vorwiegend und 5 Prozent immer (siehe Abbildung 86a).

### FRAGE G16: WIE HOCH IST DER PROZENTUALE ANTEIL SPEZIELL DER SICHERHEITSKOSTEN (DATENSCHUTZ, DATENSICHERHEIT UND KATASTROPHENVORSORGE) AN DEN GESAMTKOSTEN DER INFORMATIONSVERARBEITUNG?

Der Sicherheitskosten-Anteil an den Gesamtkosten der Informationsverarbeitung liegt schwerpunktmäßig bei 1 bis 5 Prozent.

## Übereinstimmung der Ist-Kosten des ORG/DV-Bereichs mit den entsprechenden Planungen/Budgetierungen

**Frage G 15: Stimmen die Ist-Kosten beim ORG/DV-Bereich mit den entsprechenden Planungen/Budgetierungen überein?**

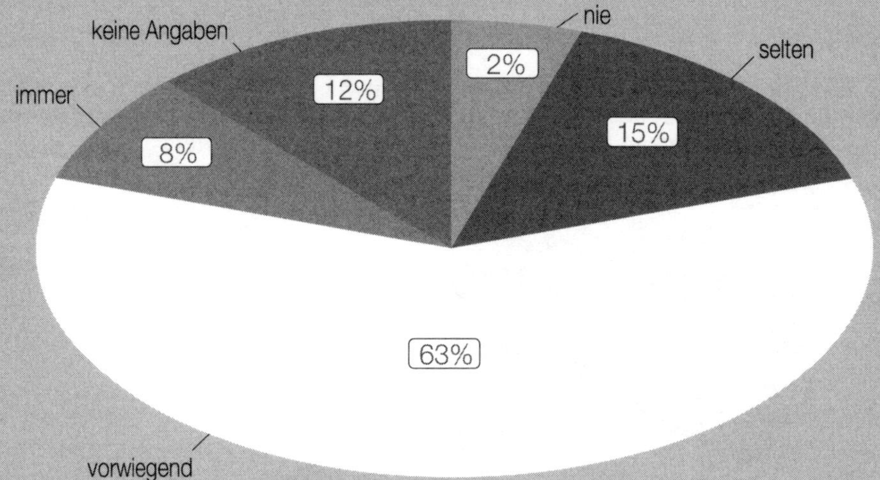


*Abbildung 86* CW-Edition *Quelle: ECU*

## Übereinstimmung der Ist-Kosten des ORG/DV-Bereichs mit den entsprechenden Planungen/Budgetierungen nur bei Unternehmen mit mehr als 500 Millionen DM Umsatz

**Frage G 15: Stimmen die Ist-Kosten beim ORG/DV-Bereich mit den entsprechenden Planungen/Budgetierungen überein?**

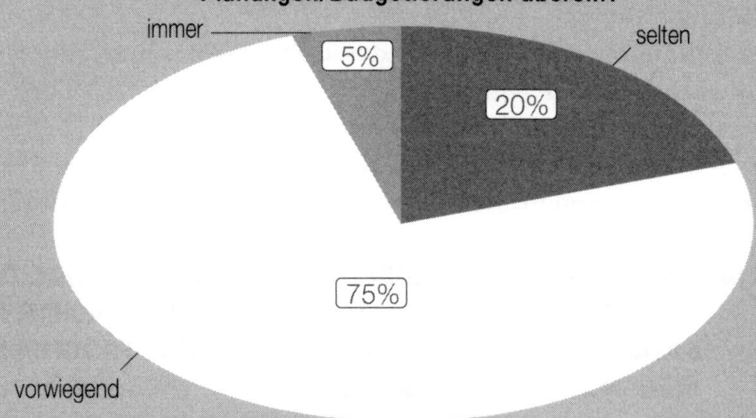


*Abbildung 86a* CW-Edition *Quelle: ECU*

**FRAGE G17: BESTEHT IN STEUERUNGSTECHNISCHER HINSICHT EIN AUSSAGEFÄHIGES INFORMATIONS- UND BERICHTSSYSTEM FÜR DIE IST-DATEN DES ORG/DV-BEREICHS?**

Ein Informations- und Berichtssystem für die Ist-Daten des ORG/DV-Bereichs besteht bei 75 Prozent beziehungsweise fast 90 Prozent bei Unternehmen mit mehr als 500 Millionen DM Umsatz.

**FRAGE G18: WELCHER ART SIND DIESE BERICHTE?**

Die Berichte über die Ist-Daten des ORG/DV-Bereichs sind bei etwas über der Hälfte Standardberichte nach festgelegtem Schema mit ausgewählten Informationen und mit über 30 Prozent Abweichungsberichte.
Bei Unternehmen mit mehr als 500 Millionen DM Umsatz sind es 75 Prozent beziehungsweise 50 Prozent.

# 17. Outsourcing der Informationsverarbeitung

## 17.1 Allgemeines

In den letzten Jahren bereiten nicht allein die hohen Kosten der Informationsverarbeitung den Unternehmen Sorgen. Hinzu kommt, daß diese Kosten ständig weiter steigen werden.

Nicht immer ist sichergestellt, daß die DV-Kosten mit dem Nutzen für das Unternehmen zur Verwirklichung seiner Unternehmensziele tatsächlich übereinstimmen.

Der Einsparungsansatz liegt bei den Kosten der technischen Infrastruktur und damit den Hardwarekosten, besonders aber bei den Personalkosten (40 Prozent der gesamten DV-Kosten hat die Enquête ergeben, siehe Abbildung 21 im Kapitel 9).
Auf der Nutzenseite besteht das Problem darin, daß der Nutzen von DV-Investitionen (Hardware und Software) schwieriger als die Kosten feststellbar ist.

Die Gründe, sich mit Outsourcing zu beschäftigen, sind insgesamt zusammengefaßt:

- Die Kosten der DV haben sich in der Vergangenheit permanent erhöht. Wenn sie nicht irgendwie in den Griff zu bekommen sind, werden sie weiter steigen.
- Vor allem bei fehlendem DV-Controlling ist der Unternehmensleitung die Transparenz von Leistungen und Nutzen der Informationsverarbeitung nicht gegeben, trotz differenzierter Verrechnungssätze, Leistungsübersichten, Anwender- und Anwendungsstatistiken.

  Die Unternehmensleitungen genehmigen oft unter starkem Druck des ORG/DV-Bereichs und der Anwender hohe DV-Budgets.
  Es fehlen ihr Vergleichsmöglichkeiten und in vielen Fällen eindeutige Antworten über Kosten- und Terminabweichungen.

  Die Unternehmensleitungen möchten deshalb gern nur noch mit nutzenabhängigen, vertraglich oder sonstwie verbindlich festgelegten DV-Kosten rechnen.
- Personalprobleme beim ORG/DV-Bereich spitzen sich zu, weil ein immer höheres Anforderungsprofil an die ORG/DV-Mitarbeiter gefordert wird, und ihre Gehälter relativ hoch liegen.

Es kann aber auch an fehlenden Planstellen und fehlender Motivation, Flexibilität und uneffizienter Arbeitsweise des ORG/DV-Personals liegen.

Outsourcing mit seinen vielfältigen Anwendungsvarianten könnte bei Großunternehmen hierzu eine Lösung beitragen, weil

- der in den letzten Jahren verstärkte Einsatz von Standardsoftware bei richtiger Vorgehensweise (Wirtschaftlichkeitsbetrachtungen, weniger Anpassungen der Standardsoftware an die vorhandene Ablauforganisation, sondern umgekehrt) gezeigt hat, daß bei diesem indirekten Outsourcing-Fall Personal und Kosten eingespart werden können, neben Zeitgewinn und geringeren Softwarepflegekosten (siehe Kapitel 10.7)

und

- die Konzerne ihre Rechenzentren konzentrieren und konsolidieren sowie deren Leistungen nicht nur den eigenen Anwendern, sondern zunehmend auch dem externen Markt zu attraktiv erscheinenden Preisen anbieten.

Outsourcing als Dienstleistungsservice hat aber wie alles im Leben Vor- und Nachteile, auf die im Kapitel 17.3 pro Outsourcing-Variante näher eingegangen wird.

## 17.2 Begriffsdefinitionen der verschiedenen Outsourcing-Varianten

Generell versteht man unter Outsourcing die teilweise oder vollständige Auslagerung beziehungsweise Ausgliederung der Informationsverarbeitung an externe Dienstleistungsunternehmen.

Der Begriff „Outsourcing“ ist entstanden aus der Zusammenziehung der beiden englischen Worte „outside“ und „ressource“.

Outsourcing heißt ganz einfach ausgedrückt:
Nutzung fremder Quellen, wenn eigene zu schonen sind oder ganz auf sie verzichtet werden soll.

Hierbei bedeuten die Outsourcing-Varianten

1. **Service-Rechenzentrumsbetrieb (Operative Informationsverarbeitung außer Haus; SR)**
   Übergabe der Rechenzentrums- inklusive Kommunikationsleistungen an einen externen Dienstleister.

2. **Facilities Management (FM)**
   Übertragung des Rechenzentrumsbetriebs auf einen externen Dienstleister.

**3. System-Integration (SI)**
Übertragung von schlüsselfertigen Software-Systementwicklungen auf einen externen Dienstleister.

**4. System-Management (SM)**
Erweiterung des FM um die strategische DV-Planung mit Software(Fremdsoftware, Standardsoftware)- und Hardware-Auswahl entweder in allgemeiner Verantwortung des externen Dienstleisters oder in Zusammenarbeit mit dem Kunden.
Damit kann also beim ersten Fall dieser vollkommensten Art des SM und des Outsourcing insgesamt das DV-Controlling mit der langfristigen Planung der Software und der dazu erforderlichen Hardware nur noch durch den SM-Anbieter erfolgen. Auch das operative Controlling entfällt beim Kunden.

**5. Inhouse-Outsourcing (IO)**
Dienstleistungsübernahme für den Rechenzentrumsbetrieb (FM), aber auch SI und SM durch eine unternehmenseigene Tochtergesellschaft, also nicht Auslagerung, sondern Ausgliederung der Informationsverarbeitung.

## 17.3 Vor- und Nachteile der Outsourcing-Varianten

Die *Vorteile des Service-Rechenzentrumsbetriebes (SR)* sind schon lange bekannt, weil es eine alte Dienstleistung seit den Anfängen der kommerziellen Datenverarbeitung ist.

Es entfallen hier die hohen Personalkosten.
Die Notwendigkeit einer strengen Kompetenzabgrenzung zwischen den Fachbereichen und der Softwareerstellung inklusive -pflege und dem fremden Service-Rechenzentrumsbetrieb ist auch von Vorteil. Der Dienstleister ist zu einer solchen eindeutigen Funktionstrennung (Closed-Shop-Betrieb) gegenüber außen gezwungen, da er oft mit einem großen und heterogenen Benutzerkreis zu arbeiten hat.
Es muß keine Infrastruktur geschaffen und vorgehalten werden, um eine hohe zeitliche Verfügbarkeit und einen angemessenen Schutz im Katastrophenfall zu gewährleisten.

*Nachteile* sind die Abhängigkeit *vom Service-Rechenzentrum* betreffend Termine, Datensicherheit und Datenschutz.

Die *Vorteile beim Facilities Management (FM)* können für den Kunden bei einer Kostenreduktion liegen, bedingt durch Wegfall der Kosten für den eigenen Rechenzentrumsbetrieb.

Die größten *Nachteile des FM* sind die Abhängigkeit von einem externen Unternehmen betreffend Termine, Datensicherheit und Datenschutz (wie schon beim Outsourcing-Fall SR genannt).

Durch die vertragliche Bindung und den Abbau von eigenem Personal ist auch ein Zurück von der FM-Entscheidung nur sehr schwer und mit großen finanziellen Mitteln möglich.

Ein Wechsel zu einem anderen Dienstleistungsunternehmen ist nur mit großem Aufwand möglich. Beim *System-Integration (SI)*-Fall muß wie bei der Fremd-Software-Erstellung die Aufgabenstellung seitens der künftigen Anwender so umfassend wie möglich als Pflichtenheft rechtzeitig angegeben werden.

Der IS-Anbieter erwartet darüber hinaus sehr genaue Angaben zu den Schnittstellen und eine eindeutige Aufgabenaufteilung.

Eine noch stärkere Abhängigkeit vom Dienstleistungsunternehmen ergibt sich beim höchsten Outsourcing-Fall des *System-Management (SM)*, weil hier gegenüber dem FM-Fall die strategische DV-Planung mit Software (Fremdsoftware, Standardsoftware)- und Hardware-Auswahl komplett nach außen abgegeben wird.

Mit diesem SM-Fall ohne Zusammenarbeit mit dem Kunden entfällt also ein unternehmenseigenes DV-Controlling mit der langfristigen Planung der Software und der dazu erforderlichen Hardware, abgeleitet aus der Unternehmensplanung gemäß den Unternehmenszielen.
Der SM-Dienstleister übernimmt nun dafür die Ausrichtung der Informationsverarbeitung an die Unternehmensziele.

Wenn aber das gesamte Personal des DV-Controllings und des ORG/DV-Bereichs nicht mehr im eigenen Unternehmen vorhanden ist, müssen die Vorschläge des Outsourcing-Unternehmens ohne fachliche Überprüfung hingenommen werden. Jede Software und Hardware-Entscheidung, jede Entscheidung für neue DV-Technologien werden vorgegeben und müssen unkritisch akzeptiert werden.
Dieser Verlust an Planung, Steuerung und Kontrolle des DV-Einsatzes durch das DV-Controlling ist finanziell in keiner Weise bewertbar.

Der Entscheid für SM ist kaum noch zu revidieren, und die gesamte Wirtschaftlichkeit der SM-Lösung kann nur sehr subjektiv von den einzelnen Unternehmen bewertet werden.

Ein *Sonderfall* zu den genannten fünf Outsourcing-Varianten stellt das *Inhouse-Outsourcing (IO)*, also die Ausgliederung, dar:

Dienstleistungsübernahme für den Rechenzentrumsbetrieb (bisher am häufigsten angewendet), aber auch der kompletten Informationsverarbeitung (Fall SI und SM) durch eine unternehmenseigene Tochtergesellschaft.

*Voraussetzungen* für Inhouse-Outsourcing:

- Eintritt von Mengen- und Synergieeffekten durch Ausweitung der Hardware- und Personalleistungen, also Konzentration der Informationsverarbeitung durch Versorgung aller Konzern-Gesellschaften und möglichst noch Leistungsausweitung auf dem Markt.
- Die Geschäftspolitik dieses Beteiligungsunternehmens muß von der Muttergesellschaft dominant mitbestimmt werden können.
  Es ist also von ihr zu entscheiden, ob die Leistungen der ORG/DV-Tochtergesellschaft ausschließlich dem Konzern angeboten oder ob sie zusätzlich am freien Markt vertrieben werden sollen, um ein wirtschaftliches Arbeiten als Outsourcing-Anbieter gewährleisten zu können.
- Es sollte eine Preisdifferenz zwischen allen zu verrechnenden Leistungen an das Stammhaus zu Selbstkosten und mit einem Gewinnzuschlag an Fremde (Marktkunden) bestehen.

Die *Vorteile* des Inhouse-Outsourcing sind:

- Weil die eigene ORG/DV-Tochtergesellschaft ein beherrschbares Beteiligungsunternehmen ist, entfällt die Abhängigkeit von einem Fremdanbieter betreffend Termine, Datensicherheit und Datenschutz.
- Der Geschäftsführer der Dienstleistungstochtergesellschaft kann in der Regel, ohne Richtlinien der Muttergesellschaft beachten zu müssen, die Gehälter für sein Personal wie am Markt üblich bezahlen. Damit kann er seine Personalfluktuation besser in Grenzen halten.
- Die für die Muttergesellschaft und gegebenenfalls ihre weiteren Tochtergesellschaften erstellte Software zählt als Fremdsoftware und kann deshalb abgeschrieben (aktiviert) werden.

Die *Nachteile* des Inhouse-Outsourcing sind:

- Grundsätzlich können im Konzern verschiedene Unternehmensziele vorhanden sein, was bei der Software die Schnittstellenproblematik vergrößert.
- Die effiziente Implementierung der Dienstleistungen erfordert einen nicht geringen Koordinierungsbedarf zentral oder dezentral bei den Anwendern.

## 17.4 Fundiertes DV-Controlling als Voraussetzung für Outsourcing-Entscheide

Der Entscheid für die Outsourcing-Fälle SR, FM, SI und insbesondere SM kann nur durch die Unternehmensleitung selbst erfolgen.

Zu beachten sind hierbei folgende Gesichtspunkte:

- Unternehmensziele für die Informationsverarbeitung,
- Kenntnis sämtlicher derzeitiger und geplanter DV-Anwendungen,
- Kenntnis über die eigenen Ressourcen an Personal und Hardware,
- Kenntnis der ORG/DV-Kosten und -Leistungen sowie des Nutzens,
- Kenntnis der Marktangebote an Outsourcing und Erfahrungen anderer Unternehmen mit Outsourcing,
- Kenntnis darüber, ob Outsourcing für das Unternehmen nicht nur kurzfristig günstiger ist als Eigenleistung, sondern auch langfristig wirtschaftlichen und strategischen Anforderungen genügt,
- dem Dienstleistungsanbieter muß ein sehr hohes Vertrauen in Kompetenz, Diskretion, Verarbeitungssicherheit und Kontinuität seiner Leistungen beziehungsweise Geschäftsfähigkeit entgegengebracht werden

  und
- ein Stamm an hochqualifizierten Mitarbeitern (zum Beispiel aus dem Benutzerservice) muß im Unternehmen beim SR-, FM-, IS- und insbesondere beim SM-Fall von Outsourcing verbleiben, um die Kommunikation der Anwender mit dem Dienstleistungsunternehmen herzustellen, zu koordinieren und besonders effizient zu gestalten.

Der Unternehmensleitung sind als Entscheidungsunterlagen detaillierte Wirtschaftlichkeitsbetrachtungen (Kosten-/Nutzenanalysen) zu den Varianten Eigen- oder Fremdleistung bei der Informationsverarbeitung vorzulegen. Wenig geeignet ist hierzu der ORG/DV-Bereich selbst, weil ihr Leiter verständlicherweise nicht gern seinen eigenen Arbeitsplatz verlieren möchte. Vielmehr ist es am besten, für die Entscheidungsvorbereitung Outsourcing-Anwendung ja oder nein nur das interessenneutrale DV-Controlling (möglichst keine Unterstellung beim ORG/DV-Leiter) zu beauftragen.

Es ist also ein fundiertes DV-Controlling notwendig mit Kenntnissen in planerischer Hinsicht betreffend Bedarf an Software, Hardware und Personal, langfristig gemäß den Unternehmenszielen beziehungsweise der daraus entwickelten Unternehmensplanung (SOLL-Daten des bisherigen eigenen ORG/DV-Bereichs).

In steuerungstechnischer Hinsicht sind es Kenntnisse über die Kosten- und Leistungsverrechnung sowie das Berichtswesen für die IST-Daten des bisherigen eigenen ORG/DV-Bereichs.

Wenn – wie leider bei vielen Unternehmen der Fall – noch kein DV-Controlling vorhanden ist, muß diese Aufgabe die DV-Revision in Form eines speziellen Revisionsauftrages von der Unternehmensleitung übernehmen.

Im Outsourcing-Fall SM kann allerdings auch die strategische ORG/DV-Planung komplett an ein Dienstleistungsunternehmen übertragen werden.
Dies dürfte dann nach der Entscheidungsvorbereitung für die Unternehmensleitung das eigene „Aus" des DV-Controllings bedeuten, wenn nicht die etwas abgeschwächte SM-Variante „in Zusammenarbeit mit dem Kunden" – also mit dessen verbleibendem DV-Controlling – zum Zuge kommt.

## 17.5 Zukunftssicht

Zusammengefaßt kann Outsourcing besonders folgende Vorteile für ein Unternehmen bieten:

- Kosten für die Informationsverarbeitung exakt bestimm- und nachvollziehbar durch permanentes Bezahlen der in Anspruch genommenen Outsourcing-Leistungen.
- Geringere Kosten für die Informationsverarbeitung infolge Effizienzsteigerung beim Dienstleistungsunternehmen wegen besserer personeller Leistungen in kürzerer Zeit, bessere Auslastung der Hardware usw.
- Lösung der Personalprobleme.
- Auflösung von Anwendungsstaus bei der Softwareerstellung inklusive -pflege.
- Bis zu einem gewünschten Grad Reduzierung des Anspruchsdenkens der Anwender.
- Unabhängigkeit von Software- und Hardwarehersteller, dafür aber vom Outsourcing durchführenden Dienstleister.
- Hohe Flexibilität der Informationsverarbeitung durch nicht mehr langfristig gebunden sein an teures Personal, hohe Mieten beziehungsweise Leasingraten oder lange Amortisationszeiten für die Hardware mit eventuell veralteter Technologie.
  Damit Erreichung eines hohen Grades an moderner Technik-Infrastruktur, womit sich die Wettbewerbsfähigkeit eines Unternehmens wirksam verbessern läßt. Letzteres um so eher, wenn man sich der eigenen Informationsverarbeitung entledigen kann und sich nur noch auf die Nutzung der Informationstechnologie konzentriert.
- Risiken und Gefahrenpotentiale lassen sich durch vertragliche Regelungen an das Dienstleistungsunternehmen weiterreichen.

Die ORG/DV-Leiter sind verständlicherweise eher gegen Outsourcing.
Aufgebracht durch Kritik, die hier und da zu hören ist, können verunsicherte ORG/DV-Manager in die Offensive gehen.

Warnungen wie vor Abhängigkeit vom Dienstleistungsunternehmen, vor unkalkulierbaren Sicherheitsrisiken, dem Verlust der Kontrolle über die Informationsverarbeitung, speziell der wettbewerbsrelevanten und strategischen Verarbeitung beziehungsweise ihrer Daten, können bewußt übertrieben werden.

Der Trend zur Auslagerung der Informationsverarbeitung in den dargestellten verschiedenen Varianten – insbesondere des Sonderfalls Inhouse-Outsourcing IO, hier keine Gefahr des Verlustes von wettbewerbsrelevanten Daten an Konzernfremde – wird sich langfristig bei Großunternehmen nicht aufhalten lassen.

Ausschlaggebend wird letztendlich die Wirtschaftlichkeit und damit die Effizienz der Informationsverarbeitung sein.

Bei denjenigen Großunternehmen, deren Informationsverarbeitung auf dem neuesten Stand ist, effizient gearbeitet und die Informationsverarbeitung als „strategische Waffe“ eingesetzt wird, dürften Dienstleistungsunternehmen im Outsourcing-Fall FM und SI, aber besonders SM, keine großen Chancen haben.

Die Outsourcing-Diskussion sollte deshalb erst einmal anregen, bei vielen Unternehmen verstärkt DV-Controlling beziehungsweise DV-Revision durchzuführen, um zunächst die Effizienz der Informationsverarbeitung im eigenen Hause zu steigern, wobei die Grundsätze effizienter Datenverarbeitung (GeD, siehe Kapitel 4) zu beachten sind.

Ein gut arbeitendes und informiertes DV-Controlling beziehungsweise ersatzweise die DV-Revision ist schließlich zum gegebenen Zeitpunkt auch in der Lage, fundierte Angaben für den Outsourcing-Entscheid der Unternehmensleitung zu liefern.

Die Enquête hat zum aktuellen Thema Outsourcing der Informationsverarbeitung ergeben:

Outsourcing-Planungen gibt es bei den Fällen SR 13 (20) Prozent, FM 10 (15) Prozent, SI 13 (20) Prozent, SM 0 (0) Prozent und IO 8 (15) Prozent.

Die Angaben in Klammern gelten wieder für Unternehmen mit mehr als 500 Millionen DM Umsatz (siehe Abbildung 87 im Kapitel 18).

Bei den bereits realisierten Outsourcing-Fällen wurde der Erfolg bei SR mit 10 Prozent zufriedenstellend und 5 Prozent ausgezeichnet genannt.

Bei SI sind 10 Prozent zufriedenstellend und bei IO 5 Prozent ausgezeichnet (siehe Abbildung 88 im Kapitel 18).

Der Outsourcing-Fall SM ist bei den Enquête-Teilnehmern also weder realisiert, noch geplant – allerdings gibt es bei einem äußerst hohen Anteil „keine Angaben“.

# 18. Ergebnis der DV-Controlling-Enquête 1993 zu „Outsourcing der Informationsverarbeitung“ (Fragen-Block I)

**FRAGE I1: GIBT ES PLANUNGEN IN RICHTUNG OUTSOURCING (SOFERN NICHT BEREITS REALISIERT) FÜR**

- Service-Rechenzentrumsbetrieb (SR)
  (operative Informationsverarbeitung, Datenverarbeitung außer Haus)?
- Facilities Management (FM)
  (Übertragung des Rechenzentrumsbetriebes auf einen externen Dienstleister)?
- System-Integration (SI)
  (Übertragung von schlüsselfertigen Software-Systementwicklungen auf einen externen Dienstleister)?
- System-Management (SM)
  (Erweiterung des FM um die strategische Planung der Informationsverarbeitung)?
- Inhouse-Outsourcing (IO)
  (Dienstleistungsübernahme für den Rechenzentrumsbetrieb, aber auch SI und SM durch eine unternehmenseigene Tochtergesellschaft)?

Die Abbildung 87 zeigt:
Outsourcing-Planungen gibt es bei den Fällen SR 13 %, FM 10 %, SI 13 %, SM 0 % und IO 8 %.
Bei Unternehmen mit mehr als 500 Millionen DM Umsatz sind es bei SR 20 %, FM 15 %, SI 20 %, SM auch 0 % und IO 15 %.

**FRAGE I2: SIND FOLGENDE OUTSOURCING-FÄLLE BEREITS REALISIERT, UND WENN JA, MIT WELCHEM ERFOLG?**

Die Abbildung 88 zeigt:
Von den realisierten Outsourcing-Fällen werden vorwiegend SR mit 10 % zufriedenstellend und mit 5 % ausgezeichnet, SI mit 10 % zufriedenstellend und IO mit 5 % ausgezeichnet genannt.

## Outsourcing-Planungen für SR, FM, SI, SM und IO

**Frage 1:** **Gibt es Planungen in Richtung Outsourcing (sofern nicht bereits realisiert) für**

- **Service-Rechenzentrumsbetrieb (SR) (operative Informationsverarbeitung, Datenverarbeitung außer Haus) ?**
- **Facilities Management (FM) (Übertragung des Rechenzentrumsbetriebs auf einen externen Dienstleister) ?**
- **Sytem-Integration (SI) (Übertragung von schlüsselfertigen Software-Systementwicklungen auf einen externen Dienstleister) ?**
- **System-Management (SM) (Erweiterung des FM um die strategische Planung der Informationsverarbeitung) ?**
- **Inhouse-Outsourcing (IO) (Dienstleistungsübernahme für den Rechenzentrumsbetrieb, aber auch SI und SM durch eine unternehmenseigene Tochtergesellschaft) ?**

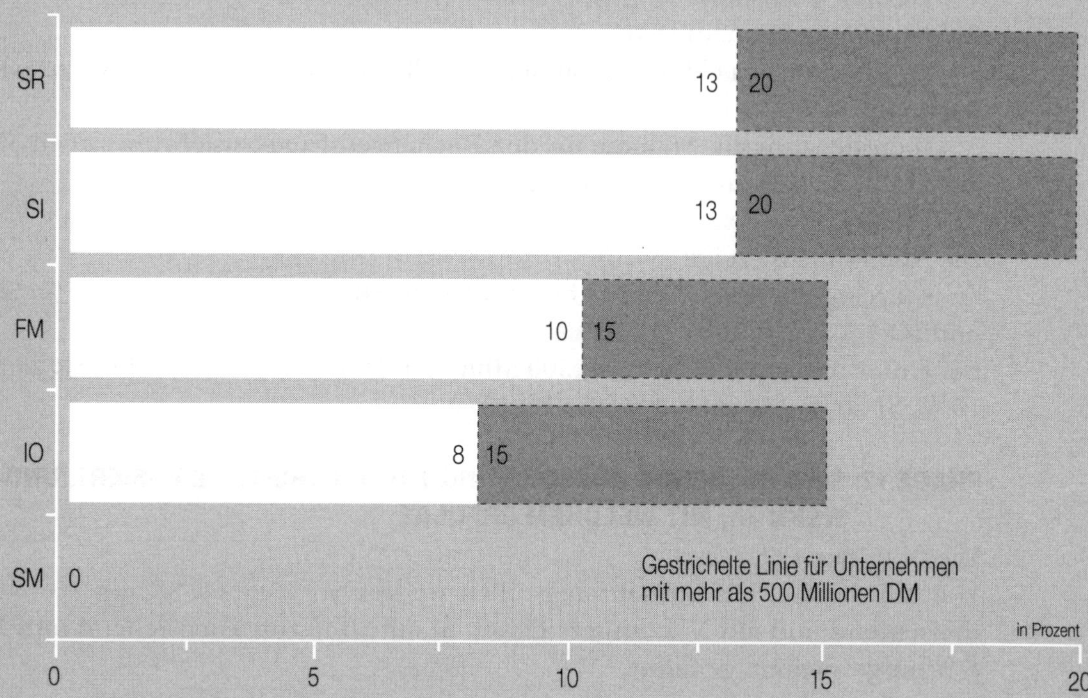


*Abbildung 87* **CW-Edition** *Quelle: ECU*

## Erfolgssituation der Outsourcing-Fälle

**Frage I2: Sind folgende Outsourcing-Fälle bereits realisiert und wenn ja, mit welchem Erfolg?**

| Outsourcing-Fall | Erfolgssituation | | | |
|---|---|---|---|---|
| | noch unbefriedigend | zufriedenstellend | ausgezeichnet | keine Angaben |
| SR | 1,7 % | 10,0 % | 5,0 % | 83,3 % |
| FM | 1,7 % | 3,3 % | 1,7 % | 93,3 % |
| SI | 1,7 % | 10,0 % | 0,0 % | 88,3 % |
| SM | 1,7 % | 0,0 % | 0,0 % | 89,3 % |
| IO | 3,3 % | 3,3 % | 5,0 % | 88,3 % |

*Abbildung 88* CW-Edition *Quelle: ECU*

# 19. CW-Edition-Interviews „DV-Controlling in deutschen Unternehmen"

Wolf-Dietrich Lorenz, Chefredakteur der Fachzeitschrift IM Information Management aus der Computerwoche Verlag GmbH, hat Ende 1993 – flankierend zur DV-Controlling-Enquête – in Form von vier Interviews mit Führungskräften aus dem Controlling und der Informationsverarbeitung *„Stimmen aus der Praxis zum DV-Controlling"* gesammelt.

Die Kernfragen lauten:
Wie sehen IS-Controlling-Instrumentarien aus?
Was kann ein IS-Controlling überhaupt bewirken?
Welche Qualifikation sollte ein IS-Contoller besitzen?

Die Gespräche zeigten eindeutig:
Die Notwendigkeit, Kosten zu sparen, ist unbestritten. Zugleich verlangt der hohe Anforderungsdruck neue DV-Techniken und aussagefähige Kennzahlen, um Entscheidungsprozesse auch planen und steuern zu können.

Auch über die Absicht, die sie mit einem DV-Controlling verfolgen, waren sich die Gesprächspartner einig:

Ziel des Controlling für die Informationsverarbeitung ist es vor allem, Transparenz bei dem Aufwand und den sich daraus ergebenden Kosten sowie der Qualität der DV-Leistungen zu erreichen.

# Interview mit Dr. Thomas Noth, Direktor Organisation und Informatik, und Manfred Barth, DV-Controller, der BHF-Bank, Frankfurt/Main

***CW-EDITION: Die BHF-BANK hat innerhalb des Bereichs Organisation und Informatik Mitarbeiter, die sich mit dem Thema IS-Controlling befassen. Welche Aufgaben haben diese Mitarbeiter?***
**Barth:** Zunächst ist Klarheit über den Aufwand für die Projekte und für die Geschäftsfelder nötig, die DV-mäßig unterstützt werden. Konkret: Was kostet die laufende Produktion, welche Sachkosten und Personalkosten haben wir in den Entwicklungs- und Wartungsprojekten, welche Investitionen tätigen wir?

Dann sind weitere entscheidungsrelevante Informationen zusammenzutragen und entsprechend aufzubereiten, damit die DV zum Nutzen der Bank gesteuert werden kann. Zum Beispiel werden die laufenden Projekte ständig beobachtet und hinterfragt. Die in der Produktion eingesetzten Ressourcen und deren Auslastung sind ständig über den Zeitablauf zu beobachten, damit frühzeitig Engpässe erkannt und beseitigt werden können.

***CW-EDITION: Wo liegt der Unterschied zur herkömmlichen Controllingpraxis?***
**Noth:** Was verstehen Sie unter herkömmlicher Controllingpraxis?

***CW-EDITION: Eine einseitige Gewichtung des Schwerpunkts Kostenbetrachtung.***
**Noth:** Die Steuerung der DV, das darf nicht verschwiegen werden, mußte ja in vielen Unternehmen erst einmal auf den Stand dieser sogenannten herkömmlichen Controllingpraxis gebracht werden. Kostentransparenz bestand nämlich recht selten in der geforderten Weise, und erst das DV-Controlling hat sie mit viel Anstrengung und Überzeugungskraft geschaffen.

Der Nutzenbeitrag der DV, sowohl der laufenden Systeme wie auch von neuen Projekten, wird in unserem Haus ebenfalls ermittelt und nachgehalten. Über die Disziplinierung einer Nutzenschätzung muß man sicherstellen, daß die steigenden DV-Budgets, die Anwender und Manager häufig beklagen, nicht unnötig anwachsen.

***CW-EDITION: Wie ist die Aufgabenabgrenzung mit dem Bank-Controlling geregelt?***
**Barth:** Wir erleben im Moment einen Prozeß der Dezentralisierung. Aufgaben werden verstärkt vom zentralen Controlling in die Fachbereiche der Bank übertragen.

Dort gibt es nicht in jedem Fall einen Controlling-Spezialisten, sondern der Abteilungs- oder Gruppenleiter in der Fachabteilung übernimmt zusätzlich diese Aufgabe. Das Controlling wird damit von einer größeren Anzahl von Menschen getragen, und das zentrale Controlling kann sich mehr in Richtung strategische Sicht orientieren.

In unserem konkreten Fall, im Bereich Organisation und Informatik (O&I), haben wir schon frühzeitig eine kleine Gruppe aufgebaut, die neben dem Controlling auch für administrative Aufgaben, zum Beispiel Budgetüberwachung, zuständig ist. Aber auch hier wird im wesentlichen den Abteilungsleitern als Controllingverantwortlichen für ihre Abteilungen zugearbeitet. Daneben müssen natürlich die Unterlagen für die regelmäßig tagenden Entscheidungsgremien aufbereitet werden.

***CW-EDITION: Wie steht es um die Akzeptanz des Managements mit Blick auf die DV?***
**Noth:** Die System- und Projektverantwortlichen in der DV und auf Anwenderseite müssen, wegen der stark wachsenden DV-Budgets und dem erhöhten Kostenbewußtsein derzeit sogar wesentlich mehr Überzeugungskraft als noch vor zehn Jahren investieren. Nur so können Sie dem Management DV-Projekte plausibel machen.

***CW-EDITION: Sie zeichnen ein harmonisches Bild der Beziehung zwischen Fachabteilung, DV und IS-Controlling. Welche Voraussetzungen haben Sie dafür geschaffen?***
**Noth:** Ich wage die Behauptung, daß die Wirtschaftlichkeit des Org./DV-Bereiches unseres Hauses äußerst transparent ist. DV-Controlling ist dafür ein wesentliches Tool.

Um es am Leben zu erhalten, benötigt man aufbauorganisatorische Rahmenbedingungen, die sicherstellen, daß mit dem Anwendermanagement eine Gesamtverantwortung wahrgenommen wird. Ansonsten werden Zahlen produziert, die niemand zur Kenntnis nimmt.

Wir haben die gesamte DV-Tätigkeit der BHF-Bank fünf Lenkungsausschüssen zugeordnet, die geschäftsfeldorientiert definiert sind: allgemeines Kundengeschäft, Anlagegeschäft, Handel, Backoffice-Systeme und Rechnungswesen. Zusätzlich existiert der Lenkungsausschuß Infrastruktur, in dem die Infrastrukturinvestitionen des Bereichs Organisation und Informatik sowie die gesamte RZ-Produktion offengelegt und diskutiert werden.

Diese Lenkungsausschüsse sind besetzt mit den jeweils betroffenen Vertretern der ersten und zweiten Ebene der Bank.

Sie tagen je Geschäftsgebiet drei- bis viermal im Jahr und behandeln sämtliche zugehörigen relevanten Projekte.

So besitzen die Verantwortungsträger einen Gesamtüberblick über alle laufenden Vorhaben inklusive ihrer Kostenkonsequenzen und gegenseitigen Abhängigkeiten. Dies ist die Grundlage, erforderliche Entscheidungen zu treffen und Zielsetzungen festzulegen. Wir stellen durch die Lenkungsausschüsse sowie die einhergehende Transparenz sicher, daß die Führungsspitze die notwendige Mitverantwortung für das „Nervensystem der Bank" und seine Weiterentwicklung aktiv übernimmt. In diesen Lenkungsausschüssen können wir dank eines guten DV-Controllings jeweils über den Stand der Projekte, ihre Kostensituation und Nutzenseite berichten.

Auf die Nutzenseite möchte ich nochmal speziell eingehen: Wir betreiben zum einen Nutzenschätzung und eine Nachbetrachtung, ob Nutzeneffekte auch eingetreten sind. Dies diszipliniert bei der Investitionsentscheidung stark.

Zum anderen erhöhen wir die Transparenz der zur Leistungserstellung erforderlichen Geschäftsprozesse. Damit analysieren wir den Bedarf an Mitarbeiterkapazität, zum Beispiel um einen Zahlungsverkehrsvorgang abzuwickeln, und andererseits auch die DV-Kosten, unterschieden nach Produktionskosten und einer kalkulatorischen Abschreibung für die Anwendungssysteme. So wird deutlich, was auf der Wertschöpfungskette an Mitarbeiterressourcen, DV-Kapazität oder anderen Quellen erforderlich ist.

***CW-EDITION: Läßt sich tatsächlich messen und bewerten, ob sich der Betrieb der modernen Informationstechnik auszahlt?***

**Noth:** Betrachten wir zunächst zwei Aspekte unbedingt erforderlicher DV-Infrastruktur: Wir haben einmal die Transaktionsvolumina, die ohne DV-Unterstützung nichr in der erforderlichen Durchlaufzeit effizient abzuwickeln wären. Der zweite Aspekt betrifft das gesamte Informationssystem, das die Bank und ihre Partner heute brauchen, um ihre Geschäfte erfolgreich zu erledigen. Ohne leistungsfähige Informationsinstrumente und direkte Verbindungen zu den Börsen, anderen Kreditinstituten oder wichtigen Firmenkunden ist das Bankgeschäft nicht mehr denkbar. So weit zur grundsätzlichen Notwendigkeit der Datenverarbeitung, ohne die ein Kreditinstitut nicht mehr überlebensfähig ist.

Über die grunsätzlich notwendige Infrastruktur hinausgehende Funktionalität muß hinsichtlich ihrer Beiträge zu Rationalisierung und Verbesserung der Informationsqualität beurteilt werden. Letztere soll sich dann in zusätzlichen Erträgen oder vermiedenen Risiken auszahlen. Jedoch liegt hier naturgemäß eine höhere Unsicherheit in der Nutzenschätzung. Auch hängt es immer von den Managern ab, ob und wie sie die verfügbaren und aufbereiteten Informationen für die Entscheidungsfindung zu Rate ziehen.

Grundsätzlich ist es gerade in unserem globalen Geschäft unbedingt erforderlich, Transparenz zu gewährleisten, um einerseits Risiken zu kennen und andererseits unverantwortbare Risiken zu vermeiden. So kann man beispielsweise bei Ausgaben für DV in Risikomanagement hinterfragen, ob sie eine akzeptable „Versicherungsprämie" darstellen.
Natürlich schaukeln sich Banken in manchen Geschäftsfeldern gegenseitig hoch, wenn es gilt, in DV zu investieren um „im Geschäft zu bleiben". Ob sich diese immens hohen Vorab-Investitionen amortisieren, ist oft fraglich. Das Bankgeschäft wird in vielen Gebieten ohnehin zu einem stark fixkostenbasierten Geschäft.

***CW-EDITION: Kann hier der DV-Mann über Wirtschaftlichkeit noch mitreden, oder fallen Entscheidungen auf einer ganz anderen Ebene?***
**Noth:** Der DV-Verantwortliche muß sich als Bestandteil der Gesamtunternehmensführung verstehen und als solcher akzeptiert sein. Dann ist er logischerweise in diese Fragestellungen eingebunden. Insbesondere muß er dafür sorgen, daß die zur Entscheidungsfindung notwendigen Informationen über die kurz- und langfristigen Konzequenzen von Informatikentscheidungen zur Verfügung gestellt werden.

**Barth:** Hier muß man dann zu einer übergreifenden Projektplanung kommen. Die Frage ist nicht: „Was kostet die neue DV-Anwendung?" sondern: „Welche Kosten hat die Bank für ein neues Dienstleistungsangebot, und welche Erträge stehen dem gegenüber?". Dazu gehören jene Tätigkeiten, die in der Fachabteilung notwendig sind, Hardware- und Software-Investitionen auf der DV-Seite sowie erwartetes Geschäftsvolumen und Erträge auf der Fach-Seite. Auch die Zeitspanne ist wichtig: Wie viele Jahre wird dieses Geschäft vermarktet werden können? Erst mit einer Gesamt-Projekt-Kalkulation über dieses neue Geschäftsfeld läßt sich eine Investitionsentscheidung treffen.

***CW-EDITION: Ist DV-Outsourcing gerade wegen der Kostenargumentation die Lösung für den Controller?***
**Barth:** Was heißt Outsourcing? Sie ist doch nur eine Veränderung in der Arbeitsteilung. Bestimmte Dinge machen wir auch heute nicht selbst, etwa Betriebssysteme für unsere Maschinen, oder wir nutzen eine Vielzahl externer Dienstleistungen am Markt.

Betrachten wir den in der Öffentlichkeit diskutierten Teilaspekt RZ-Produktion, so können wir aus unseren Diskussionen, Untersuchungen und Vergleichen für uns erfreuliche Dinge berichten.

**Noth:** Wir haben das Angebot eines professionellen Outsourcers – und nicht nur als Feigenblatt – überprüft. Hätte er für uns günstiger und für ihn lukrativ arbeiten können, hätten wir, wenn zentrale Forderungen wie ausreichende Verfügbarkeit, Sicherheit und Lieferfähigkeit vertraglich zugesichert worden wären, das komplette Rechenzentrum nach draußen gegeben.

**Barth:** Es sind dabei nicht nur monetäre, sondern auch qualitative Argumente, die ein Outsourcing-Anbieter ins Feld führt. Das Ergebnis lautet dennoch: Bei der geforderten Qualität arbeiten wir billiger.

**Noth:** Das war für einige Kollegen auf der Fachseite ein überraschendes Ergebnis. Wir haben uns verpflichtet den vereinbarten Service-Level und das gegenübergestellte Budget mindestens einzuhalten, was bisher auch gelungen ist.

Auch in der Anwendungsentwicklung geben wir wettbewerbsrelevante Felder grundsätzlich nicht nach außen. Turn-key-Lösungen, mit dem einen oder anderen Softwarehaus gibt es in der Regel nur in unkritischen Geschäftsfeldern. Auf der Anwendungsentwicklungsebene kann als weitere Form des Outsourcings natürlich der Einkauf von Standardsoftware bezeichnet werden, der nach den gleichen Kriterien beurteilt wird.

***CW-EDITION: Welche Qualifikationen muß ein IS-Controller besitzen? Mehr Controlling-Wissen oder DV-Know-how?***
**Barth:** Betriebswirtschaftliches Wissen oder das DV-Wissen hilft immer nur zum Teil. Hinzu kommen die Fähigkeiten, strategische Aspekte mit einzubringen, auf die Mitarbeiter einzugehen und vor allem die Koordination und Kommunikation mit der gesamten Bank.

***CW-EDITION: Der Controller besitzt häufig das Image des Erbsenzählers.***
**Barth:** Es gibt bestimmte Rollen, die man annehmen muß: die Rolle des Fragenden etwa, die nicht immer angenehm ist. Wichtig ist, daß man im Kollegenkreis anerkannt ist und daß man auch den anderen die Möglichkeit gibt, eine saubere Antwort zu finden.

Wir erleben es immer wieder, daß Projektleiter beklagen, der Aufwand, um bestimmte Vorbereitungsaktivitäten durchzuführen, sei viel zu hoch. Dies kommt aus der formalen Darstellungsnotwendigkeit der Fragen: Wo stehe ich, wie gehe ich weiter vor? Dies kann lästig sein, gehört aber zu den Hauptaufgaben eines Projektleiters, und wir zwingen ihn mindestens viermal im Jahr, genau darüber nachzudenken.

***CW-EDITION: Was zählt bei der Ausbildung zum IS-Controller?***
**Barth:** Man muß sein Handwerk beherrschen: Betriebswirtschaft und auch die DV. Zudem ist eine besondere Kenntnis der Branche, in der man arbeitet, erforder-

lich. Es ist wichtig zu wissen, wie eine Bank funktioniert, damit man auch mit den Kunden reden kann.

***CW-EDITION: Sehen Sie in der Zukunft eine Veränderung des IS-Controlling-Berufsbildes?***
**Noth:** Ein DV-Controller muß in der Lage sein, die richtigen Fragen zu stellen und diese dann mit einer akzeptierten Penetranz ins Unternehmen hineinzutragen. Ein aktuelles Beispiel ist die Diskussion um die Einführung von Client-Server-Konzepten. Aufgabe des DV-Controllers ist es, die tatsächliche Wirtschaftlichkeit eines solchen Weges aufzuzeigen. Die Erfahrung zeigt nämlich, daß das Großrechner-Budget relativ stabil bleibt, gleichzeitig aber das Client-Server-Budget immens wächst .

Der DV-Controller muß die „Economics" eines Projektes und eines DV-Betriebes komplett verstanden haben.

***CW-EDITION: Welche Gründe könnten Sie von der Einführung eines IS-Controllings abhalten?***
**Noth:** Grundsätzlich keine, aber es ist eine ständige Herausforderung, das Kosten-Nutzen-Verhältnis des Controllings zu optimieren.

## Interview mit Peter Gérard, Generalbevollmächtigter und Informationsmanager der Deutschen Bank AG, Frankfurt/Main

***CW-EDITION: Was kann Ihrer Meinung nach ein IS-Controlling über die herkömmliche Controlling-Praxis hinaus bewirken?***
**Gérard:** Mit Hilfe spezieller IS-Controlling-Instrumentarien können die IV-Aktivitäten eines Unternehmens effizienter geplant und gesteuert werden als mit „klassischen" Controlling-Instrumenten.

***CW-EDITION: Nennen Sie dafür bitte Gründe.***
**Gérard:** Die Bedeutung des Informationsverarbeitungs-(IV-)Controllings in einem Unternehmen korreliert eng mit der Bedeutung seiner IV. Die Qualität der Leistungserstellung einer Bank hängt wesentlich von der Leistungsfähigkeit ihrer Informationssysteme (IS) ab. Die Informationsverarbeitung ist ein integraler Bestandteil unserer Produkte und unseres Vertriebs, vom Zahlungsverkehr über die Anlageberatung bis hin zu hochkomplexen Produkten und Serviceleistungen.

Ein wichtiger Aspekt zur Beurteilung des IV-Controlling ist die unzureichende Anwendbarkeit des „klassischen“ Controlling-Instrumentariums. Das zeigt sich zum Beispiel deutlich bei der Entwicklung von Software. Mit der periodenbezogenen Ergebnisrechnung läßt sich ein Projekt als ideale Organisationsform der Software-Entwicklung nicht controllen. Hier sind spezielle Instrumente, wie ein IS-gestütztes Projektcontrolling, notwendig, um Termine und gebundene Kapazitäten zu managen.

Besonderer Berücksichtigung bedarf auch die Leistungserstellung der Rechenzentren (RZ). Um deren Leistungsabgabe verursachergerecht erfassen zu können, werden differenzierte Job-Accounting-Methoden benötigt. Wir können zum Beispiel konzernweit eine maschinelle Verrechnung von standardisierten RZ-Leistungen vornehmen und wahlweise eine direkte Verrechnung von auftragsbezogenen, individuellen Leistungen.

Um die hochkomplexen Kosten- und Leistungsstrukturen transparent abzubilden, müssen wir also die üblichen Verfahren, wie Kostenstellenrechnung um IV-gerechte Controlling-Instrumente ergänzen. Nur in Stichworten dazu einige Beispiele: Kosten/Nutzen-Betrachtung bei IV-Projekten, Lebenszyklusbewertung eines Projektes oder einer Hardware/Software-Installation, IV-gerechte Kostenartengliederung, Out-of-line-Berichte bei Projekten, Budgetverfolgung, ein maßgeschneidertes EIS für den IV-Bereich und vieles mehr.

***CW-Edition: Läßt sich tatsächlich messen und bewerten, ob sich der Betrieb moderner Informationstechnik auszahlt?***

**Gérard:** Sicherlich. Betrachten wir zum Beispiel eine längere Zeitperiode, sagen wir über fünf bis zehn Jahre, so können anhand ausgewählter Kennzahlen die Entwicklung der Leistungsgrößen, wie Buchungen oder Zahlungsverkehrsposten, und die Entwicklung der Kosten des IV-Apparates verglichen werden. Der Vergleich zeigt beispielsweise eine Leistungssteigerung bei mittlerweile rückläufigen IV-Kosten.

Messen läßt sich auch der Nutzen, speziell der ROI, von IV-Projekten, sowohl ex ante als auch im Rahmen einer Nachkalkulation. Schwieriger wird die Meßbarkeit natürlich, wenn es um informations- oder entscheidungsstützende Systeme oder um die Beurteilung des Stellenwertes der IV als Wettbewerbsfaktor geht, also der Betrachtung des qualitativen Nutzens von IS. Für diese Fragestellungen haben wir ebenfalls eine Reihe spezifischer Verfahren implementiert, etwa Benchmarking, Kennziffernsysteme oder auch Nutzwertanalysen.

Weit wichtiger für den Erfolg und die Akzeptanz eines IV-Projektes schätzen wir aber die Einbindung des Endbenutzers ein. In den einzelnen Projektphasen, vom Projektstart bis zur Einführung, wird er planmäßig einbezogen. Diese Vorgehensweise, die durch dezentrale Informatik-Center auf Filialebene intensiv unterstützt wird, sichert die Realisierung des ökonomischen Nutzens der IV.

***CW-Edition: Wie lassen sich Reibungsverluste an der Schnittstelle zwischen DV und Controlling vermeiden?***
**Gérard:** In unserem Hause werden mögliche Reibungsverluste durch klare organisatorische Strukturen mit eindeutigen Verantwortlichkeiten vermieden.

Im Rahmen einer ergebnis- und serviceverantwortlichen Aufgliederung wurde die Bank 1990/91 neu strukturiert. Neben einem zentral geführten Servicebereich Controlling verfügen die Geschäfts- und Servicebereiche aber über ein eigenes Bereichscontrolling, das gewissermaßen die Schnittstelle zwischen den Bereichen und dem zentralen Controlling darstellt.

Die fachliche Verantwortung und die zentrale, bereichsübergreifende Verarbeitung der Daten bis hin zur Unternehmensbereichsrechnung und der Konzern-Rechnungslegung trägt das zentrale Controlling. Im IV-Controlling sind das spezifische Know-how sowie die Entwicklung und der Einsatz der IV-Controllingtools konzentriert. Hier verfügen wir etwa über ein Executive-Information-System, das den IV-Bereich des Konzerns abbildet (ECIS – DV Controlling Informationssystem).

In unserem Hause besteht die Überzeugung, daß ein so großer Servicebereich wie Organisation und Betrieb ein spezielles Controllingwissen benötigt. IV-Controlling kann nicht zwischen Jahresabschluß und Filialplanung betrieben werden. Erreicht wird damit außerdem eine kontinuierliche Steuerung der IV-Aktivitäten und -Kosten, nicht lediglich eine stichtagsbezogene „Überwachung".

***CW-Edition: Welche Qualifikation muß ein IS-Controller besitzen, um ein effektives IS-Controlling zu betreiben: mehr Controller oder mehr DV-Fachmann?***
**Gérard:** Beide. Im IV-Controlling müssen komplexe Zusammenhänge der IV-Aktivitäten beurteilt sowie analysiert werden: Ein betriebswirtschaftliches Standardrepertoire ist hier keineswegs ausreichend. Ebensowenig ist ein guter Systemanalytiker oder Programmierer in der Lage, IV-Controlling gleichsam „nebenher" zu lernen. Ich komme hier noch einmal auf spezielle IV-Controlling-Instrumente zurück. Diese kann man nicht standardisiert kaufen, und zu deren Anwendung benötigt man viel Erfahrung in der Informationsverarbeitung, im Projektmanagement, aber auch in der Kostenrechnung. Ein gewisses Maß an Verständnis für die externe Rechnungslegung ist ebenfalls unabdingbar.

***CW-Edition: Welches Profil weisen die IS-Controlling-Mitarbeiter in der Deutschen Bank auf?***
**Gérard:** In der Deutschen Bank sind im IV-Controlling geeignete, hochqualifizierte Mitarbeiter aus den Abteilungen Entwicklung, Produktion und Controlling eingesetzt.

***CW-Edition: Wie weit ist die Einführung eines IS-Controlling in Ihrem Unternehmen gediehen?***
**Gérard:** Wir verfügen schon seit vielen Jahren über ein konzernweites umfassendes IV-Controlling, das ständig verbessert wird.

Als IV-Controlling-Verfahren steht uns heute zunächst das bereits erwähnte Executive-Informations-System EIS, ein Host-basiertes umfassendes Projekt-Controlling-System, zur Verfügung. Wir nutzen weiterhin ein spezielles PC-Tool (EIS-PRO) zur individuellen Auswertung projektbezogener Daten sowie verschiedene – klassische – Standardanwendungen für die Kostenstellen-/Kostenarten-/Kostenträgerrechnung der IV, außerdem individuelle Entwicklungen für die PC-gestützte Budgetverfolgung, zur Strategischen Planung, für die Investitionsverfolgung und zu AfA-Analysen, insbesondere zur Feinsteuerung bestimmter IV-Kostenkomponenten.

Besondere Aufmerksamkeit widmen wir dem Termin- und Kapazitätsmanagement im Rahmen unserer projektorientierten Software-Entwicklung, wobei wir auf unser Projekt-Controlling-System online zugreifen können. Wir enthalten entscheidungsrelevante Informationen über den Verlauf einzelner Projekte, darüber hinaus werden projektübergreifende Analysen möglich, so über Auftraggeber und Fachbereiche.

Daneben haben wir einige organisatorische Controlling-Instrumente installiert. Zu nennen sind Review Boards, also Gremien, die mit Entscheidern besetzt sind, und genau definierte Investitions- und Projektanträge gesondert beraten und freigeben. Darüber hinaus ist für die Genehmigung von Investitionen die Mitsprache des IV-Controlling geregelt. Damit haben wir die Möglichkeit, einen Überblick darüber zu behalten, ob beantragte Projekte und Investitionen in den einzelnen Abteilungen im Termin- und Budgetrahmen bleiben.

Ein weiterer, vom Volumen nicht unbedeutender Bereich ist das Vertragscontrolling. In Zusammenarbeit mit unserer Beschaffung managen wir die Einkaufskonditionen von IV-Komponenten, wie Hard- und Software, Nachrichtendiensten sowie externer Unterstützung.

Ein regelmäßiger Jour fixe zwischen der IV-Leitung und der Leitung IV-Controlling sichert das Steuern der IV-Budgets. Ziel ist, Out-of-line-Situationen frühzeitig zu identifizieren und Vorschläge zur Einsteuerung zu entwickeln.

Unterstützt werden wir dabei von unserem Berichtswesen, das verstärkt mit einem „Latest Estimate"-Wert arbeitet. „Latest Estimate" bedeutet die Vorausschau der Kostenentwicklung bezogen auf die gesamte Planungsperiode. Ergänzend haben wir eine qualitative und quantitative Mittelfristplanung eingeführt, die einen Rahmen für unser IV-Budget bis 1997 vorgibt. Wie Sie sehen, ist eine breite Palette von IV-Controlling-Tools zu betreuen und weiterzuentwickeln.

***CW-Edition: Welche Gründe könnten Sie von der Einführung eines IS-Controlling abhalten?***
**Gérard:** Keine. Wir haben seit langem ein IV-Controlling in der Deutschen Bank. Wir haben eine gute organisatorische Lösung und eine breite Palette an spezifischen Instrumenten, die uns ein effizientes Planen und Steuern von Kosten und Nutzen der IV ermöglichen.

## Interview mit Reinhard Kunz, Vorstand der Deutschen Ring Lebensversicherung, Hamburg

***CW-Edition: Was kann Ihrer Meinung nach ein IS-Controlling über die herkömmliche Controlling-Praxis hinaus bewirken?***
**Kunz:** Was zeichnet denn die herkömmliche Controlling-Praxis aus? Doch wohl ein Kosten-Controlling, das nicht nur den Blick auf Nutzenpotentiale und Leistungen, sondern auf die spezielle Art der DV-Kosten verstellt, vor allem wie und wo sie anfallen.

Unser Haus versteht Controlling daher nicht als ein Instrument für sogenannte Erbsenzähler, sondern Controlling ist vielmehr Teil unserer Führungskonzeption, ist ein permanenter Prozeß, ein Regelkreis.

***CW-Edition: Das ist soweit noch nicht besonders außergewöhnlich ...***
**Kunz:** ... aber diese Schleife: Ziele setzen, planen, durchführen, messen, steuern und wieder Ziele setzen, ist – in konsequenter Nutzung vom Vorstand bis zur unteren Ebene – nicht überall anzutreffen. Unser Haus setzt seit zwölf Jahren Controlling in diesem Sinn und als betriebliche Funktion auf der Vorstandsebene ein.

Übrigens: Man gelangt von selbst zu der Überlegung, nicht nur auf Kosten von Manpower oder Sachmitteleinsatz zu schauen, sondern ebenso die Art der Mittel und den Nutzen zu betrachten, wobei auch wir bei der Nutzenkalamität Probleme haben. Ziele foreward zu definieren, ist immer erfahrungsgemäß besonders dann schwierig, wenn der Blick über den DV-Bereich hinausgeht. Ein Beispiel ist ein Großprojekt, bei dem der Anwender erklären soll, welchen Nutzen und welche Marktleistungen er erwartet.

***CW-Edition: Besitzen Sie eine Methodik, diese Nutzeneffekte zu beschreiben und zu bewerten?***
**Kunz:** Wir können noch keine Methodik im Sinn eines Kochrezepts vorstellen. Hilfestellung bietet ein Projektantragverfahren, in dem vorweg Zielsetzung, Aufwand und Nutzenangaben abgefordert werden.

***CW-Edition: Kann der Anwender den Nutzen tatsächlich definieren?***
**Kunz:** Allein vermutlich nicht. Natürlich müssen wir auch betrachten, wie komplex ein Vorhaben ist.

Den Nutzen, der durch den Einsatz der Informationsverarbeitung zu erwarten ist, können auch die Informatiker nicht allein definieren. Am ehesten gelingt es ihnen, wenn es sich um DV-Technologie dreht. Im Grunde müssen die Impulse vom Anwender kommen, wenn es tatsächlich um den Marktnutzen oder um Kundennutzen geht.

***CW-Edition: Ist die DV-Leitung einverstanden, daß der IS-Controller ihr sozusagen in die Karten schaut?***
**Kunz:** Da ich ebenfalls DV-Vorstand bin, haben wir damit kein Problem. Im Gegenteil: Es herrscht sogar das Bedürfnis, Transparenz zu schaffen. Schließlich ist nichts frustrierender für DV-Mitarbeiter, als wenn sie zu spät bemerken, daß der Nutzer ihr Produkt nicht annimmt. Natürlich gehören für beide Seiten ausgewogene Spielregeln dazu.

***CW-Edition: Besitzt der DV-Leiter griffige Argumente darüber, warum etwas teurer geworden ist, warum investiert werden soll?***
**Kunz:** Ja. Schließlich achten wir darauf, daß Marktwissen oder Anwender-Knowhow auch im DV-Bereich angesiedelt sind. Sicher liegt hier eine Stärke des Controlling: Anwendern im nachhinein klarzumachen, warum der Aufwand eine bestimmte Höhe erreicht und welcher Nutzen folgt.

Das wiederum erhöht die Bereitschaft, künftig gemeinsam zu planen. Dieser Lernprozeß – auch auf der unteren Ebene – kann sogar zu Koalitionen führen, die den Budgetrahmen unter Umständen sprengen.

***CW-Edition: DV und IS-Controlling führen in Ihren Haus offensichtlich eine harmonische Ehe. Gibt es nicht auch Reibungsverluste?***

**Kunz:** Nicht alles ist immer Friede und Freude. Eine Erfolgsvoraussetzung ist jedoch, daß ich vier Jahre lang in Personalunion im Vorstand DV und Controlling vertreten habe. Noch ein Blick ins Detail: Die Controllingkonzeption als Teil der Führungskonzeption stellt sich bei uns wie folgt dar: Wir besitzen ein zentrales Controlling, also eine Hauptabteilung Betriebswirtschaft, die die Daten für das Top-Management zusammenträgt, aber auch für die nächste Ebene aufbereitet. Weiterhin gibt es ein dezentrales Controlling. In jedem Funktionsbereich befindet sich ein Mitarbeiter, der zusätzlich Controlling-Aufgaben wahrnimmt. Im Informatikbereich zum Beispiel wird das Controlling intern, aber auch als Verbindungsstelle zu dem zentralen Controlling bertrieben. Übrigens: Durch die methodische Beschäftigung und durch die Vermittlung von Controlling-Nutzen werden Eitelkeiten abgebaut.

***CW-Edition: Sollte die DV als Ressort im Vorstand vertreten sein?***
**Kunz:** Ja. Die Informationsverarbeitung sollte im Vorstand vertreten sein. Dies gilt zumindest für das Finanzdienstleistungsgeschäft. Hier ist der Anteil der Wertschöpfung durch Informationsverarbeitung inzwischen sehr hoch und besitzt strategische Bedeutung.

***CW-Edition: Welche Qualifikation muß ein IS-Controller aufweisen, um ein effektives IS-Controlling zu betreiben: mehr Controller oder mehr DV-Fachmann?***
**Kunz:** Am besten beides, aber im Zweifelsfall mehr Controller. Natürlich muß er die Sprache der DV-Leute verstehen. Für technologische Entwicklungen soll er eine Antenne haben, sie indes nicht im Detail kennen. Im Zweifel bestehen aber für DV-Leute größere Schwierigkeiten, komplexeres Controllingwissen zu erwerben.

***CW-Edition: Wie beurteilen Sie die Qualität von IS-Controlling-Tools?***
**Kunz:** Die Tools können einige Arbeiten erleichtern, können auch die Transparenz und Unstreitigkeit von Informationen herstellen. Vielmehr kommt es jedoch darauf an, sich gemeinsam überlegt zu haben, welches die notwendigen Kerninformationen sind.

***CW-Edition: Läßt sich das IS-Controlling durch DV-gestützte Werkzeuge rationalisieren?***
**Kunz:** Ja, natürlich. Wir haben eine Budgetierung auch auf der Kostenseite, die auch DV-Leistungen auf die Leistungsabnehmer verrechnen, also etwas, das man zeitnah nur mit DV-Unterstützung erledigen kann. Oder die zeitnahe Information über gewisse Effizienzkennziffern, die man zur Steuerung braucht. So etwas ist ohne DV nicht mehr denkbar.

***CW-Edition: Wie weit ist die Einführung eines IS-Controllings in Ihrem Unternehmen vorangeschritten?***
**Kunz:** Wir haben nie versucht, einen speziellen Funktionsbereich zu pushen.

Controlling sollte im Haus möglichst homogen vertieft werden. Das trifft ebenso auf Informationsverarbeitung zu. Der Stand des Informationssystem-Controllings ist vielleicht eine Idee weiter gediehen und die Kosten/Nutzen-Betrachtung ausgeprägter, weil der Fokus auf IS-Kosten immer schärfer als auf andere Kostenblöcke ist.

***CW-Edition: In welchem prozentualen Verhältnis stehen die DV-Kosten zu den übrigen Kosten?***
**Kunz:** Wenn man die Kosten in Relation zu den gesamten Betriebskosten ohne Provision, ohne externe Vergütungen im Vertrieb betrachtet, sind es etwa 18 bis 20 Prozent.

***CW-Edition: Die jährlich um ein Viertel ansteigen?***
**Kunz:** DV-Kosten steigen, aber nicht exponentiell, mit Sicherheit nicht ...

***CW-Edition: ... und die Leistung ebenfalls nicht, glaubt man bösen Zungen.***
**Kunz:** Polemik! Sicher gab es Jahre, in denen große Projekte externe Mittel verschlungen haben.

Im großen und ganzen stiegen in den vergangenen Jahren die Kosten nicht mehr als die Gesamtbetriebskosten. Dabei wäre eigentlich durchaus begründbar, daß sie stärker ansteigen müßten, fällt ja der nachgefragte Anteil der Wertschöpfung auch höher aus. Eine stärkere DV-Durchdringung ist überall erwünscht. Den Schreibdienst von gestern beispielsweise mußte computerunterstützte Textverarbeitung ablösen. Wenn der Anteil der DV dennoch nicht außergewöhnlich steigt, ist sogar ein empirischer Beweis angetreten, daß die DV relativ effizient mit ihren Ressourcen umzugehen versteht.

***CW-Edition: Sehen Sie eine Herausforderung durch Client/Server-Architekturen oder Downsizing für das IS-Controlling?***
**Kunz:** Natürlich wird es schwieriger als bei Host-Anwendungen, eine Nutzenbetrachtung anzustellen. Andererseits praktizieren wir auch heute in der alten Welt die Betrachtung der Kostenzuordnung und der Nutzenzuordnung auf verschiedene Anwender.

Die Schwierigkeit liegt künftig darin, daß es bei dem forcierten Umgang mit neuen Technologien noch keinen vereinbarten Status für den notwendigen Umfang an Betreuung gibt. Daher wollen Anwender nicht immer den von der DV-Seite für erforderlich gehaltenen Umfang bezahlen. Leistungen aus dem Rechenzentrum kosten Geld, wie jeder mehr oder weniger akzeptiert. Bei PCs oder Workstations indes wird der Eindruck suggeriert, daß User sehr viel mehr selbst tun können und die Betreuung nicht mehr so aufwendig sein muß. Doch auch in einer

Client-Server-Architektur fallen Administration oder Sicherheitsmanagement an und kosten Geld. Hierfür fehlt meist noch das Verständnis, und dies bereitet dem Controlling bislang Schwierigkeiten, nicht der Technologiesprung selbst.

***CW-Edition: Was kommt an Aufgaben auf den IS-Controller in den nächsten Jahren zu?***
**Kunz:** Mit Sicherheit lautet die Aufgabe, unsere Leistung noch transparenter zu gestalten. Ein Beispiel: die versicherungstechnische Deckungsbeitragsrechnung. Hierbei reichen Papier und Bleistift nicht mehr aus. Vielmehr sind eine Reihe von abgestimmten Informationsquellen zu nutzen, die DV-gestützt sein müssen. Dazu ist eine Anwendungs- oder Systemarchitektur nötig, die komplexer und vernetzter sein wird als bisher. Diese Architekturen zu controllen und in ihrer Wirksamkeit einzuschätzen, ist, glaube ich, eine sehr wichtige und schwierige Aufgabe. Es wird weiterhin zunehmend Anforderungen geben, zum Beispiel Informations-Datenbanken, die eigentlich jeder im Unternehmen braucht, aber doch bislang keiner bezahlen möchte. Hier hat das Controlling die Aufgabe, für Instrumente, die für die Gesamtzielsetzung eines Unternehmens wichtig sind, Verständnis zu wecken, und das Gerangel um Budgets zu beenden.

***CW-Edition: Was könnte Sie von der Einführung eines IS-Controllings abhalten?***
**Kunz:** Nichts. Hat man einmal damit angefangen, liegt der Nutzen auf der Hand. Vermeiden muß man nur, innerbetriebliche Bürokratie zu erzeugen. Alles muß einfach und überschaubar bleiben. Lieber ungenaue richtige als genaue falsche Entscheidungen.

## Interview mit Dr. Hans Krönung, Generalbevollmächtigter der DG Bank, Frankfurt/Main

***CW-Edition: Welche Ziele sollte ein IS-Controlling verfolgen?***
**Krönung:** Die heutige Komplexität und das rasante Wachstum der Anwendungs- und Informationssysteme zusammen mit den damit verbundenen Kostensteigerungen erfordern klare Maßnahmen zur Steuerung des Entwicklungsprozesses und des Betriebes. Die Notwendigkeit, einerseits Kosten einzusparen, der hohe Anforderungsdruck nach neuen DV-Funktionen andererseits, verlangen nach klaren Kennzahlen, um Entscheidungsprozesse auch steuern zu können. Ziel des IS-Controlling ist es vor allem, über die Transparenz bei Kosten und Aufwänden, Terminen und Qualität Planungsgrundlagen, Planungssicherheit sowie die Überwachung von Planwerten zu erzeugen.

Die Konzeption umfaßt dabei drei Kernelemente, die sich mit strukturell unterschiedlichen Aufgabenbereichen und Sichtweisen auseinandersetzen. Wir unterscheiden zwischen Projekt-Controlling für die Steuerung des Projektverlaufes unter den Gesichtspunkten Vollkostenbetrachtung, Termin und Qualität. Das Anwendungs-Controlling steuert den laufenden Betrieb und die bestehenden Daueraufgaben. Das Bereichs-Controlling schließlich beschäftigt sich damit, die Organisationseinheiten innerhalb eines Ressorts zu steuern, wobei es gleichzeitig Kosten- und Plandaten berücksichtigt. Das IS-Controlling bildet hierfür den Informationsknotenpunkt für alle Kosten- und Leistungsdaten des Organisationsressorts.

Durch ein Mehrstufenkonzept erzeugen wir Steuerungsfunktionen für die Gesamtbank, also Kostentransparenz für die Fachbereiche, für das Organisationsressort – Basiswerte für die Managemententscheidungen – und außerdem für Organisationseinheiten sowie Projekte, Stichworte sind zeitnahes Planen und Steuern von Aufgaben.

***CW-Edition: Wie lassen sich Reibungsverluste an der Schnittstelle zwischen IS-Controlling und Informationssystem-Management vermeiden?***
**Krönung:** Um Reibungsverluste zu vermeiden, ist eine klar definierte Aufgaben- und Zuständigkeitsverteilung notwendig. Das erfordert neben der Definition benötigter Instrumente auch eine Methoden- und Verfahrensabstimmung. Das Unternehmenscontrolling stellt Plan- und Ist-Daten ohne direkten Bezug für einzelne Projekte auf Kostenstellen- und Kostenartenbasis für die Unternehmenssteuerung der Gesamtbank ein. Dieses Raster ist für die Feinsteuerung des Organisationsdezernates indes zu grob. Deshalb obliegt es dem IS-Controlling, ergänzende Daten zu erheben.

***CW-Edition: Wo liegt dabei der Blickwinkel des IS-Controlling?***
**Krönung:** Er hat den Fokus auf dem Vorhabenbezug – Projekte, Releases, Daueraufgaben – und der dazu benötigten Detaildaten. Um größere Schnittstellenprobleme mit der DV-Basis zu vermeiden, ist eine organisatorische Anbindung an das Organisationsdezernat sinnvoll. Eine kontinuierliche Weiterentwicklung der Mechanismen unter Berücksichtigung einer einfachen Bedienbarkeit durch die Nutzer – ohne zu häufige Änderung der Schnittstellen und Dateneingabeformate – mit höchstmöglicher Automation, erhöht die innere Akzeptanz in der DV-Abteilung.

***CW-Edition: Läßt sich der Nutzen eingesetzter Informationstechnik tatsächlich messen und bewerten?***
**Krönung:** Bislang ist die Erhebung des Nutzens von Investitionen für Informationssysteme nur dann praktikabel erfolgt, wenn sich direkte Einflüsse auf den monetären Bereich erkennen lassen. Hierzu gehören in erster Linie meßbare Kosten-

und Aufwandseinsparungen oder auch, wenn sich Durchsatzmengen erhöhen und damit verbunden Erlöse steigern ließen. Wurde bislang ein strategischer Nutzen gemessen, fand dies hauptsächlich mit Abgleich des Informatikeinsatzes zu den Zielen der Unternehmensstrategie im mehr ideellen Bereich statt. Durchaus strategischer Art ist es auch, eine summarisch und periodisch definierte Kosteneinsparung und die damit verbundene Ausrichtung der Aktivitäten auf dieses Ziel festzulegen. Die Entwicklung und Erhebung neuer, auf diesen Zweck abgestellter Maßzahlen erfordert eine weitergehende Betrachtung.

Wir sind uns heute einig, daß die erheblichen Aufwände für den Informatik-Einsatz nicht ohne eine vorherige Nutzenbetrachtung realisiert werden dürfen. Entscheidend ist aber das spätere Nachhalten der tatsächlichen Werte. Erforderliche Basis ist die feste Einrichtung eines Nutzencontrollings mit Nutzeninkasso auf einer mehrjährigen Zeitachse.

***CW-Edition: Wie läßt sich der Implementierungsstand des IS-Controllings in Ihrem Unternehmen beschreiben?***
**Krönung:** Den Stand unseres IV-Controllings möchte ich mit folgenden Eckwerten skizzieren: Planungs- und Budgetierungsprozesse pro Anwendung (Vollkosten); maschinelle Aufnahme der Kosten und Mengen aus den Rechenzentralen mit interner Aggregation; Rechnungskontroll-, Auswertungs- und Zuordnungsverfahren für DV-Komponenten; schließlich manuelle Soll-/Ist-Vergleiche für Kosten und Aufwendungen.

***CW-Edition: Über welche Erfolge des IS-Controllings können Sie berichten?***
**Krönung:** Neben der heute erheblich verbesserten Planungsprozeß- und Projektsteuerung haben sich allein dadurch, daß wir die Datenbasis verbesserten, direkte Möglichkeiten zur Kosteneinsparung ergeben. Indem wir die Kosten periodisch überwachen, ist heute eine Früherkennung von Problemzonen wie Budgetüberschreitungen sowie die zeitnahe Reaktion mit gegensteuernden Maßnahmen möglich. Dazu gehört auch die Interpretation der Datenbasis, um Mißverhältnisse aufzudecken. Durch eingeleitete Tuningmaßnahmen an Abläufen und Systemen konnte zudem ein erstes Effizienzpotential erhoben werden.

Die neu erlangte, zeitnahe Transparenz der Kosten- und Mengenstrukturen bei der Verarbeitung unserer Anwendungen in den Service-Rechenzentralen ist eine große Unterstützung für die Planung und Preisgestaltung mit den Rechenzentralen.

***CW-Edition: Welche Gründe könnten Sie von einem IS-Controlling abhalten?***
**Krönung:** Keine!

# Zusammenfassung und Ausblick

Mit dieser Studie wurde eine aus der Praxis entwickelte Konzeption für ein modernes DV-Controlling vorgestellt. Dabei wurde die Abgrenzung zur DV-Revision bei der Effizienzsteigerung der Informationsverarbeitung deutlich herausgearbeitet.

Bei Unternehmen beziehungsweise Öffentlichen Verwaltungen, die noch kein DV-Controlling besitzen oder diese Funktion sich bei ihnen erst in der Aufbauphase befindet, kann ersatzweise temporär die DV-Revision – sofern dort allerdings genügend geeignete DV-Fachleute vorhanden sind – die Aufgaben des DV-Controlling übernehmen.

Vielleicht wechseln diese DV-Revisoren später überhaupt ins DV-Controlling über – was gleichfalls eine Möglichkeit für Mitarbeiter(innen) aus dem ORG/DV-Bereich sein kann – , wenn sie auch die erforderlichen zusätzlichen Kenntnisse auf betriebswirtschaftlichem und planendem Gebiet (erworben) haben. Auf alle Fälle kann dies eine berufliche Chance sein für Wirtschaftsinformatiker, Betriebswirte oder Wirtschaftsingenieure mit guten DV-Kenntnissen, aber auch für Praktiker mit mehrjähriger kaufmännischer Erfahrung in Verbindung mit entsprechenden DV-Kenntnissen ohne Studium oder ein solches im zweiten Bildungsweg.

Abschließend betrachtet, hat die Enquête mit ihren über 100 Fragen aus 10 Themen-Bereichen anhand des recht umfangreichen Erhebungsbogens einmal mehr die Bestätigung geliefert, daß die vorgestellte DV-Controlling-Konzeption der Praxis im deutschsprachigen Raum entspricht.

Zum anderen können sicherlich damit den zahlreichen Unternehmen beziehungsweise Öffentlichen Verwaltungen, die sich erst im Aufbaustadium eines DV-Controlling befinden, hierzu wertvolle praktische Anregungen vermittelt werden.

Die Ergebnisse der Erhebung haben Checklisten-Charakter für die Überprüfung des Standes und der Arbeitsweise eines DV-Controlling durch die DV-Revision.

Der Autor wünscht deshalb allen DV-Controlling-Interessenten viel Erfolg bei ihren weiteren Vorhaben auf diesem wichtigen und deshalb sehr aktuellen Gebiet der Effizienzsteigerung der Informationsverarbeitung.

# Literaturverzeichnis


Anselstetter, R.: Betriebswirtschaftliche Nutzeffekte der Datenverarbeitung – Anhaltspunkte für Nutzen – Kosten – Schätzungen, 1984

Arbeitskreis „Revision der Datenverarbeitung“ und „Revision der Datenverarbeitung im Kreditwesen“ des Deutschen Instituts für Interne Revision e.V.: DV-Revision, Ergänzbarer Leitfaden zur Durchführung von Prüfungen der Informationsverarbeitung, 1992

Artner, S. und Rossmann, W.: Revision von DV-Systemen, 1986

Bauer, M.: Der strategische Wert von Client-Server-Architekturen, in Computerwoche 46, 1993

Bundesminister der Finanzen und Finanzminister (-senatoren) der Länder: Merkblatt für die Prüfung von Rechenwerken, die mit ADV erstellt sind (ADV-Merkblatt), 1980

Burghardt; M.: Projektmanagement – Leitfaden für die Planung, Überwachung und Steuerung von Entwicklungsprojekten, 1993

Diekow, S.: DV-Anwendungsprojekte – Planung, Durchführung, Steuerung, 1981

End, W., Gotthardt, H. und Winkelmann, R.: Softwareentwicklung – Leitfaden für Planung, Realisierung und Einführung von DV-Verfahren, 1990

Fachausschuß für moderne Abrechnungssysteme: FAMA 1/1987, Grundsätze ordnungsmäßiger Buchführung bei computergestützten Verfahren und deren Prüfung, in Die Wirtschaftsprüfung Nummer 172, 1988

| | |
|---|---|
| Frank, J.: | Standard-Software – Kriterien und Methoden zur Beurteilung und Auswahl von Software-Produkten, 1980 |
| Gewald, H., Haake, G. und Pfladler, W.: | Software-Engineering – Grundlagen und Technik rationeller Programmentwicklung, 1982 |
| Gesellschaft Schweizerischer DV-Dienstleistungsunternehmen und Software-Hersteller (GES): | Schneller zu besserer Software, 1983 |
| Gloor, B.: | Die Berücksichtigung der Revisionsanforderungen in der DV-Systementwicklung, 1985 |
| Gründwaldt, H.: | Wirtschaftlichkeit der elektronischen Datenverarbeitung aus der Sicht der Internen Revision, in Zeitschrift Interne Revision (ZIR) 3a, 1985 |
| Grimm, F.: | Wintershall AG automatisiert Informatik-Berichtswesen – Den Überblick nicht verlieren, in Computerwoche EXTRA Nr. 4, 1992 |
| Grupp, B.: | Ausbildung zum DV-Koordinator der Fachabteilung, 1991 |
| Grupp, B.: | Handbuch der modernen Datenverarbeitung (HMD) Heft 124: DV-Controlling und DV-Revision, 1985 |
| Grupp, B.: | Handbuch der modernen Datenverarbeitung (HMD) Heft 131: Wirtschaftlichkeit, 1986 |
| Grupp, B.: | Handbuch der modernen Datenverarbeitung (HMD) Heft 158: Organisation in der Informationsverarbeitung, 1991 |
| Grupp, B.: | Handbuch der modernen Datenverarbeitung (HMD) Heft 163: Qualität in der Informationsverarbeitung, 1992 |
| Hanisch, H. und Kempf, D.: | Revision und Kontrolle von DV-Anwendungen im Rechnungswesen, 1990 |

| | |
|---|---|
| Hannan, J.: | Ein praktischer Führer für das Management, 1986 |
| Hannan, J.: | Ein praktischer Führer für das Rechenzentrumsmanagement, 1989 |
| Hannan, J.: | Ein praktischer Führer zur Revision in der Datenverarbeitung, 1989 |
| Haschke, W.: | Wichtigste Ergebnisse aus der Online-EDU-Revisions-Enquête 1989, in ECU-PERIODIKA 89/3 |
| Haufs, P.: | DV-Controlling – Konzeption eines operativen Instruments aus Budget, Verrechnungspreisen, Kennzahlen, 1989 |
| Heinrich, L. J. und Burgholzer, P.: | Informationsmanagement, 1988 |
| Heinrich, W.: | Outsourcing, Modelle - Strategien - Praxis, 1992 |
| Heinrich, W.: | Client-Server-Strategien, Upsizing – Downsizing – Rightsizing, 1993 |
| Herrmann, M.: | IV-Controlling mittels IV-Kosten- und Leistungsrechnung, in DV-Management Heft 1/91 |
| Herrmann, O.: | Kalkulation von Softwareentwicklungen, 1983 |
| Horváth, P., Kargl, H. und Müller-Merbach, H.: | Controlling und automatisierte Datenverarbeitung, 1975 |
| Horváth, P. und Schäfer, T.: | Prüfung bei automatisierter Datenverarbeitung, 1982 |
| Horváth, P.: | Controlling, 1990 |
| IDG-CSE-Seminarbroschüre: | Informations-Controlling – Synergien zwischen Controlling und Informations-Management, 1989 |
| IDG-CSE-Seminarbroschüre: | Informationssystem – Controlling, Methoden und Verfahren in der Anwendung, 1990 |

| | |
|---|---|
| Jakubczik, G.-D. und Skubch, N.: | IV-Controlling: Kosten senken, Nutzen steigern, in Online 2/94 |
| Kargl, H.: | Controlling im DV-Bereich, 1993 |
| Kellner, H.: | Die Kunst, DV-Projekte zum Erfolg zu führen, 1994 |
| Kuba, R. W.: | Computergestützte Projektorganisation – Kompendium mit Arbeitsformularen, 1987 |
| Krcmar, H.: | Informationsverarbeitungs-Controlling in der Praxis, in IM 2/92 |
| Lippold, H.: | Kennzahlensysteme zur Steuerung und Analyse des DV-Einsatzes, in Handbuch der modernen Datenverarbeitung (HMD) Heft 121, 1985 |
| Maier, H. H.: | Softwareprojekte erfolgreich managen – Planung, Steuerung, Kontrolle, 1990 |
| Michels, J.: | Analyse der Rechenzentrums-Marktpreise, in ECU-PERIODIKA 93/3 |
| Müller, C. und Ritsche, K.-H.: | DV-Benutzer-Service – Planung und Gestaltung der Organisation für DV-Anwender, 1989 |
| Nagel, K.: | Nutzen der Informationsverarbeitung – Methoden zur Bewertung von strategischen Wettbewerbsvorteilen, Produktivitätsverbesserungen und Kosteneinsparungen, 1990 |
| Nilsson, R.: | Kritisches zum „ORG/DV-Controlling“, in controller magazin (cm) Heft 6/85 |
| Nomina Information Service: | ISIS Software Report, erscheint halbjährlich |
| Noth, Th. und Kretzschmar, M.: | Aufwandschätzung von DV-Projekten – Darstellung und Praxisvergleich der wichtigsten Verfahren, 1984 |
| Noth, Th.: | Unterstützung des Managements von Software-Projekten durch eine Erfahrungsdatenbank, 1987 |

| | |
|---|---|
| Österle, H.: | Integrierte Standardsoftware: Entscheidungshilfen für den Einsatz von Softwarepaketen, 1990 |
| Page-Jones, M.: | Praktisches DV-Projektmanagement – Grundlagen und Strategien; Regeln, Ratschläge und Praxisbeispiele, 1991 |
| Schweizerische Vereinigung für Datenverarbeitung (SVI): | DV-Kennzahlen, praxisbezogenes Instrumentarium zur Beurteilung der Wirtschaftlichkeit, 1980 |
| Sokolovsky, Z.: | Controlling des Informationsmanagements – Gegenwart und Zukunftsperspektiven, in IM 2/92 |
| Streicher, H.: | Outsourcing; Arbeitsteilung in der Datenverarbeitung; Varianten - Verfahren - Wirtschaftlichkeit, 1993 |
| Strunz, H.: | Planung in der Datenverarbeitung – Von der Planung zum Informations-Management, 1984 |
| Surböck, E.: | Management von DV-Projekten, 1977 |
| V. Debschütz, L. und Prautsch, W.: | Vergleichende Systemwirtschaft im Lebenszyklus, in DV-Management 3/71 |
| Wallmüller, E.: | Software-Qualitäts-Sicherung in der Praxis, 1990 |
| Wessel, H.: | Qualitätsmanagement in der Informationsverarbeitung, in ECU-PERIODIKA 93/3 |
| Wischnewski, E.: | Modernes Projektmanagement – Eine Anleitung zur effektiven Unterstüzung, Durchführung und Steuerung von Projekten, 1993 |
| Wojcicki, M.: | Client-Server – Die Praxis der verteilten Anwendungen; Konzepte, Realität, Konsequenzen, 1993 |
| Zanger, C. und Schöne, K.: | IV-Controlling – Status quo und Entwicklungstendenzen in der Praxis; Ergebnisse einer empirischen Untersuchung, in IM 1/94 |
| Zilahi-Szabó, M. G.: | Leistungs- und Kostenrechnung für Rechenzentren, 1988 |

# Kurzbiographie des Autors

**WOLFGANG HASCHKE,**

Studium Elektrotechnik und Wirtschaftsingenieurwesen an der TH Stuttgart beziehungsweise Darmstadt.
Dipl.-Wirtschaftsingenieur.
Technischer Arbeitsvorbereiter (Refa-Ingenieur) bei der Konzernleitung eines Groß-Unternehmens der Elektroindustrie.
Stellvertretender Geschäftsführer bei einer deutschen und schweizerischen DV-Unternehmensberatung, zuständig für Konzeptionen und deren Realisierung.
Leiter der Organisationsabteilung eines schweizerischen Unternehmens der Fahrzeug- und Textilindustrie inklusive Leiter einer Erfa-Gruppe Fertigungsplanung und -steuerung mit DV beim BWI der ETH Zürich.
Leiter der Organisationsabteilung einer Geschäftsbereichsgruppe Großmaschinenbau in der Elektroindustrie.
Geschäftsbereichsmitglied einer Unternehmensberatung, zuständig für Überprüfung der Wirtschaftlichkeit des DV-Einsatzes und DV-Schulung.
Leiter der Revisionsabteilung eines Unternehmens der Nahrungsmittelindustrie mit Schwerpunkt technische und vor allem DV-Revision.
Leiter des Geschäftsbereichs DV-Controlling und DV-Revision einer Unternehmensberatung.
Seit 1980 Geschäftsführender Gesellschafter der DV-Controlling Unternehmensberatung (ECU) GmbH, Heppenheim/Bergstr. mit Schulung, Erfahrungsaustausch, Beratung und Personalauswahl auf dem Gebiet DV-Controlling und DV-Revision.
Seit 1989 Herausgeber der ECU-PERIODIKA für das DV-Controlling und die DV-Revision sowie des ECU-Arbeitsunterlagen-Grundwerkes für das DV-Controlling und die DV-Revision.
Zahlreiche Veröffentlichungen auf dem Gebiet EDC-Controlling und DV-Revision.

# Stichwortverzeichnis

## J



## K



## M



## N



## O



## P

**Q**



**R**



**S**



**T**



**U**



**V**



**W**



**Z**

# COMPUTERWOCHE-ECU-DV-Controlling-Enquête 1993

Seite 1

## A. Angaben zur Informationsverarbeitung

**1. Welche der nachstehenden Faktoren haben zum erfolgreichen Einsatz der Informationsverarbeitung beigetragen?**
**Bitte markieren Sie nach Prioritäten 1 bis 13; 1 = wichtigster Faktor** — 5-8 SA01

- Unterstützung durch die Unternehmensleitung ............ ☐ — 11 II
- Kenntnisstand der Führungskräfte hinsichtlich der Einsatzperspektiven ............ ☐ — 13 II
- Zusammenarbeit zwischen ORG/DV-Bereich und Anwender ............ ☐ — 15 II
- Einsatz eines DV-Lenkungsausschusses als Planungs-, Entscheidungs-, Steuerungs- und Kontrollgremium ............ ☐ — 17 II
- Rechtzeitiges umfassendes Pflichtenheft der Anwender ............ ☐ — 19 II
- Software-Engineering ............ ☐ — 21 II
- Gute Schulung der Anwender ............ ☐ — 23 II
- Gute Projektplanung und -steuerung ............ ☐ — 25 II
- Qualität des Softwareerstellungspersonals ............ ☐ — 27 II
- Einsatz von Standardsoftware ............ ☐ — 29 II
- Einsatz externer Softwarespezialisten ............ ☐ — 31 II
- Leistung der DV-Anlage ............ ☐ — 33 II
- sonstiger Faktor und zwar: ________________ ☐ — 35 II, 37-66 Text

**2. Welchen Beitrag leistet die Informationsverarbeitung zum Unternehmenserfolg?**

❑ gering ❑ mittel ❑ hoch ❑ unverzichtbar — 67 I 1/2/3/4

**3. Welche und wieviele DV-Anlagen werden eingesetzt?**

- Mainframe-Anlagen Anzahl: ________ — 25 II
- Abteilungsrechner Anzahl: ________ — 27 III
- Workstations Anzahl: ________ — 29 IIII
- Arbeitsplatzrechner (PC) Anzahl: ________ — 31 IIIII

**4. Höhe der Gesamtkosten der Informationsverarbeitung im Jahr 1992:**

________ TDM — 31 IIIIII

**5. Hardwareeinsatz**

- Ist die Hardware gekauft, gemietet oder geleast?

  **gekauft:** ____ % **gemietet:** ____% **geleast:** ____ % — 88 III 91 III 94 III

- Wie hoch sind die jährlichen Hardwarekosten inkl. Wartung im Durchschnitt der letzten fünf Jahre? ________ TDM — 97 IIIII

## COMPUTERWOCHE-ECU-DV-Controlling-Enquête 1993

Seite 2

**6. Softwareeinsatz** — 5-8 SA02

- Anteil Standardsoftware, bezogen auf die zeitliche Rechenzentrumsbelastung: ______ % — 102 III
- Zeitliches Verhältnis Softwarepflege zu Software-Neuerstellungsaufwand (z. B. 70 % zu 30 %):
  ______ % zu ______ % — 105 II 107 II
- Durchschnittliche jährliche Softwarekosten der letzten fünf Jahre: ______ TDM — 109 IIIII
- Durchschnittliches Alter der Individualsoftware: ______ Jahre — 114 II

**7. Personaleinsatz im ORG/DV-Bereich**

- Softwareersteller Anzahl: ______ — 11 IIII
- Personen im Rechenzentrum Anzahl: ______ — 15 III
- Stabsstellenpersonal Anzahl: ______ — 18 II
- durchschnittliche jährliche Personalkosten der letzten fünf Jahre: ______ TDM — 20 IIIIII

**8. Wird mit DFÜ und/oder über Datennetze gearbeitet?**

- DFÜ mit Geschäftspartnern — 26 I 1
- DFÜ im eigenen Firmenverbund — 27 I 1
- Lokales Netz — 28 I 1
- Externes Netz — 29 I 1

**9. Wie weit sind Downsizing-Überlegungen vorhanden (d. h. Verlagerung von DV-Anwendungen vom Zentralrechner auf mehrere kleinere Systeme, z. B. vernetzte PCs)?**

❏ geplant ❏ in Einführung ❏ realisiert — 30 I 1/2/3

**10. Wie weit ist Client/Server-Architektur (d. h. kooperative Datenverarbeitung durch rationelle Aufgabenteilung in einem Netz-Verbundsystem zwischen Mainframe-Anlagen, Abteilungsrechnern und PCs) realisiert?**

❏ geplant ❏ in Einführung ❏ zum Teil realisiert ❏ komplett realisiert — 31 I 1/2/3/4

### B. Allgemeine Angaben zur DV-Controlling-Funktion

**1. Seit wann besteht in Ihrem Unternehmen ein DV-Controlling?**

- ❏ erst in Planung — 25 II
- ❏ seit bis zwei Jahren — 27 III
- ❏ seit zwei bis fünf Jahren — 29 IIII
- ❏ seit über fünf Jahren — 31 IIIII

**2. Wie ist die genaue Bezeichnung dieser Funktion?**

____________________ — 33-62 Text

## COMPUTERWOCHE-ECU-DV-Controlling-Enquête 1993

Seite 3

| | | |
|---|---|---|
| **3. Wieviele Mitarbeiterinnen sind auf diesem Gebiet tätig?** | Anzahl: ______ | 63 II 5-8 SA03 |
| **4. Wieviele Mitarbeiter sind auf diesem Gebiet tätig?** | Anzahl: ______ | 65 II |

**5. Altersstruktur**

| | | |
|---|---|---|
| ● Anteil bis 40 Jahre: | ______ % | 67 III |
| ● Anteil ab 41 Jahre: | ______ % | 70 III |

**6. Welche Ausbildungsschwerpunkte besitzt das Personal anteilsmäßig?**

| | | |
|---|---|---|
| ● Praktische kaufmännische Ausbildung: | ______ % | 73 III |
| ● Studium Betriebswirtschaft: | ______ % | 76 III |
| ● Studium Volkswirtschaft: | ______ % | 79 III |
| ● Studium Wirtschaftsinformatik: | ______ % | 82 III |
| ● Studium Wirtschaftsingenieurwesen: | ______ % | 85 III |
| ● Sonstige und zwar: ______________________________ | ______ % | 88 I 1<br>91-120 Text |
| | 100 % | |

**7. Welche Berufserfahrungen bringt das Personal hauptsächlich mit?**

| | | |
|---|---|---|
| ● allgemeine kaufmännische Praxis: | ______ % | 11 III |
| ● speziell Rechnungswesen: | ______ % | 14 III |
| ● Organisation und Datenverarbeitung: | ______ % | 17 III |
| ● interne Revision allgemein: | ______ % | 20 III |
| ● DV-Revision: | ______ % | 23 III |
| ● Wirtschaftsprüfung: | ______ % | 26 III |
| ● DV-Controlling: | ______ % | 29 III |
| ● Sonstige und zwar: ______________________________ | ______ % | 32 III<br>35-64 Text |

**8. Wem ist das DV-Controlling unterstellt?**

| | |
|---|---|
| ❑ Controller des Gesamtunternehmens | 65 I 1 |
| ❑ Leiter des ORG/DV-Bereichs | 66 I 1 |
| ● sonstige, und zwar: ______________________________<br>(z. B. auch Doppelunterstellungen) | 67-96 Text |

**9. Wie ist das Verhältnis des DV-Controlling zum ORG/DV-Bereich?**

| | |
|---|---|
| ❑ eher gut | 97 I 1 |
| ❑ normal | 2 |
| ❑ eher gespannt | 3 |

## COMPUTERWOCHE-ECU-DV-Controlling-Enquête 1993

Seite 4

**10. Wie sieht die Zusammenarbeit des DV-Controlling mit der DV-Revision aus?** 5-8 SA04

- ❑ Es findet keine Zusammenarbeit statt 98 ▮ 1
- ❑ Sie ist gering ausgeprägt 2
- ❑ Sie ist intensiv 3
- ❑ Die DV-Revision führt Aufträge für das DV-Controlling durch (z. B. Analysen der Soll/Ist-Abweichungen beim DV-Einsatz mit Vorschlägen zur Beseitigung der festgestellten Schwachstellen und Mängel) 99 ▮ 1
- ❑ Die DV-Revision überprüft gelegentlich auch das DV-Controlling wie jede Instanz unterhalb der Unternehmenleitung auf Einhaltung von Arbeitsrichtlinien u. ä. sowie effizientes Arbeiten 100 ▮ 1

### C. ORG/DV-Kenntnisse des DV-Controlling-Personals

**1. Welche ORG/DV-Kenntnisse sind vorhanden?**

| | detaillierte | ausreichende | keine | |
|---|---|---|---|---|
| ● Software | ❑ ................ | ❑ ................ | ❑ | 101 ▮ 1/2/3 |
| ● Hardware | ❑ ................ | ❑ ................ | ❑ | 102 ▮ 1/2/3 |
| ● Organisation | ❑ ................ | ❑ ................ | ❑ | 103 ▮ 1/2/3 |

**2. Arbeitet das DV-Controlling mit PCs?**

❑ ja ❑ nein 103 ▮ 1/2/3

**3. Wie groß ist der Aufwand für die Weiterbildung (Tage pro Jahr und Mitarbeiter)?**

- ● Anwendungssoftware: ___ Tage
- ● Systemsoftware: ___ Tage
- ● Hardware ___ Tage
- ● Software-Engineering-Methoden: ___ Tage
- ● Qualitätssicherung speziell: ___ Tage
- ● Struktur- und Ablauforganisation: ___ Tage
- ● Planungsverfahren speziell: ___ Tage
- ● Wirtschaftlichkeit und Wirksamkeit: ___ Tage
- ● Kosten- und Leistungsverrechnung inkl. Berichtswesen: ___ Tage
- ● Kennzahlensysteme: ___ Tage
- ● allgemeine Controllingkenntnisse: ___ Tage

105 ▮▮ 117 ▮▮
107 ▮▮ 119 ▮▮
109 ▮▮
121 ▮▮
111 ▮▮
123 ▮▮▮
113 ▮▮
125 ▮▮
115 ▮▮

**4. Aus welchen Quellen beziehen die Mitarbeiter und Mitarbeiterinnen des DV-Controlling ihre Weiterbildungsinformationen?**

- ❑ Gespräche mit Kollegen(innen) aus anderen Unternehmen (Erfahrungsaustausch) 11 ▮ 1
- ❑ Seminare 12 ▮ 1
- ❑ Tagungen, Kongresse und Messen 13 ▮ 1
- ❑ Fachbücher 14 ▮ 1
- ❑ Fachzeitschriften 15 ▮ 1
- ❑ Unternehmensberatungen 16 ▮ 1
- ❑ sonstige, und zwar: ______________________________ 17-46 Text

## COMPUTERWOCHE-ECU-DV-Controlling-Enquête 1993

Seite 5

### D. Planung und Kontrolle im ORG/DV-Bereich

**1. Hat der ORG/DV-Bereich eine Stabsstelle Planung und Kontrolle für die Koordinierung der Vorschläge für den künftigen DV-Einsatz bei den Fachbereichen und Weitergabe der Anforderungen an Software, Hardware und Personal an das DV-Controlling?** 5-8 SA04

❑ ja ❑ nein 47 I 1/2

● Wenn nein, wer macht diese Planungsvorbereitungstätigkeiten sonst?

________________________________ 17-46 Text

**2. Werden der Stabsstelle Planung und Kontrolle Richtlinien für Investitionsanträge zur Hardware und Systemsoftware sowie zur Kosten- und Leistungsverrechnung inkl. Berichtswesen des ORG/DV-Bereichs vorgegeben?**

❑ ja ❑ nein 78 I 1/2

**3. Liefert die Stabsstelle Planung und Kontrolle auch Vorschläge an das DV-Controlling für die Softwarepflege-Aufträge?**

❑ ja ❑ nein 79 I 1/2

● Wenn nein, wer macht diese Planungsvorbereitungstätigkeiten sonst?

________________________________ 80-109 Text

**4. Ist die Stabsstelle Planung und Kontrolle auch zuständig für die Kontrolle einer verursachungsgerechten Kosten- und Leistungsrechnung sowie für ein aussagefähiges Berichtswesen des ORG/DV-Bereichs?** 5-8 SA05

❑ ja ❑ nein 11 I 1/2

● Wenn nein, wer macht diese Kontrolltätigkeiten sonst?

________________________________ 12-41 Text

**5. Ist die Stabsstelle Planung und Kontrolle verantwortlich für die ggf. richtige Anwendung des Function-Point-Verfahrens zur Zeitaufwandschätzung der DV-Projekte als wichtigste Voraussetzung für deren Wirtschaftlichkeitsbetrachtungen?**

❑ ja ❑ nein 43 I 1/2

● Wenn nein, wer sonst ist verantwortlich?

________________________________ 12-41 Text

**6. Wie ist die Zusammenarbeit der Stabsstelle Planung und Kontrolle mit dem Benutzerservice für die individuelle Datenverarbeitung?**

❑ Sie wird nicht praktiziert 73 I 1
❑ Sie ist gering ausgeprägt 2
❑ Sie ist intensiv 3

# COMPUTERWOCHE-ECU-DV-Controlling-Enquête 1993

Seite 6

## E. Arbeitsweise des DV-Controlling

5-8 SA06

**1. Welche Ziele soll das DV-Controlling anstreben?**
**Bitte markieren Sie nach Priorität 1 bis 7; 1 = wichtigstes Ziel**

- Strategische Unternehmensziele ........ ☐ 11
- Wirtschaftlichkeit und Wirksamkeit der Informationsverarbeitung ........ ☐ 12
- Nutzensteigerung mit Hilfe der Informationsverarbeitung ........ ☐ 13
- Kostenkontrolle der Informationsverarbeitung ........ ☐ 14
- Qualitätssicherung der Informationsverarbeitung ........ ☐ 15
- Software-Funktionalität (organisatorische Zweckmäßigkeit der DV-Anwendungen) ........ ☐ 16
- Termineinhaltung der Informationsverarbeitung ........ ☐ 11

**2. Erfolgt ein strategisches DV-Controlling (langfristiges DV-Ressourcen-Controlling), abgeleitet aus der Unternehmensplanung entsprechend den Unternehmenszielen?**

❑ nie ❑ selten ❑ vorwiegend ❑ immer — 18 1/2/3/4

**3. Erfolgt ein taktisches DV-Controlling (Projektstudien-Controlling, Projekt-Portfolio-Controlling und Projekt-Controlling)?**

❑ nie ❑ selten ❑ vorwiegend ❑ immer — 19 1/2/3/4

❑ oder wird nur unterschieden nach strategischem und operativem DV-Controlling? — 20 1

**4. Erfolgt ein operatives DV-Controlling (Produkt- d. h. Softwarepflege-Controlling und Rechenzentrums- d. h. Produktions-Controlling) mit Budgetierung, Verrechnungspreisen und Kennzahlen?**

❑ nie ❑ selten ❑ vorwiegend ❑ immer — 21 1/2/3/4

**5. An welcher Stelle stehen bei der strategischen Informationsplanung folgende Nutzenkategorien als Unternehmensziele?**
**Bitte markieren Sie nach Priorität; 1 = wichtigste Nutzenkategorie**

- Strategische Wettbewerbsvorteile ........ ☐ 22
- Produktivitätsverbesserungen ........ ☐ 23
- Kostenreduzierungen ........ ☐ 24

## COMPUTERWOCHE-ECU-DV-Controlling-Enquête 1993

Seite 7

**6. Welche der folgenden Schritte werden bei der Festlegung des strategischen Informationsbedarfs eingehalten und durch welche Instanz jeweils hauptsächlich realisiert?** 5-8 SA07

❑ Formulierung Unternehmensziele 25 I
● durch: __________ 26-55 Text
❑ Aufstellung strategischer Unternehmensplan 56 I
● durch: __________ 57-86 Text
❑ Formulierung funktionaler Anforderungen an die Informationssysteme 87 I
● durch: __________ 88-117 Text
❑ Formulierung Strategie der Informationsverarbeitung 118 I
● durch: __________ 119-144 Text
❑ Bewertung strategischer Projekte der Informationsverarbeitung 11 I
● durch: __________ 12-41 Text
❑ Priorisierung strategischer Projekte der Informationsverarbeitung 42 I
● durch: __________ 43-72 Text
❑ Aufstellung strategischer Pläne für die Informationsverarbeitung 73 I
● durch: __________ 74-103 Text
❑ Verabschiedung strategischer Pläne der Informationsverarbeitung 104 I
● durch: __________ 105-134 Text

**7. Gibt es einen DV-Lenkungsausschuß als Planungs-, Entscheidungs-, Steuerungs- und Kontrollgremium für die Informationsverarbeitung?** 5-8 SA08

❑ ja ❑nein 11 I 1/2
● Wenn ja, wer gehört ihm an?
__________ 12-41 Text
__________ 12-41 Text
__________ 12-41 Text

**8. Welche Prioritäten legt dieser DV-Lenkungsausschuß im einzelnen für die Jahresplanung der Informationsverarbeitung fest?**

❑ Anwendungssoftware 102 I 1
❑ Hardware 102 I 1
❑ Systemsoftware 102 I 1
❑ ORG/DV-Personal 102 I 1
❑ externe Dienstleistungen 102 I 1

**9. Können außer Wirtschaftlichkeitsbetrachtungen für den gesamtunternehmerischen Prioritäten-Entscheid zur Softwareerstellung auch strategische Wettbewerbsvorteile ausschlaggebend sein?**

❑ ja ❑ nein 107 I 1/2
● Welche weiteren Kriterien gibt es gegebenenfalls noch für den Prioritätenentscheid?
__________ 108-137 Text

## COMPUTERWOCHE-ECU-DV-Controlling-Enquête 1993

Seite 8

**10. Wenn es keinen DV-Lenkungsausschuß gibt, wer übernimmt dann diese strategischen und operativen Planungs- und weiteren Aktivitäten für die Informationsverarbeitung?** 5-8 SA09

________________________________________ 11-40 Text

**11. Bezieht sich das DV-Controlling auch auf den Einsatz von Kommunikationssystemen?**

❏ ja ❏ nein — 41 ▮ 1/2

**12. Werden für DV-Projekte Wirtschaftlichkeitsbetrachtungen (Kosten-/Nutzenanalysen) auch mehrmals innerhalb eines Phasenkonzeptes durchgeführt?**

❏ nie ❏ selten ❏ vorwiegend ❏ immer — 42 ▮ 1/2/3/4

❏ Handelt es sich dabei um statische Investitionsverfahren — 43 ▮ 1

❏ oder um dynamische Investitionsverfahren? — 44 ▮ 1

**13. Werden bei Wirtschaftlichkeitsbetrachtungen auch die nicht-monetär quantifizierbaren Werte nach der Multifaktoren-(Nutzwert-)Methode als Wirksamkeit berücksichtigt?**

❏ nie ❏ selten ❏ vorwiegend ❏ immer — 45 ▮ 1/2/3/4

**14. Wird bei Wirtschaftlichkeitsbetrachungen auch geprüft, ob der Einsatz und ggf. die Anpassung von Standardsoftware an die bestehende Ablauforganisation günstiger ist als die Erstellung von Individualsoftware?**

❏ nie ❏ selten ❏ vorwiegend ❏ immer — 46 ▮ 1/2/3/4

**15. Werden zusätzlich Sonderfälle wie „Softwareübernahme", „Konzeptübernahme" und/oder „Kooperative Entwicklung der Software" unter Wirtschaftlichkeitsgesichtspunkten in Erwägung gezogen?**

❏ nie ❏ selten ❏ vorwiegend ❏ immer — 47 ▮ 1/2/3/4

**16. Ist das DV-Controlling bei den vorgenannten Software-Entscheidungen (Fragen 12-15) maßgeblich beteiligt?**

❏ nie ❏ selten ❏ vorwiegend ❏ immer — 48 ▮ 1/2/3/4

**17. Wird vor Beginn eines DV-Projektes die Zweckmäßigkeit der Projektorganisation geprüft?**

❏ nie ❏ selten ❏ vorwiegend ❏ immer — 49 ▮ 1/2/3/4

**18. Wird bei Zeitaufwandschätzungen für DV-Projekte das Function-Point-Verfahren eingesetzt?**

❏ nie ❏ selten ❏ vorwiegend ❏ immer — 50 ▮ 1/2/3/4

● Wenn ja, seit wie vielen Jahren? ______ Jahre — 51 ▮▮

## COMPUTERWOCHE-ECU-DV-Controlling-Enquête 1993

Seite 9

**19. Erfolgt die Zeitaufwandschätzung für DV-Projekte mit Hilfe des Function-Point-Verfahrens**

- ❑ bereits nach abgeschlossener Vorstudie — 52 I 1
- ❑ oder erst nach Erstellung der fachlichen Grobkonzeption? — 2

**20. Welche anderen Verfahren zur Zeitaufwandschätzung der DV-Projekte werden eingesetzt?**

- ● zusätzlich: ______________________ — 53-82 Text
- ______________________ — 83-112 Text
- ● ausschließlich: ______________________ — 113-144 Text

**21. Was wird beim Projekt-Controlling mit Hilfe eines computergestützten Projektmanagementsystems (Berichtswesen) unterstützt und überwacht?** — 5-8 SA10

- ❑ Termine — 11 I 1
- ❑ Kosten — 12 I 1
- ❑ Leistungsinhalte (Wirtschaftlichkeit) — 13 I 1
- ❑ Qualität — 14 I 1
- ● sonstige, und zwar: ______________________ — 11 I 1, 16-45 Text

**22. Wer entscheidet über ggf. erforderlich werdende Prioritäten-Änderungen bei der Softwareerstellung inkl. -pflege?**

- ❑ der DV-Lenkungsausschuß — 46 I 1
- ● sonstige, und zwar: ______________________ — 47-76 Text

**23. Auf Grund welcher Unterlagen wird entschieden?**

- ❑ Projektberichte — 77 I 1
- ❑ ausgewertete Tätigkeitsnachweise der Softwareerstellung inkl. -pflege — 78 I 1
- ❑ computergestütztes Projektmanagement — 79 I 1
- ❑ persönliche Berichterstattung der Projektleiter über Projektfortschritte — 46 I 1
- ● sonstige, und zwar: ______________________ — 81-110 Text

**24. Beziehen sich die Kontrollen des Software- und Hardwareeinsatzes durch das DV-Controlling auf die** — 5-8 SA11

- ● Funktionsfähigkeit bzw. organisatorische Zweckmäßigkeit inkl. Qualitätssicherung?
  ❑ nie ❑ selten ❑ vorwiegend ❑ immer — 11 I 1/2/3/4
- ● Wirtschaftlichkeit?
  ❑ nie ❑ selten ❑ vorwiegend ❑ immer — 12 I 1/2/3/4

## COMPUTERWOCHE-ECU-DV-Controlling-Enquête 1993

Seite 10

**25. Wie ist die Aufgabenabgrenzung zur DV-Revision?**

____________________________________ 13-42 Text

____________________________________ 53-82 Text

**26. Arbeiten MItarbeiter(innen) der betroffenen Fachbereiche in den DV-Projektteams aktiv mit?**

❑ nie ❑ selten ❑ vorwiegend ❑ immer 73 I 1/2/3/4

**27. Wird mit Methoden des Software-Engineering (strukturierte Analyse und Programmierung, standardisierte Planungsprozesse, CASE, Qualitätskontrolle u. ä.) gearbeitet?**

❑ nie ❑ selten ❑ vorwiegend ❑ immer 73 I 1/2/3/4

● Welche Methoden bringen dabei den besten Erfolg?

____________________________________ 75-104 Text

____________________________________ 105-134 Text

**28. Werden abgeschlossene DV-Projekte nachkalkuliert (Abweichungsanalysen zwischen Soll- und Ist-Daten sowie deren Begründungen, auch zur Aktualisierung der Produktivitätskurve für das Function-Point-Verfahren), und über deren Zielerreichung, Kosteneinhaltung und Realisierung versprochener Einsparungen (Nutzen) berichtet?**

❑ nie ❑ selten ❑ vorwiegend ❑ immer 135 I 1/2/3/4

**29. Wird die Effizienz und Qualität der Softwareerstellung systematisch analysiert?**

❑ nie ❑ selten ❑ vorwiegend ❑ immer 136 I 1/2/3/4

**30. Werden die geplanten Termine der DV-Projekte eingehalten?**

❑ nie ❑ selten ❑ vorwiegend ❑ immer 137 I 1/2/3/4

**31. Bei wievielen fertiggestellten DV-Projekten wurde eine maximale Überschreitung von 25 % der Soll-Zeiten registriert?**

● bei einem Personalaufwand bis zu 1 Mannjahr: ______ % 138 III

● bei einem Personalaufwand von 1 bis 5 Mannjahren: ______ % 140 III

● bei einem Personalaufwand von mehr als 5 Mannjahren: ______ % 140 III

**32. Wird im Rechenzentrum ein Job-Accounting-System eingesetzt und werden die Ergebnisse (vor allem Einhaltung vereinbarter Termine bei niedrigsten Kosten und optimaler Ressourcenauslastung) vom DV-Controlling bzw. ggf. für dieses durch die DV-Revision ausgewertet?**

❑ nie ❑ selten ❑ vorwiegend ❑ immer 143 I 1/2/3/4

## COMPUTERWOCHE-ECU-DV-Controlling-Enquête 1993

Seite 11

**33. Mit wieviel Prozent Auslastung der theoretischen Anlagenkapazität wird im Rechenzentrum geplant?** — 5-8 SA12

_____ % — 11 III

**34. Prüft das DV-Controlling die korrekte Dateneingabe und die zweckmäßige Verwendung des DV-Output durch die Fachbereiche?**

❑ nie ❑ selten ❑ vorwiegend ❑ immer — 15 I 1/2/3/4

● Führt diese Tätigkeit die DV-Revision aus?

❑ nie ❑ selten ❑ vorwiegend ❑ immer — 16 I 1/2/3/4

**35. Ist das DV-Controlling auch an der Planung der in den Fachbereichen eingesetzten Hardware (PCs, Workstations und Arbeitsplatzrechner) beteiligt?**

❑ nie ❑ selten ❑ vorwiegend ❑ immer — 16 I 1/2/3/4

### F. Arbeitsmittel des DV-Controlling

**1. Welche computergestützten Planungs- und Kontrollmittel setzt das DV-Controlling ein?**

❑ PCs — 18 I 1

❑ Projektmanagementsysteme mit Datenbanken und Data-Dictionary-Funktionen — 19 I 1

❑ Projektplanungs- und -steuerungssoftware (Textverarbeitungs-, Tabellenkalkulations- und Grafikprogramme) — 15 I 1/

● sonstige, und zwar: ______________________ — 21-50 Text

**2. Welche Methoden werden beim strategischen DV-Controlling eingesetzt?**

❑ Methode der kritischen Erfolgsfaktoren — 51 I 1

❑ Potentialanalyse — 52 I 1

❑ Portfolio-Methode — 53 I 1

**3. Welche Methoden werden beim Projekt-Controlling eingesetzt?**

❑ Arbeitswertbetrachtungs-Methode — 54 I 1

❑ Meilenstein-Trendanalyse — 55 I 1

❑ Kosten-Trendanalyse — 18 I 1

**4. Welche anderen bewährten Methoden und auch Arbeitsmittel werden für das DV-Controlling noch eingesetzt?**

______________________ — 57-86 Text

______________________ — 87-116 Text

______________________ — 117-144 Text

# COMPUTERWOCHE-ECU-DV-Controlling-Enquête 1993

Seite 12

## G. Kosten- und Leistungsverrechnung sowie Berichtswesen des ORG/DV-Bereichs

**1. Erfolgt die Kostenverrechnung des ORG/DV-Bereichs nach dem Verfahren der** 5-8 SA12

❑ Vollkostenrechnung? 11 I 1

❑ Teilkostenrechnung? 12 I 1

❑ Deckungsbeitragsrechnung? 13 I 1

● Sonstiges, und zwar: ______ 14-43 Text

**2. In wie viele Kostenstellen ist der ORG/DV-Bereich aufgeteilt?**

● Anzahl: ______ 44 II

**3. Werden die Kosten der Neuerstellung von Software den leistungsempfangenden Kostenstellen belastet?**

● mit Hilfe von Umlagen (Verteilungsschlüssel)?

❑ nie ❑ selten ❑ vorwiegend ❑ immer 46 I 1/2/3/4

● über Verrechnungspreise?

❑ nie ❑ selten ❑ vorwiegend ❑ immer 47 I 1/2/3/4

**4. Werden die Kosten der Neuerstellung von Software erst nach Projektende entsprechend der angenommenen durchschnittlichen Lebensdauer der neuen DV-Anwendungen monatlich den leistungsempfangenden Kostenstellen im nachhinein belastet?**

❑ ja ❑ nein 48 I 1/2

**5. Nach welchen der folgenden Kategorien wird bei der Softwarepflege unterschieden?**

❑ Anwenderunterstützung 49 I 1

❑ Fehlerbeseitigung bei der Software 50 I 1

❑ Software-Funktionsverbesserungen 51 I 1/

❑ Software-Reorganisation ohne Funktionsverbesserungen 51 I 1/

● zusätzliche Kategorien, und zwar:

______ 53-82 Text

**6. Wie teilen sich für das Projekt-Controlling die Kosten der vier genannten Softwarepflege-Kategorien im Durchschnitt während der letzten fünf Jahre prozentual auf?**

● Anwenderunterstützung: ______ % 83 II

● Fehlerbeseitigung bei der Software: ______ % 85 II

● Software-Funktionsverbesserungen: ______ % 87 II

● Software-Reorganisation ohne Funktionsverbesserungen: ______ % 89 II

## COMPUTERWOCHE-ECU-DV-Controlling-Enquête 1993

Seite 13

**7. Werden auch die Kosten der Softwarepflege verursachungsgerecht den leistungsempfangenden Kostenstellen belastet?**

❑ nie ❑ selten ❑ vorwiegend ❑ immer 91 I 1/2/3/4

**8. Werden die Leistungen des Rechenzentrums getrennt von denen der Softwareerstellung inkl. -pflege abgerechnet?**

❑ ja ❑ nein 92 I 1/2

**9. Wird bei den Rechenzentrumskosten zwischen einmaligen und laufenden (wiederkehrenden) Kosten unterschieden?**

❑ ja ❑ nein 93 I 1/2

**10. Werden die Kosten für die vom Rechenzentrum erbrachten Leistungen auf Kostenträger (wie z. B. spezielle Datenerfassungsaufträge, Programmläufe, erstellte Listen, Transaktionen am Terminal/PC usw.) bezogen?**

❑ ja ❑ nein 94 I 1/2

**11. Werden mit Job-Accounting-Systemen die Kosten der im Rechenzentrum durchgeführten Programmläufe ermittelt und den leistungsempfangenden Kostenstellen möglichst verursachungsgerecht belastet?**

❑ ja ❑ nein 95 I 1/2

**12. Werden die Rechenzentrumskosten den leistungsanfordernden Kostenstellen belastet?** 5-8 SA14

- über Umlageverfahren (Verteilungsschlüssel u. ä.)?

  ❑ nie ❑ selten ❑ vorwiegend ❑ immer 11 I 1/2/3/4
- über feste Verrechnungspreise (z. B. CPU-Stundensätze, Preise für gedruckte Listenseiten usw.)?

  ❑ nie ❑ selten ❑ vorwiegend ❑ immer 12 I 1/2/3/4
- über flexible Verrechnungspreise, abhängig von der Kapazitätsauslastung, Nachfrageintensität, Dringlichkeit der Aufgabenbearbeitung?

  ❑ nie ❑ selten ❑ vorwiegend ❑ immer 11 I 1/2/3/4

**13. Wird das Rechenzentrum geführt als**

❑ Profit-Center? 14 I 1

❑ Cost-Center? 15 I 1

**14. Werden für den ORG/DV-Bereich jährlich Budgets festgelegt?**

❑ ja ❑ nein 16 I 1/2

**15. Stimmen die Ist-Kosten beim ORG/DV-Bereich mit den entsprechenden Planungen/Budgetierungen überein?** 17 I 1/2/3/4

❑ nie ❑ selten ❑ vorwiegend ❑ immer

## COMPUTERWOCHE-ECU-DV-Controlling-Enquête 1993

Seite 14

**16. Wie hoch ist der prozentuale Anteil speziell der Sicherheitskosten (Datenschutz, Datensicherung und Katastrophenvorsorge) an den Gesamtkosten der Informationsverarbeitung?**

● Anteil: _____ % — 18 II

**17. Besteht in steuerungstechnischer Hinsicht ein aussagefähiges Informations- und Berichtssystem für die Ist-Daten des ORG/DV-Bereichs?**

❑ nie ❑ nein — 20 I 1/2

**18. Welcher Art sind diese Berichte?**

❑ Standardberichte nach festgelegtem Schema mit ausgewählten Informationen — 21 I 1
❑ Abweichungsberichte — 22 I 1
● sonstige, und zwar: ______________________ — 23-52 Text

### H. Kennzahlensysteme des DV-Controlling

**1. Welche Kennzahlensysteme zur Planung, Steuerung und Kontrolle des DV-Einsatzes gibt es und welche von diesen Kennzahlen haben sich beim zwischenbetrieblichen Vergleich bewährt?**

| | sind vorhanden | | haben sich bewährt | |
|---|---|---|---|---|
| ● Kosten-Kennzahlen | ❑ | ............... | ❑ | 53 I 1/2 |
| ● Nutzen-Kennzahlen | ❑ | ............... | ❑ | 54 I 1/2 |
| ● Leistungs-Kennzahlen | ❑ | ............... | ❑ | 55 I 1/2 |

● sonstige Kennzahlen, und zwar:

______________________ — 57-86 Text

**2. Ermöglichen nach Ihrer Erfahrung Kennzahlensysteme Soll/Ist-Vergleiche und Abweichungsanalysen für Planungs-Maßnahmekorrekturen?**

❑ ja ❑ nein — 87 I 1/2

### I. Outsourcing der Informationsverarbeitung

**1. Gibt es Planungen in Richtung Outsourcing (sofern nicht bereits realisiert)?**

❑ Service-*Rechenzentrumsbetrieb* (SR) — 88 I 1
*(operative Informationsverarbeitung, Datenverarbeitung außer Haus)?*

❑ Facilities Management (FM) — 89 I 1
*(Übertragung des Rechenzentrumsbetriebs auf einen externen Dienstleister)?*

❑ System-Integration (SI) — 90 I 1
*(Übertragen von schlüsselfertigen Software-Systementwicklungen auf einen externen Dienstleister)?*

❑ System-Management (SM) — 91 I 1
*(Erweiterung des FM um die strategische Planung der Informationsverarbeitung)?*

❑ Inhouse-Outsourcing (IO) — 92 I 1
*(Dienstleistungsübernahme für den Rechenzentrumsbetrieb, aber auch SI und SM durch eine unternehmenseigene Tochtergesellschaft)?*

## COMPUTERWOCHE-ECU-DV-Controlling-Enquête 1993

Seite 15

**2. Sind folgende Outsourcing-Fälle bereits realisiert? Wenn ja, mit welchem Erfolg?**

| | noch unbefriedigend | zufrieden-stellend | ausgezeichnet | |
|---|---|---|---|---|
| ● SR | ❑ | ❑ | ❑ | 93 ▮ 1/2/3 |
| ● FM | ❑ | ❑ | ❑ | 94 ▮ 1/2/3 |
| ● SI | ❑ | ❑ | ❑ | 95 ▮ 1/2/3 |
| ● SM | ❑ | ❑ | ❑ | 96 ▮ 1/2/3 |
| ● IO | ❑ | ❑ | ❑ | 97 ▮ 1/2/3 |

### K. Statistische Angaben

**1. Wie hoch ist das durchschnittliche jährliche Einkommen des DV-Controlling-Personals *(Angaben auf der Lohnsteuerkarte)*?**

| *für Sachbearbeiter(innen):* | bis 3 Jahre Erfahrung | über 3 Jahre bis 6 Jahre Erf. | über 6 Jahre bis 10 Jahre Erf. | mehr als 10 Jahre Erf. | |
|---|---|---|---|---|---|
| ● unter 60.000 DM | ❑ | ❑ | ❑ | ❑ | 98 ▮ 1/2/3/4 |
| ● 60.000 bis unter 70.000 DM | ❑ | ❑ | ❑ | ❑ | 99 ▮ 1/2/3/4 |
| ● 70.000 bis unter 80.000 DM | ❑ | ❑ | ❑ | ❑ | 100 ▮ 1/2/3/4 |
| ● 80.000 bis unter 90.000 DM | ❑ | ❑ | ❑ | ❑ | 101 ▮ 1/2/3/4 |
| ● 90.000 bis unter 100.000 DM | ❑ | ❑ | ❑ | ❑ | 100 ▮ 1/2/3/4 |
| ● 100.000 bis unter 120.000 DM | ❑ | ❑ | ❑ | ❑ | 100 ▮ 1/2/3/4 |
| ● mehr als 120.000 DM | ❑ | ❑ | ❑ | ❑ | 100 ▮ 1/2/3/4 |

*für den (die) Leiter(in):*

| | |
|---|---|
| ❑ unter 80.000 DM | 105 ▮ 1 |
| ❑ 80.000 bis unter 90.000 DM | 106 ▮ 1 |
| ❑ 90.000 bis unter 100.000 DM | 107 ▮ 1 |
| ❑ 100.000 bis unter 120.000 DM | 108 ▮ 1 |
| ❑ 120.000 bis unter 150.000 DM | 109 ▮ 1 |
| ❑ mehr als 150.000 DM | 110 ▮ 1 |

**2. Welcher Branche ist Ihr Unternehmen zuzurechnen?** 5-8 SA15

____________________________ 11 ▮▮ 13-42 Text

**3. Wie viele Beschäftigte hat Ihr Unternehmen insgesamt?**

Anzahl: ________ 43 ▮▮▮▮▮▮

**4. Wie hoch ist der jährliche Gesamtumsatz Ihres Unternehmens?**

________ Mio DM 49 ▮▮▮▮▮▮

**5. In welchem Bundesland ist der Sitz Ihres Unternehmens?**

____________________________ 55 ▮▮